"十四五"职业教育国家规划教材

"十三五"职业教育国家规划教材
全国课程思政示范项目

U0679233

高职体育立体化教程

主　编　贾书申　刘海元

北京体育大学出版社

策划编辑：高云智
责任编辑：钱春华
责任校对：杨　洋
版式设计：王亚会

图书在版编目（CIP）数据

高职体育立体化教程 / 贾书申，刘海元主编 . -- 北京 : 北京体育大学出版社，2017.6（2024.5 重印）
ISBN 978-7-5644-2646-0

Ⅰ . ①高… Ⅱ . ①贾… ②刘… Ⅲ . ①体育—高等职业教育—教材 Ⅳ . ① G807.4

中国版本图书馆 CIP 数据核字 (2017) 第 139286 号

免责声明

　　本书创作初衷是向大众提供有用的信息和知识。所有内容（包括但不限于文本、图形和图像）仅供参考及学习交流使用，不能用于对任何特定疾病症状的医疗诊断、建议或治疗。所有读者均不应参考本书所有内容作为诊断、治疗、预防、康复、使用医疗产品或其他产品的建议或意见。作者和出版社竭尽所能实现本书内容上的专业性、严谨性、合理性，且不特别推荐任何治疗方法、方案和相关内容。在此特别声明，对于因使用本出版物中的任何内容而造成的损伤及直接或间接产生的与个人或团体相关的一切责任、损失和风险，作者与出版社均不予承担。

高职体育立体化教程
GAOZHI TIYU LITIHUA JIAOCHENG

贾书申　刘海元　主　编

出版发行：北京体育大学出版社
地　　址：北京市海淀区农大南路 1 号院 2 号楼 2 层办公 B-212
邮　　编：100084
网　　址：http://cbs.bsu.edu.cn
发 行 部：010-62989320
邮 购 部：北京体育大学出版社读者服务部 010-62989432
印　　刷：艺堂印刷（天津）有限公司
开　　本：787mm×1092mm　1/16
成品尺寸：185mm×260mm
印　　张：19
字　　数：394 千字
版　　次：2017 年 6 月第 1 版
印　　次：2024 年 5 月第 8 次印刷
定　　价：45.00 元

强化学校体育是实施素质教育、促进学生全面发展的重要途径，对于实现党的二十大报告提出的建成教育强国、科技强国、人才强国、文化强国、体育强国、健康中国等目标具有重要意义。党中央、国务院历来高度重视学校体育。党的二十大报告提出："全面贯彻党的教育方针，落实立德树人根本任务，培养德智体美劳全面发展的社会主义建设者和接班人。"

《中共中央关于全面深化改革若干重大问题的决定》对学校体育工作做出重要部署，明确提出"强化体育课和课外锻炼，促进青少年身心健康、体魄强健"。这是继《中共中央 国务院关于加强青少年体育增强青少年体质的意见》颁布以来，党中央对学校体育工作提出的重要而明确的要求，对我国学校体育产生了重大而深远的影响。2016年10月，中共中央、国务院印发的《"健康中国2030"规划纲要》指出"健康是促进人的全面发展的必然要求，是经济社会发展的基础条件"，还特别提出，要把健康摆在优先发展的战略地位。在2018年的全国教育大会上，习近平指出，要树立健康第一的教育理念，开齐开足体育课，帮助学生在体育锻炼中享受乐趣、增强体质、健全人格、锤炼意志。2020年10月，中共中央办公厅、国务院办公厅印发的《关于全面加强和改进新时代学校体育工作的意见》指出："学校体育是实现立德树人根本任务、提升学生综合素质的基础性工程，是加快推进教育现代化、建设教育强国和体育强国的重要工作，对于弘扬社会主义核心价值观，培养学生爱国主义、集体主义、社会主义精神和奋发向上、顽强拼搏的意志品质，实现以体育智、以体育心具有独特功能。"

紧跟新时代的教育发展趋势，充分挖掘体育课程的思政教育元素，全力做好学校体育工作，是体育教育工作者义不容辞的责任。发展职业教育，提高劳动者素质，加快培养技能型、应用型人才，有利于切实提高劳动者的就业能力，促进就业率的提升，对适应我国新型工业化发展起着重要的作用。由此可见，职业教育在实施科教兴国和人才强国中具有特殊而重要的意义。

编者依据党的二十大报告、新修订的《中华人民共和国职业教育法》和《中华人民共和国体育法》等文件精神，充分贯彻高职体育"三教改革"思路，认真研究国内外先进的体育课程教学理念和方法，修订了本教材。总的来说，本教材具有以下特色。

1. 数字化

为了践行党的二十大报告中"推进教育数字化"的要求，本教材运用"互联网+"技术，以二维码的形式加入了大量生动的教学视频、项目欣赏视频，另外还以数字化教学资源包的形式提供了在线体育微课、在线考试系统及题库、融媒体教学课件、运动项目扩展（以二维码的形式设置在教材附录中）、党的二十大精神与体育强国学习专辑等，力求使学生易学、乐学和好学。

3. 脚内侧停空中球

停球脚抬起前迎，使脚内侧对准来球，在脚与球接触前的一刹那开始后撤。
（图7-2-7）

图7-2-7 脚内侧停空中球

2. 思想性

编者编写本教材的思路与《高等学校课程思政建设指导纲要》的要求相契合。本教材深刻认识立德树人成效是检验高校一切工作的根本标准，全面、有效地融入课程思政，通过章前浸润、模块浸润、思考题浸润、项目概述浸润等方式将体育课程思政有效融入教学目标、教学内容、教学实施、教学评价全过程。

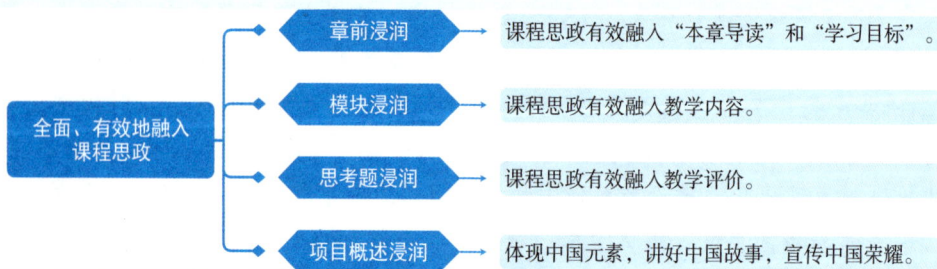

全面、有效地融入课程思政	章前浸润	课程思政有效融入"本章导读"和"学习目标"。
	模块浸润	课程思政有效融入教学内容。
	思考题浸润	课程思政有效融入教学评价。
	项目概述浸润	体现中国元素，讲好中国故事，宣传中国荣耀。

3. 职业性

本教材依据高职院校的教学特点，立足本位，重视职业体能教育，使学生在练好基础体能的同时，提高职业体能；将体育与职业素养融为一体，使学生为终身体育和毕业后所从事的职业打下坚实的基础，从而在工作岗位上学以致用，为构建人才强国助力。

4. 实用性

本教材的体育与健康理论篇包括认识高职体育、健康与生活方式、自我评估与健身方案、基础体能与职业体能、探究奥运会等与高职学生学习、生活、就业息息相关的内容，给学生科学合理的体育与健康指导；实践内容分为运动项目学练篇和休闲体育健身篇，介绍了多种运动项目，重点运动项目还包含分级训练指导方法（下面以篮球移动技术分级训练为例进行介绍），便于教师教学和学生自主学习。本教材的内容编写旨在帮助学生了解体育的重要性，促进学生养成文明健康的生活方式，从而提高学生的健康素养。

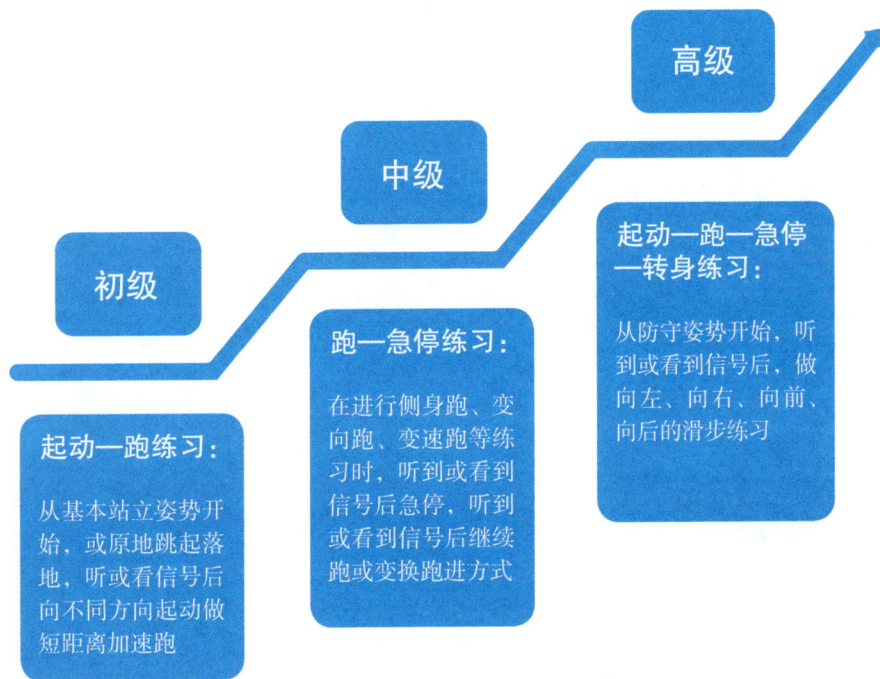

高级

中级

初级

起动—跑—急停—转身练习：

从防守姿势开始，听到或看到信号后，做向左、向右、向前、向后的滑步练习

跑—急停练习：

在进行侧身跑、变向跑、变速跑等练习时，听到或看到信号后急停，听到或看到信号后继续跑或变换跑进方式

起动—跑练习：

从基本站立姿势开始，或原地跳起落地，听或看信号后向不同方向起动做短距离加速跑

5. 创新性

本教材倡导"学—练—赛—测—评"五位一体的整体教学模式，以学生为中心，根据学生的兴趣、不同的体质状况和技术水平分层次进行选项课教学，旨在提高高职体育的教学效果，不断增强学生的体质健康水平。

由于编者水平有限，教材中若有不妥之处，恳切希望广大读者给予批评与指正，以便编者对教材进行修订和完善。

编写组

2023 年 5 月

中国学校体育这十年

2013年

11月，党的十八届中央委员会第三次全体会议通过了《中共中央关于全面深化改革若干重大问题的决定》。

2014年

4月，教育部印发了《学生体质健康监测评价办法》《中小学校体育工作评估办法》《学校体育工作年度报告办法》。6月，教育部印发了《高等学校体育工作基本标准》。7月，教育部印发了《国家学生体质健康标准（2014年修订）》。

2015年

4月，教育部印发了《学校体育运动风险防控暂行办法》。7月，教育部等6部门（教育部、国家发展改革委、财政部、新闻出版广电总局、国家体育总局、共青团中央）印发了《关于加快发展青少年校园足球的实施意见》。

2016年

4月，国务院办公厅印发了《关于强化学校体育促进学生身心健康全面发展的意见》。

2018年

9月，党中央召开了全国教育大会。

2019年

6月，中共中央、国务院印发了《关于深化教育教学改革全面提高义务教育质量的意见》。

2020年

8月，国家体育总局、教育部印发了《关于深化体教融合 促进青少年健康发展的意见》。10月，中共中央、国务院印发了《深化新时代教育评价改革总体方案》，中共中央办公厅、国务院办公厅印发了《关于全面加强和改进新时代学校体育工作的意见》。

2021年

4月，教育部办公厅印发了《关于进一步加强中小学生体质健康管理工作的通知》。6月，教育部办公厅印发了《〈体育与健康〉教学改革指导纲要（试行）》。7月，中共中央办公厅、国务院办公厅印发了《关于进一步减轻义务教育阶段学生作业负担和校外培训负担的意见》。

2022年

3月，教育部印发了《义务教育体育与健康课程标准（2022年版）》。4月，第十三届全国人民代表大会常务委员会第三十四次会议通过了《中华人民共和国职业教育法》修订，自2022年5月1日起施行。

2023年

1月1日，新修订的《中华人民共和国体育法》施行。1月，国家体育总局、中央机构编制委员会办公室、教育部、人力资源和社会保障部等四部门联合出台了《关于在学校设置教练员岗位的实施意见》。

数字化教学资源包（教师版）简介

党的二十大首次将"推进教育数字化"写入报告。这赋予了教育改革新的使命任务，明确了教育数字化未来发展的行动纲领，具有重大意义。

为此，本教材在丰富数字化内容的同时，又专门为教师打造了数字化教学资源包，以丰富完善的数字化教学资源帮助教师"上好一节体育课，影响一批大学生"。

数字化教学资源包具体包括在线体育微课、在线考试系统及题库、融媒体教学课件、运动项目扩展、党的二十大精神与体育强国学习专辑五大版块。数字化教学资源包体现了职业教育所倡导的融媒体教材的相关要求，践行了教育数字化发展战略。

党的二十大精神
与体育强国学习专辑

在线体育微课

在线考试系统
及题库

系统分为教师端和学生端。教师端需在电脑上进行操作。学生可以通过电脑登录或用手机扫描二维码登录。

教师端登录　　　　　　　学生端登录

融媒体教学课件

运动项目扩展

03 休闲体育健身篇

01

体育与健康理论篇

第一章
认识高职体育

本章导读

　　高职体育教育是素质教育的重要内容。高职体育教育在贯彻立德树人根本任务，帮助学生享受乐趣、增强体质、健全人格、锤炼意志，以及培养学生体育核心素养的同时，应针对高职院校以技能型、应用型人才培养和就业为导向的目标定位，积极开展职业实用型体育课程的设置与建设工作，并根据学生所学专业及其未来所要从事职业的特点和需求，选择对学生影响全面、实践性强、趣味性强的教学内容，提供职业人才需要的实用体育知识。

学习目标

1. 了解高职体育教育的特点及任务。
2. 了解高职体育的课程性质及课程目标。

第一节　高职体育教育的特点及任务

一、高职体育教育的特点

《中华人民共和国职业教育法》第三条

　　高等职业教育是我国高等教育的重要组成部分，肩负着为国家培养高素质的专业技能型人才的重任。它作为高等教育的一种类型，不仅具有高等教育的共同特点，还有其自身的特殊特点：以培养能力为中心，以培养在生产、建设、管理、服务等第一线职业岗位的技能型、应用型的高素质专门人才为主要目的；按照特定的培养目标设计教学过程，尤其注重理论与实际相结合，注重学生实践能力的培养；强调用人单位的参与。

高职教育以服务为宗旨，以就业为导向，工学结合，突出对学生实践能力的培养，具有很强的职业性、技术性、地方性、行业性、灵活性、前瞻性等。因此，学校的教学目标、教学内容及教学方法都应根据政府和社会对人才要求的变化而不断改革。高职体育教育是素质教育的重要内容。高职体育应聚焦"培养什么人、怎样培养人、为谁培养人"这个根本问题，在体育课、体育活动和体育比赛中进行全员育人、全程育人、全方位育人。高职体育教育在贯彻立德树人根本任务、健全人格、锤炼意志、促进健康、增强体质和培养体育核心素养的同时，应针对高职院校以技能型、应用型人才培养和就业为导向的目标定位，积极开展职业实用型体育课程的设置与建设工作，并根据学生所学专业及其未来所要从事职业的职业特点和职业需求，选择对学生影响全面、实践性强、趣味性强的教学内容。

《中华人民共和国职业教育法》第四条

《中华人民共和国职业教育法》第四十九条

二、高职体育教育的任务

（一）加强育人教育，增强体质健康

健全人格，锤炼意志，这是高职体育的首要任务。向学生进行共产主义理想和共产主义道德的教育是高职体育教育的重要内容之一。体育有利于培养学生的组织性、纪律性、集体主义、爱国主义等。教师针对学生的种种表现及时对他们进行教育，可达到事半功倍的效果。促进健康，增强体质，是由体育的特殊教育作用决定的。体质具有遗传性，但在后天的环境中和一定的条件下，体质是可以改变的。例如，有计划地改变生活方式，注意平衡膳食，加强体育锻炼，可以增强体质。高职院校的学生处于生长发育的高峰期，可塑性极大，科学合理地进行体育锻炼具有十分重要的意义。

《中华人民共和国体育法》第二十六条

《中华人民共和国体育法》第二十七条

立德树人

人才培养一定是育人和育才相统一的过程，而育人是本。人无德不立，育人的根本在于立德。这是人才培养的辩证法。

——2018年5月2日，习近平在北京大学师生座谈会上的讲话

（二）使学生掌握科学锻炼身体的方法和运动技能

在未来社会，体育将更加广泛深入地走进每个人的生活，将成为提高未来生活质量的一部分。高职院校应帮助学生掌握科学锻炼身体的方法，并使其至少学会一项运动技能。

（三）开展竞技体育，提高运动竞技水平

高等院校开展竞技体育，培养高水平的优秀体育人才，是当今体育教育发展的必然趋势。当前，世界各国都把发展学校体育作为发展教育的重点。小学是基础，中学是关键，大学出人才，这是一些体育发达国家的共同经验。我国20世纪50年代和60年代前期的实践已经证明了高等学校是培养优秀运动员的一个重要基地。高职院校作为高等学校的重要组成部分，同样肩负着提高学生竞技水平的职责。

（四）培养基础体能，提高职业体能

高职院校学生不仅应具备专业的知识和技能，还应有良好的基础体能。无论哪种职业，对从业者的基础体能都有一定的要求。另外，不少职业要求从业者具备相应的职业体能。因此，高职院校学生应始终养成良好的生活习惯，积极参加体育锻炼，自觉遵守作息制度，提高基础体能和职业体能，以满足社会和职业的需求。

第二节　高职体育的课程性质及课程目标

一、课程性质

（1）高职体育课程是高职院校学生以身体练习为主要手段，以增强体质（体能）、掌握体育知识和技能、促进体育素养和健全人格养成、提高职业准备水平为目标的公共必修课程，是高职体育工作的中心环节。

（2）高职体育课程是寓体育知识技能掌握与运用、促进身心和谐发展、思想品德教育、文化科学教育、生活教育、职业综合素质养成教育于体育学习活动之中的教育课程，是培养全面发展的社会主义高素质、高技能人才的重要途径。

二、课程目标

（一）基本目标

体育课程学习能培养学生的体育兴趣，使其掌握科学的体育锻炼方法，至少熟

练掌握一项体育运动的技能；全面发展学生的体能，使学生养成自觉参与体育锻炼的习惯，不断提高自身的体育运动能力；使学生形成健康的心理品质、良好的人格特征、积极的竞争意识和团队合作精神。

（二）发展目标

发展目标是在实现基本目标的基础上，针对学有余力的学生及高职院校的专业特性确定的。

通过课程学习，学生能够制订科学合理的体育运动处方，具有较高的体育运动技能水平和体育欣赏能力，养成自觉进行体育锻炼的习惯，增强终身体育意识。

学生应结合今后所要从事职业的职业资格标准，利用体育的手段，掌握发展职业体能的方法，了解常见职业性疾病的成因、预防方式和体育康复的方法，促进良好职业综合素养的形成。

健康第一

要坚持健康第一的教育理念，加强学校体育工作，推动青少年文化学习和体育锻炼协调发展，帮助学生在体育锻炼中享受乐趣、增强体质、健全人格、锻炼意志。

—— 2020年9月22日，习近平在教育文化卫生体育领域专家代表座谈会上的讲话

📖 **体育思政课堂**

恪守职业道德，弘扬职业精神

2022年修订的《中华人民共和国职业教育法》指出："实施职业教育应当弘扬社会主义核心价值观，对受教育者进行思想政治教育和职业道德教育，培育劳模精神、劳动精神、工匠精神，传授科学文化与专业知识，培养技术技能，进行职业指导，全面提高受教育者的素质。"良好的职业道德是每一位员工都必须具备的基本品质。讲道德、遵道德和守道德是夯实中国特色社会主义核心价值观的基础。职业精神的实践体现在敬业、勤业、创业和立业四个方面。敬业是中华传统美德和社会主义核心价值观的重要元素。

💡 **思考与探究** ────────────────────────────────

　　1. 高职体育教育的任务有哪些?

　　2. 思考"育人的根本在于立德"的深刻含义。

第二章
健康与生活方式

　　健康、强壮的身体具有较强的免疫力，能够降低患病的概率。由此看来，虽然健康的获得需要付出时间和精力，但是这些付出都是值得的。要增强体质、促进健康，很重要的一个方面就是要养成健康的生活方式，树立健身意识，激发个体内在的体育锻炼动机。

学习目标

1. 了解健康的标准。
2. 了解亚健康，学会预防亚健康。
3. 养成健康的生活方式。
4. 学会自测健康、平衡膳食、管理体重的方法。

第一节　健康的标准及亚健康

一、健康的十条标准

（1）精力充沛，能从容不迫地应对日常生活和学习的压力而不感到过分紧张。

（2）处世乐观，态度积极，乐于承担责任，事无巨细不挑剔。

（3）睡眠良好。

（4）应变能力强，能适应环境的各种变化。

（5）能够抵抗一般性感冒和传染病。

（6）体重适当，身材均匀，站立时头、肩、臂位置协调。

（7）眼睛明亮，反应敏捷，眼睑不发炎。

（8）牙齿清洁，无空洞，无痛感；牙龈颜色正常，不出血。

（9）头发有光泽，无头屑。

（10）肌肉、皮肤有弹性，走路轻快有力。

名词解析

世界卫生组织对健康的定义："健康不仅为疾病或羸弱之消除，而系体格、精神与社会之完全健康状态。"之后，有学者在论述健康时提出，健康应包括身体健康、心理健康、社会适应良好和道德健康。

建设健康中国

推进健康中国建设。人民健康是民族昌盛和国家强盛的重要标志。把保障人民健康放在优先发展的战略位置，完善人民健康促进政策。深入开展健康中国行动和爱国卫生运动，倡导文明健康生活方式。

——2022年10月16日，习近平在中国共产党第二十次全国代表大会上的报告

二、亚健康

健康和疾病是说明人体状态的词语。人体由健康到疾病有一个长期变化的动态过程，亚健康状态就是这一过程中的特殊阶段。当人体处于亚健康状态时，如果能及时合理调控，人体就可以恢复到健康状态，否则可能发生器质性病变。

（一）亚健康的表现

（1）身体疲劳乏力，易累，体力活动后全身不适，体力难以恢复。

（2）体质虚弱，免疫力低，易患感冒、咽喉炎、口腔黏膜溃疡等。

（3）胃肠功能紊乱，食欲不振。

（4）关节痛、肌痛、头痛、淋巴结肿痛、胸闷、心悸、气短。

（5）失眠或嗜睡。

（6）健忘，头脑不清醒，记忆力下降。

（7）精神不振，情绪低落，对事物缺乏兴趣，郁郁寡欢，常常感到孤独无助。

（8）烦躁、紧张、易怒、焦虑等。

（9）对环境的适应能力和反应能力减退，人际关系不协调，家庭关系不和谐。

（10）眼睛易疲劳，视线模糊。

名词解析

亚健康亦称"次健康状态""第三状态"，是指人体处于非病非健康并有可能趋向疾病的状态，是处于健康与疾病之间的临界状态，很大程度上是慢性病的潜伏期，中医学称之为"未病"。

（二）亚健康发生的原因

亚健康的形成与发生及不同表现，与个体的素质有密切的关系。亚健康是由于社会、心理、环境的不良因素和不良生活方式作用于人体，使人体系统的功能紊乱，致使机体整体功能失调的一种状态。

亚健康发生的原因主要包括以下方面。

（1）过度紧张和压力：既包括身体上的，又包括心理上的。

（2）人际关系紧张：不善于与人交往，或与人相处不愉快，常感到无助、烦恼、缺乏社会支持，导致心理和生理障碍。

（3）不良生活方式：沉迷于电子游戏、作息不规律、吸烟、酗酒、不良饮食习惯、运动不足、滥用药物等。

（4）环境污染：水质污染、食品污染、空气污染、噪声污染、电磁污染等。

（三）预防亚健康

预防亚健康的关键是养成良好的生活习惯。大学生应劳逸结合，平时注意锻炼身体，适当参加一些户外活动。饮食要少盐、少糖、少油，应多吃些富含优质蛋白的食物，如豆制品、鸡肉、鱼肉等；要多吃新鲜蔬菜、水果、全谷物食品，这样可以补充人体所必需的营养物质，同时要注意不要暴饮暴食或偏食。暴饮暴食会造成消化道器质性病变，偏食会导致人因缺乏某种营养物质而出现亚健康状态。

第二节　养成健康的生活方式

生活方式与健康有着密切的关系。因此，人们需要对生活方式有所了解，改变不良的生活方式，养成健康的生活方式，提高生活质量。

一、大学生不良的生活方式

目前，部分大学生主要存在以下不良的生活方式。

（1）饮食没有规律，营养搭配不合理。

（2）上网时间过长。

（3）睡眠、休息时间不足。

（4）缺乏运动（包括室内运动和户外运动）。

名词解析

生活方式是指受社会因素制约而形成的行为方式和生活习惯。人们应养成健康的生活方式。

知识拓展

不良的生活方式会导致身患疾病，甚至导致死亡。严重威胁我国居民健康的慢性病大多是由不良的生活方式引起的。

不良的生活方式对大学生健康的危害有以下方面。

（1）抵抗力下降，容易得病。

（2）缺乏活力。

（3）视力下降。

（4）注意力不集中，精神萎靡，上课没精神，影响学习。

（5）易肥胖，易疲劳。

二、健康生活方式的内容

《体育与健康》
教学改革指导纲
要（试行）内容
节选

（一）适量运动

大学生在学习之余参加一些文体活动，不但可以调节紧张的生活节奏，还可以放松心情、增加生活乐趣，有助于提高学习效率。

健身走、跑步、做广播体操、踢足球等都有助于增强体质，提高身体对疾病的抵抗力。大学生应该每周至少运动 3 次，每次至少 30 分钟。运动时，心率保持在每分钟 150 次左右会取得比较好的健身效果。最好是每天运动 1 小时。

（二）合理安排作息，保证充足的睡眠

大学生应养成早睡早起的习惯，最好保证每天约 8 小时的睡眠。如果条件允许，午饭后可以小睡一会儿，但最好不要超过 40 分钟。

（三）合理膳食

要保证合理的营养供应，养成良好的饮食习惯。早餐吃饱、吃好，这对维持血糖水平是很必要的；不挑食、不偏食，加强全面营养，多吃水果和蔬菜。

（四）禁止吸烟，不饮酒、不酗酒

吸烟不仅危害吸烟者自身健康，还危害他人健康。被动吸烟的危害不亚于主动吸烟的危害。因此，大学生应该遵守学校的禁烟规定，杜绝吸烟行为，同时要劝阻吸烟者，拒绝二手烟，共同创造一个良好的无烟氛围。过量饮酒会危害人体的细胞，破坏身体机能，直接影响身体健康。大学生应该遵守学校的相关禁酒规定，同时也为了维持个人身体健康，不饮酒、不酗酒。

（五）心理平衡

大学生应该以乐观、豁达的态度来对待周围的人和事。大学生应保持心情愉悦；既体谅别人，也不过分苛求自己；经常自省，疏导自己的不良情绪。积极参加体育锻炼有助于机体产生内啡肽，而内啡肽能使人感到快乐、有活力。

《"健康中国
2030"规划纲
要》中普及健康
生活的措施

第三节　自我健康管理

健康管理建立在现代营养学和信息化管理技术模式的基础上，从社会、心理、环境、营养、运动等角度为人们提供全面的健康保障服务。它帮助和指导人们成功有效地维护自身的健康。

名词解析

健康管理是对个体或群体的健康进行全面监测、分析、评估，并提供健康咨询和指导，以及对健康危险因素进行干预的全过程。实施健康管理的根本目的是变被动地治疗疾病为主动地管理健康，达到节约医疗费用支出、维护身体健康的目的。

一、个体健康管理模式

健康就像一项工程，需要精心管理。个体健康管理就是人们通过各种科学的检测方法，了解自己的健康状况，并通过科学的健康指导为自己制订个性化的健康促进方案。个体健康管理方案包括科学的运动处方、科学的营养处方、科学的心理调节方式、健康的生活方式等。

个体健康管理的步骤如下。

（1）个体健康信息管理：基本信息（性别、年龄等）、目前健康状况和疾病家族史、生活方式（饮食习惯、运动情况、吸烟和饮酒的情况等）、体质监测、体格检查（身高、体重、血压等）。

（2）个体健康评价：进行健康及疾病风险评估。

（3）个体健康管理计划：进行干预，促进健康。

二、健康水平自测

结合表 2-3-1 评价自己在过去 6 个月的表现，可以了解自己的健康水平。如果总分在 26 分以上，就可以判定为亚健康。

表 2-3-1 亚健康自觉量表

评价指标	4分	3分	2分	1分	0分	得分
体力状态	很差	差	较差	尚可	很好	
精神状态	很差	差	较差	尚可	很好	
身体感觉	经常浑身不适	大多数时候身体不适	半数时间身体不适	偶尔身体不适	很舒适	
疲劳感觉	经常感觉很疲劳	大多数时候感觉疲劳	半数时间感觉疲劳	偶尔感觉疲劳	很轻松	
肌肉、关节疼痛	绝大多数时候	大多数时候	半数时间	偶尔	几乎没有	
情绪低落	绝大多数时候	大多数时候	半数时间	偶尔	几乎没有	
记忆力	很差	差	较差	尚可	很好	
集中注意力程度	几乎不能	偶尔能	一般能	大多数时候能	绝大多数时候能	
睡眠情况	经常失眠	大多数时候失眠	半数时间失眠	偶尔失眠	很好	
食欲情况	很差	差	较差	尚可	很好	

三、合理膳食管理

营养素是指食物中可给为生物体提供能量、组织构成成分和具有组织修复及生理调节功能的物质。它能维持人体健康，并提供人体生长、发育和运动所需要的各种物质。人体所必需的营养素有蛋白质、脂类、碳水化合物、维生素、水、无机盐和膳食纤维七类。

名词解析

> 平衡膳食是指通过合理的膳食组成和科学的烹调加工，从膳食中摄入的能量和各种营养素与机体需要保持平衡，既能满足人体生长发育、生理及身体活动的需要，又不存在营养相关的健康问题的膳食或膳食过程。

在知晓了人体所需的营养素之后，还需了解各种食物需求的综合平衡，也就是人们常说的平衡膳食。

中国营养学会结合中国居民膳食的实际状况，把平衡膳食的原则转化成各类食物的数量和比例，制定了中国居民平衡膳食宝塔（图2-3-1），用于科学形象地指导居民健康膳食。

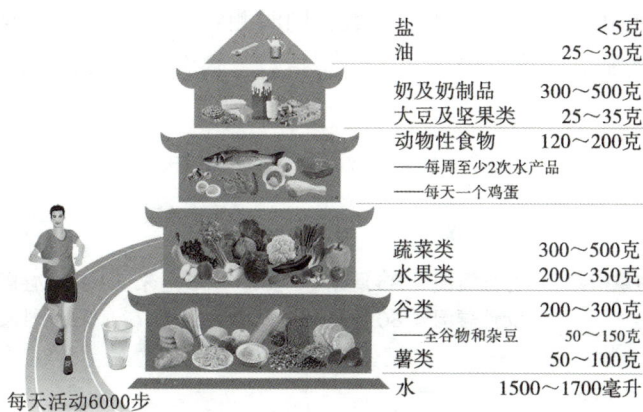

图 2-3-1　中国居民平衡膳食宝塔

（资料来源：中国营养学会官网）

《中国居民膳食指南（2022）》平衡膳食准则如下。

（1）食物多样，合理搭配。

（2）吃动平衡，健康体重。

（3）多吃蔬果、奶类、全谷、大豆。

（4）适量吃鱼、禽、蛋、瘦肉。

（5）少盐少油，控糖限酒。

（6）规律进餐，足量饮水。

（7）会烹会选，会看标签。

（8）公筷分餐，杜绝浪费。

四、体型与体重管理

体型包括中等型、瘦型和胖型3种，还有介于这三者之间的较胖型、中等偏胖型、中等偏瘦型和较瘦型。

人体体重的组成包括两个部分：脂肪体重和去脂体重（瘦体重）。现在人们常用体重指数来判断一个人的体重是否正常。

名词解析

> 体重指数（body mass index，BMI）是用体重（千克）除以身高（米）的平方得出的，是目前国际上常用的衡量人体胖瘦程度，以及判定其是否健康的一个标准。
>
> 体重指数（BMI）=体重/身高^2（千克/米^2）

体重指数没有把一个人的体脂百分比计算在内，而一个体重指数超标的人，实际上可能并非肥胖。因此应用体重指数，同时测定体脂百分比和腰围长度，更有助于准确地判断肥胖程度。中国成人体重指数、腰围界限与相关疾病危险关系见表2-3-2。

表2-3-2　中国成人体重指数、腰围界限与相关疾病*危险关系

分类	体重指数	危险关系		
		男性腰围＜85厘米 女性腰围＜80厘米	男性腰围 85～95厘米 女性腰围 80～90厘米	男性腰围≥95厘米 女性腰围≥90厘米
体重过低**	＜18.5	—	—	—
体重正常	18.5～23.9	—	增加	高
超重	24.0～27.9	增加	高	极高
肥胖	≥28.0	高	极高	极高

*相关疾病指高血压、糖尿病、血脂异常和危险因素聚集。

**体重过低可能预示有其他健康问题。

（资料来源：中华人民共和国卫生部疾病控制司.中国成人超重和肥胖症预防控制指南[M].北京：人民卫生出版社，2006.）

腹型肥胖是中国人肥胖的特点。中国人体重指数超过25.0的比例明显小于欧美人，但腹型肥胖者的比例比欧美人大。就体重指数正常或较低的人而言，若男性腹围大于101厘米，女性腹围大于89厘米，或男性腰围与臀围之比大于0.9，女性腰围与臀围之比大于0.85，这些人患相关疾病的风险与体重指数高者一样大。

体重控制包括增加体重、保持健康体重和减轻体重。

（一）增加体重

一个成年人在体重偏轻的情况下，如果很健康，则可以保持现在的体重；如果希望增加肌肉，则可以通过力量训练，增加瘦体重；如果体重过轻则需要加强营养，注意平衡膳食，增加总能量摄入。在增加体重的过程中，体育锻炼和补充营养同等重要。大学生必须注意合理膳食，摄入足够的碳水化合物和蛋白质，同时避免摄入过多脂肪。健康的生活方式也很重要，如天天运动、戒烟限酒、作息规律、睡眠充足等。

（二）保持健康体重

保持健康体重，总的原则是保持膳食平衡，有足够的体力活动，坚持进行体育锻炼，加强核心力量的训练，养成良好的生活习惯。

（三）减轻体重

对于超重和肥胖且无明显其他疾病的人来说，可以通过控制能量摄入与体育锻炼相结合来减轻体重。减轻体重不应以减轻瘦体重为目标，而应注重减掉身体过多的脂肪。限制能量摄入是在平衡膳食的基础上，严格限制脂肪的摄入量（占总能量20%以下），适当地减少碳水化合物的摄入量，使能量摄入和能量消耗之间保持能量负平衡。坚持每周3次、每次45分钟以上的中等强度的有氧运动，每周2次，每次30分钟的力量训练组合，8周后就会有很好的减重效果。

📖 **体育思政课堂**

2022年10月，习近平总书记在党的二十大报告中提出"推进健康中国建设""深入开展健康中国行动和爱国卫生运动，倡导文明健康生活方式"。

以钟南山为榜样锻炼身体

💡 **思考与探究**

1. 简述健康的十条标准。

2. 哪些生活方式是不良生活方式? 哪些生活方式是健康生活方式?

3. 利用体重指数公式, 判断自己的体重是否正常。

4. 讨论推进健康中国建设的重要意义。

第三章
自我评估与健身方案

本章导读

在进行健身运动前，大学生应对自身的健康状况、运动能力、运动风险等进行评估，以便制订出合理的健身方案。按照科学、合理的健身方案进行锻炼，能收到较好的健身效果，同时可避免产生运动疲劳和损伤。大学生还要学会对自己的锻炼效果进行评价，并根据锻炼效果及时对健身方案进行调整。

学习目标

1. 掌握运动前自我评估的方法。
2. 学会制订健身方案。
3. 了解运动处方。
4. 学会对运动效果进行自我评价。

第一节　运动前的自我评估

一、健康检查

体育锻炼需要身体承受一定负荷，但是承担一定负荷的运动存在造成运动损伤的风险。因此，大学生在参与体育锻炼前有必要了解自己的健康状况。如果身患疾病（高血压、心脏病、糖尿病等），则需要咨询医生或体育老师，科学地进行锻炼，否则体育锻炼不仅无益于健康，还可能造成生命危险。

如果锻炼者对以下任何一个问题做出了肯定的回答，那么在开始一项锻炼计划之前就应进行全面的体检。

（1）在运动时或运动后，你是否有胸部疼痛或受压的感觉？

（2）在步行上楼梯、迎冷风行走或进行任何体育活动时，你是否有胸部不适感？

（3）你的心脏是否曾经不规则地跳动、悸动或早搏？

（4）你是否有过在无明显原因的情况下，心率突然加快或减慢？

（5）你是否长期服用药物？

（6）医生是否曾经告诉过你，你的心脏有问题？

（7）你是否有诸如哮喘这样的呼吸疾病，或在进行轻微的体力活动时呼吸短促？

（8）你是否有关节或背部疾患，并在运动时感到疼痛？

（9）你是否存在以下患心脏病的隐患：① 高血压；② 血液中胆固醇含量过高；③ 体重超过标准体重的 30%；④ 长期吸烟；⑤ 近亲（父母亲、兄弟姐妹等）在 55 岁以前患心脏病？

二、运动能力评估

（一）有氧运动能力测试与评价

有氧运动能力测试包括实验室测试和运动场测试。

名词解析

> 有氧运动是指以有氧代谢提供运动中所需能量的运动方式。有氧运动能力可反映机体在氧气供应充足状态下的运动能力（以心肺功能为主）。

1.实验室测试

实验室测试主要有递增负荷功率自行车测试、固定负荷功率自行车测试、台阶试验等。以下主要介绍台阶试验。

台阶试验方法：受试者直立在台阶前方（男子台阶高 40 厘米，女子台阶高 35 厘米），按照节拍器（节律为 120 次/分）发出的提示音做上下台阶运动。连续进行 3 分钟后，受试者立刻静坐在椅子上。测试人员分别记录受试者运动停止后第 1 分至第 1 分 30 秒、第 2 分至第 2 分 30 秒、第 3 分至第 3 分 30 秒的 3 次脉搏数，并以下面公式计算台阶指数。如果受试者 3 次都不能按照节拍器发出的节奏完成上下台阶或不能坚持 3 分钟，则应让其立即停止运动。测试人员记录受试者运动的持续时间，并以同样方法记录其 3 次脉搏数，代入下面公式计算台阶指数。

$$台阶指数 = \frac{运动持续时间（秒）}{3次测量脉搏数之和 \times 2} \times 100$$

台阶指数越高，有氧运动能力越好（表 3-1-1）。

表 3-1-1　大学生台阶试验评分表

性别	优秀	良好	及格	不及格
男	≥ 67	53 ～ 66	46 ～ 52	≤ 45
女	≥ 60	49 ～ 59	42 ～ 48	≤ 41

2. 运动场测试

比较常用的运动场测试是 12 分钟跑测试。12 分钟跑测试是美国医学博士肯尼斯·库珀提出的。它是一项有氧运动，是评价个体训练水平和体能的一项重要指标，是目前较为简单的评价心肺功能的方法。

大学生结合自己的性别和最后所测得的 12 分钟跑的总距离，再对照表 3-1-2 就可以得知自己的有氧运动能力的评分等级。

表 3-1-2　大学生 12 分钟跑测试有氧运动能力的评分等级

（单位：千米）

性别	年龄	1 分（差）	2 分（中下）	3 分（中）	4 分（良）	5 分（优）
男	20 ～ 29 岁	< 1.60	1.60 ～ 2.20	2.21 ～ 2.40	2.41 ～ 2.80	> 2.80
女	20 ～ 29 岁	< 1.50	1.50 ～ 1.80	1.81 ～ 2.20	2.21 ～ 2.70	> 2.70

（二）肌肉力量测试与评价

肌肉力量测试的方法主要有握力测试、纵跳测试、引体向上（男）和 1 分钟仰卧起坐（女）测试等。这里主要介绍引体向上（男）和 1 分钟仰卧起坐（女）测试。

1. 引体向上（男）

引体向上主要测试男大学生上肢肌肉力量的发展水平。

引体向上测试方法：受试者两手正握单杠，两手间距稍宽于肩，成直臂悬垂。身体静止后，两臂同时用力引体（身体不能有附加动作），上拉到下颌超过横杠上缘为完成 1 次。记录引体次数。引体向上时，身体不得做大的摆动，也不得借助其他附加动作引体。两次引体向上的间隔时间超过 10 秒则停止测试。

男大学生引体向上评价标准见表 3-1-3。

表 3-1-3　男大学生引体向上评价标准

（单位：个）

年级	优秀	良好	及格	不及格
大一、大二	≥ 17	15 ～ 16	10 ～ 14	≤ 9
大三、大四	≥ 18	16 ～ 17	11 ～ 15	≤ 10

2. 1 分钟仰卧起坐（女）

1 分钟仰卧起坐是反映受试者腹肌力量和耐力的一个项目。较强的腹肌力量有助

于女大学生进行其他体育运动，并防止运动损伤。仰卧起坐练习可发展腰腹力量和耐力。

仰卧起坐测试方法：受试者仰卧于垫上，两腿稍分开，屈膝成90°左右。两手手指端贴于两耳侧。受试者坐起时，两肘触及或超过两膝为完成1次。仰卧时，两肩胛必须触垫。测试人员记录受试者1分钟内完成次数，精确到个位。

女大学生1分钟仰卧起坐评价标准见表3-1-4。

表3-1-4　女大学生1分钟仰卧起坐评价标准

（单位：次）

年级	优秀	良好	及格	不及格
大二、大三	≥52	46～51	26～45	≤25
大三、大四	≥53	47～52	27～46	≤26

（三）柔韧性测试与评价

通常采用坐位体前屈测试人体柔韧性。测试仪器为电子坐位体前屈测试仪（图3-1-1）。

图3-1-1　电子坐位体前屈测试仪

坐位体前屈测试方法：受试者坐在垫上，两腿伸直，脚跟并拢，脚尖自然分开，全脚掌蹬在电子坐位体前屈测试仪平板上；然后掌心向下，两臂并拢平伸，上体前屈，用两手中指指尖推动游标平滑前移，直至不能前推为止。测试人员记录测试值。单位为厘米，精确至0.1厘米。数值越大，柔韧性越好。连续测两次，取较大值。

大学生坐位体前屈评价标准见表3-1-5。

表3-1-5　大学生坐位体前屈评价标准

（单位：厘米）

性别	年级	优秀	良好	及格	不及格
男	大一、大二	≥21.3	17.7～21.2	3.7～17.6	≤3.6
	大三、大四	≥21.5	18.2～21.4	4.2～18.1	≤4.1
女	大一、大二	≥22.2	19.0～22.1	6.0～18.9	≤5.9
	大三、大四	≥22.4	19.5～22.3	6.5～19.4	≤6.4

三、运动风险评估

运动中的风险包括骨骼肌的损伤（如跌倒、扭伤或肌肉拉伤时的骨骼肌损伤）、心血管疾病、热损伤和感染性疾病的风险。心血管疾病对人体的影响比较严重，以下主要介绍运动中的心血管疾病风险。

根据是否患有心血管疾病、肺部疾病或代谢性疾病，有无疑似症状或体征，以及心血管疾病危险因素的多少，可以将参加体育锻炼的人群分成低度危险、中度危险和高度危险 3 个层次。

运动中心血管疾病风险分层及医务监督见表 3-1-6。

表 3-1-6　运动中心血管疾病风险分层及医务监督

风险分层	风险评估因素	医学检查	医务监督
低度危险	没有症状，仅有不超过 1 个的心血管疾病危险因素	不需要；男性 ≥ 45 岁，女性 ≥ 55 岁，大强度运动前应做医学检查	男性 ≥ 45 岁，女性 ≥ 55 岁，大强度运动测试应该在医务监督下进行
中度危险	没有症状，有不超过 2 个的心血管疾病危险因素	大强度运动前要进行医学检查和运动测试	男性 ≥ 45 岁，女性 ≥ 55 岁，大强度运动测试应该在医务监督下进行
高度危险	已知患有心血管疾病、肺部疾病或代谢性疾病，或有心血管疾病的症状或体征	全面医学检查	在运动健身的开始阶段应有医务监督，并在前 6 ～ 12 次运动中进行心电图和血压监测

第二节　制订健身方案

一、一次健身活动的基本内容及安排

不同年龄、性别的大学生具有不同的生理、心理特点，其所需的运动健身方案也应有所不同。在了解和掌握运动方式、运动强度、运动时间、运动频率、运动量、运动进程等方面的基础知识后，学生可根据自身情况制订适合自身的运动健身方案。

一次完整的健身活动至少应包括准备活动、基本活动和整理活动 3 个部分的内

容。（表 3-2-1）

表 3-2-1　一次健身活动的基本内容及安排

活动构成	主要活动内容	活动时间 / 分
准备活动	慢跑、全身关节活动、动态拉伸练习等	5 ～ 10
基本活动	有氧运动、力量训练、球类运动、中国传统健身方式等	30 ～ 60
整理活动	健步走、慢跑、静态拉伸练习等	5 ～ 10

（一）准备活动

准备活动的时间通常为 5 ～ 10 分钟，主要包括以下两个方面的内容。

（1）进行适量的有氧运动（如快走、慢跑等），使身体各器官、各系统"预热"，提前进入工作状态；提高肌肉温度，降低肌肉、韧带的黏滞性，提高工作效率。

（2）进行与基本活动相关的动态拉伸练习，增加关节活动度，提高肌肉、韧带等软组织的弹性，预防肌肉损伤。

名词解析

准备活动是指主要运动开始前的各种身体练习。准备活动的主要作用是预先动员心肺、肌肉等的机能，以使身体尽快适应即将开始的主要运动，并获得较佳的运动效果。

（二）基本活动

基本活动的持续时间通常为 30 ～ 60 分钟。在一次运动健身活动中，锻炼者需要选择合适的运动方式，确定适宜的运动强度并控制运动时间。（表 3-2-2）

表 3-2-2　不同运动项目的运动强度、运动时间和运动频率

运动项目	运动强度	运动时间	运动频率 /（天·周$^{-1}$）
健步走	小	30 分钟或以上	7
慢跑、游泳、骑自行车	中	30 分钟或以上	5 ～ 7
跑步、健美操、太极拳、瑜伽	大	20 分钟或以上	2 ～ 3

续表

运动项目	运动强度	运动时间	运动频率/（天·周$^{-1}$）
篮球、足球、网球、羽毛球、乒乓球	中、大	40分钟或以上	3～7
力量训练	中	10分钟或以上	2～3

名词解析

　　基本活动是指每次体育锻炼的主要运动，包括有氧运动、力量训练、球类运动、中国传统健身方式等。

（三）整理活动

　　整理活动的时间通常为5～10分钟，其主要目的是使身体各器官、各系统机能逐渐从运动状态恢复到安静状态，有助于消除疲劳，减轻或避免身体出现一些不适症状。

　　在整理活动阶段进行的拉伸练习应以静态拉伸为主，拉伸动作幅度可以大一些。

名词解析

　　整理活动是指主要运动后进行的各种身体活动，主要包括健步走、慢跑等小强度活动和各种拉伸练习。

二、运动处方

（一）制订运动处方的基本原则

锻炼者在制订和实施运动处方时应遵循以下基本原则。

（1）运动处方个体化：因人而异，区别对待。

（2）运动处方要不断调整：进行一次或多次的微调，使之逐渐符合自己的实际情况。

（3）要以耐力练习为基础。

（4）保持安全界限和有效界限：在靶心率范围。

中国体育科学学会运动处方标准格式

名词解析

运动处方是指对从事体育锻炼者或患者，根据医学检查资料（包括运动试验及体力测验），按其健康、体力及心血管功能状况，结合生活环境条件和运动爱好等个体特点，用处方的形式规定运动种类、运动时应达到的和不宜超过的运动强度、每次运动持续的时间、每周运动次数及注意事项等。

（二）运动处方的组成

1.健康检查

了解锻炼者的身体发育情况、伤病情况、健康水平、有无禁忌证等，以确定其是否为健身运动的适应者。

2.运动负荷承受力测评

锻炼者的运动负荷承受力测评是以检测和评定其心肺功能为主，进行安静和运动状态下的生理功能检测。检测的指标主要有心率、血压、肺活量等。

3.体能测定

进行力量、耐力、速度、灵敏性、柔韧性等身体素质检测，从而评定锻炼者的运动能力和生理机能状况。

4.制订运动处方

（1）运动目的。通过有目的的锻炼，锻炼者可以达到预期的锻炼效果。由于个人的身体情况千差万别，运动处方有健身、娱乐、减肥、治疗等不同目的。

（2）运动项目。在运动处方中，为锻炼者提供最合适的运动项目关系到锻炼的有效性和持久性。制订者在选择运动项目时既要考虑运动的目的、运动条件（如场地器材、空余时间、气候等），也要结合个人的体育兴趣、爱好等。大众健身建议以有氧运动为主，辅助进行力量训练、柔韧性练习等。

（3）运动强度。运动强度是指运动时的剧烈程度，是衡量运动量的重要指标之一，可用心率来表示。通常认为，大学生心率：120次/分以下为小强度，120～160次/分为中强度，160次/分以上为大强度。测量心率的简单办法是测量运动后连续10秒的脉搏数，再乘以6。建议大学生以中等强度为主进行锻炼。

👤 专家指导

（1）适宜运动强度范围，可用靶心率来控制：以本人最大心率的60%～80%的强度作为标准。

$$靶心率 = (220 - 年龄) \times (60\% \sim 80\%)$$

例如，20岁的锻炼者靶心率是120～160次/分。

（2）最适宜运动心率。

$$最适宜运动心率 = 心率储备 \times 75\% + 安静心率$$

$$心率储备 = 最大心率 - 安静心率$$

$$最大心率 = 220 - 年龄$$

（4）运动时间。运动时间是指一次锻炼的持续时间。它与运动强度紧密相关：运动强度大，运动时间应稍短；运动强度小，运动时间应稍长。有氧运动通常进行30分钟左右就可以达到较好的效果。

（5）运动频率。运动频率是指每周的锻炼次数。1周运动1次，肌肉酸痛和疲劳在每次运动后都会发生，运动后1～3天身体不适，运动效果不蓄积；1周运动2次，酸痛和疲劳感减轻，运动效果蓄积，但不明显；1周运动3次，无酸痛和疲劳感，运动效果蓄积明显；1周运动4或5次，运动效果更加明显。可见，1周运动至少3次，运动效果才明显。

（6）运动量。运动量是由运动频率、运动强度和运动时间（持续时间）共同决定的。人们可以汇总每周的运动量来评价自己的运动量是否达到了促进健康体适能的推荐量。

（7）运动进程。运动进程取决于运动者的健康水平、健康体适能、训练反应和运动目的。专业人员在实施锻炼计划时，可以通过调整运动频率、运动时间和运动强度中的任何一项或几项来达到目的。

（三）效果检查

由于个人情况千差万别，在落实运动处方的过程中，可能会有不合适的地方，此时应在实践中及时检查和修正不合适之处，以保证锻炼的效果。

三、运动效果的自我评价

体育锻炼是提高健康水平、增强体质和提高运动能力最有效的方法。经过一段时间的锻炼，可以从以下方面进行运动效果的自我评价。

（一）自我感觉

自我感觉是指在锻炼结束后的一段时间内，观察自己在身体上和精神上有无不适的感觉或异常的反应。

应注意和记录的自我感觉：① 是否头晕、恶心、发热、疲惫不堪、胸闷、腿部浮肿；② 有无食欲下降、腹泻、腹痛或便秘现象；③ 精力是否充沛，情绪是否饱满，心情是否舒畅；等等。

上述不良感觉可能由以下原因引起：① 锻炼时运动负荷过大，造成过度疲劳；② 所选择的运动项目难度过大，或不符合自己的运动兴趣；③ 所选择的锻炼内容不适用于自身的某些疾病；④ 在锻炼期间，身体患病导致产生不良反应。

过度疲劳和精神厌倦都会降低锻炼的效果，甚至会损害身体健康。

> **专家指导**
>
> 消除过度疲劳的方法是进行积极性休息。不良反应消失后再锻炼时首先要减小运动负荷，然后随着运动能力的提高不断加大运动负荷。消除精神厌倦的方法是重新选择自己感兴趣的锻炼内容，或变换锻炼环境和调节运动强度。

（二）形态、结构方面的变化

经常进行体育锻炼的人，脂肪减少，四肢肌肉围度增加，腰腹部肌肉增加，肌肉发达，体型健美。

（三）生理机能的变化

（1）肺活量增加：与锻炼前相比，肺活量有比较明显的增加。

（2）运动性心动徐缓：与锻炼前相比，安静时的心率呈现逐渐下降的趋势。

（四）运动能力和运动成绩

经常锻炼的人，身体素质增强，运动能力提高，体魄强健，工作和体育锻炼时不易感到疲劳；身体素质测试成绩和运动成绩比原来有所提高。

（五）运动后的疲劳消除情况

经常锻炼的人，运动时身体各器官能迅速地进入工作状态，没有不适感或不适感较轻；运动后虽有一定的疲劳感，但疲劳感消失得较快。缺乏锻炼的人，运动前，其身体被调动较慢，且运动后的疲劳感消失得也较慢。

（六）心理状态

经常锻炼的人，由于体质增强、身心健康，生活、工作和学习时会感到精力充沛、情绪饱满。

> 📖 **体育思政课堂**
>
> 少年强、青年强则中国强，强健的体魄、阳光的心态是青年成长成才的重要前提。大学生要提高身体素质和心理素质，经得起风雨、受得住磨砺、扛得住摔打，努力成为德智体美劳全面发展的社会主义建设者和接班人。

文明其精神，
野蛮其体魄

💡 **思考与探究**

1. 简述运动能力的评估方法。
2. 一次健身活动的基本内容及安排应是怎样的？
3. 制订运动处方的基本原则有哪些？

第四章
基础体能与职业体能

本章导读

　　体能是通过力量素质、速度素质、耐力素质、柔韧素质、灵敏素质等表现出来的人体基本的运动能力。职业体能是指与职业有关的身体素质，反映了人们在劳动环境条件下的耐受力和适应能力。对于今后将要步入工作岗位的大学生来说，练好基础体能，提升职业体能，掌握基本的职业性疾病的防治方法至关重要。

学习目标

　　1. 了解基础体能和职业体能的相关知识。
　　2. 了解运动中常出现的不良生理反应并掌握其处理方法。
　　3. 了解职业性疾病，掌握预防或缓解职业性疾病的方法。

第一节　练好基础体能

名词解析

　　体能是指从体育学角度评价健康的一个综合指标，即机体有效与高效执行自身机能的能力，也是机体适应环境的能力。

负重抗阻练习

一、力量素质训练

　　力量素质可以通过克服内力或外力得以提高。其基本的训练方法有以下几种。
　　（1）负重抗阻练习：主要依靠负荷的质量和重复的次数对机体施加刺激。这种刺激可作用于机体的任何一个肌肉群。

（2）对抗性练习：不但能有效地发展肌肉力量，而且能提高练习者的力量转换能力及神经-肌肉系统的反应能力。

（3）克服弹性阻力练习：通过对抗弹性物体变形所产生的阻力来发展力量素质。

（4）利用外部环境阻力的练习：主要以克服自身体重为主，可选取不同的练习环境来增加练习的难度，如在沙地上、草地上、水中、斜坡上进行的跑跳练习等。

（5）专门器械练习：专门的练习器械是基于力量发展的原理并针对运动项目特征专门设计的。正确合理地使用练习器械，能有效提高力量素质。

克服弹性阻力
练习

📖 知识拓展

力量素质的分类

1. 最大力量

最大力量是指神经-肌肉系统募集并收缩最多数量的肌纤维以克服阻力的能力。

2. 速度力量

速度力量是指肌肉在一定的张力下，以最快的速度收缩的能力，包括起动力量、爆发力、反应力量等。

3. 力量耐力

力量耐力是指肌肉在承受一定负荷的状态下长时间工作的能力。力量耐力较为复杂，它不仅涉及肌肉收缩，还涉及能量代谢过程，表现了人体耐力与力量结合的能力。

二、速度素质训练

速度素质训练的持续时间、运动强度、运动间歇见表4-1-1。

表4-1-1　速度素质训练的持续时间、运动强度、运动间歇

训练目的	持续时间/秒	运动强度	运动间歇/秒
提高绝对速度	5～10	最大心率的95%～100%	40～90
	15～20	最大心率的95%～100%	40～60
	30～40	最大心率的90%～95%	30～45
提高瞬间速度	＞5	最大心率的95%～100%	95～120

名词解析

速度素质是指人体或人体某一部分快速位移、快速完成动作或对外界刺激做出快速运动反应的能力，包括位移速度、动作速度和反应速度。速度素质是人体运动的基本素质，在体能训练中占有重要地位。

（一）位移速度的训练方法

位移速度的训练方法：发展力量法、重复法、综合练习法、发展步长和步频的领先装置法、比赛法、接力跑。

（二）动作速度的训练方法

动作速度的训练方法：加速动作法、减小阻力法、利用后效作用法、负重练习法、完善技术法、加大练习难度法。

（三）反应速度的训练方法

反应速度的基础训练方法：重复反应法、分解运动法、变换练习法、运动感觉法。

反应速度的进阶训练方法：移动目标练习、选择性练习、选择反应能力练习。

三、耐力素质训练

耐力素质的训练方法较多，而且各种方法都有其各自的特点。总的来说，这些特点都体现在耐力素质的训练过程中，以及练习强度、持续时间、间歇时间与方式、重复次数等因素的组合与变化上。目前，常用的耐力素质训练方法主要有持续练习法、重复练习法、间歇练习法、变换练习法（法特莱克法）、比赛游戏练习法、循环练习法、高原训练法等。

名词解析

耐力又称抗疲劳能力。它是人体健康和个体具备良好体能的重要标志，也是影响生活质量和众多竞技项目运动成绩，尤其是耐力项目运动成绩的重要因素。

耐力素质训练的时间长，能量消耗大，因此恢复训练和恢复措施就显得十分重要。大学生完成耐力素质训练后应注意促进机体的尽快恢复。另外，大学生在耐力素质训练后应积极补充能源物质，并采取有效的措施和手段，使疲劳的肌肉及神经系统得以放松，尽早消除疲劳。

> 📖 **知识拓展**
>
> ### 耐力素质的生理学分类
>
> **1. 有氧耐力**
>
> 有氧耐力是指人体长时间进行以有氧代谢（碳水化合物、脂肪等的有氧氧化）供能为主的运动的能力。有氧耐力与有氧代谢能力有关。有氧代谢能力可归纳为进行氧气的吸入、运输和利用的能力。
>
> **2. 无氧耐力**
>
> 无氧耐力是指机体在无氧代谢的情况下长时间进行肌肉活动的能力。无氧耐力是机体在氧供应不足、有氧债的情况下的耐力。体内供能可分为乳酸供能和非乳酸供能。
>
> **3. 有氧-无氧混合耐力**
>
> 有氧-无氧混合耐力是指人体进行依靠无氧供能与有氧供能相结合的方式供能的运动时所展现出的一种耐力。

四、柔韧素质训练

（一）柔韧素质的训练方法

就柔韧素质训练的主客体而言，柔韧素质训练可分为主动拉伸和被动拉伸。前者包含静力拉伸和动力拉伸，后者包含单纯被动拉伸和本体感神经肌肉促进技术。

被动拉伸

名词解析

柔韧素质是指人体运动时各关节的肌肉、肌腱及韧带等软组织的伸展能力和关节活动的幅度。柔韧素质取决于关节的灵活性、结构，韧带、肌肉的弹性，神经系统对肌肉的调节能力等。

（二）柔韧素质训练的强度

柔韧素质训练的强度主要依据锻炼者的主观感受来定。柔韧素质训练的强度按照拉伸时的身体感觉由弱到强分为适宜、强烈、不舒服、疼痛、不能忍受。在柔韧素质训练中，锻炼者应根据自身特点和训练目标确定拉伸的强度。一般而言，以肌肉、肌腱等结缔组织被拉伸至紧张而不疼痛为适宜强度。

> 📖 **知识拓展**
>
> ### 柔韧素质训练的注意事项
>
> （1）进行任何形式的柔韧素质训练之前应进行适量的热身活动。
>
> （2）注意柔韧素质训练时的外界温度和练习时段。
>
> （3）柔韧素质训练应该放在力量训练后、速度和弹跳练习前进行。
>
> （4）柔韧素质训练应该循序渐进、持之以恒，训练的强度和难度要逐渐增加。
>
> （5）进行柔韧素质训练时，要了解相关的运动解剖学和运动生理学等知识。
>
> （6）提高肌肉的放松能力，尤其是主动肌的放松能力。
>
> （7）柔韧素质训练可按阶段进行，且在各阶段内的训练方式应相对固定。

五、灵敏素质训练

名词解析

> 灵敏素质是指人体在复杂多变的运动环境中迅速、准确、协调和灵活地完成动作或改变动作的能力。灵敏素质是一种综合素质，是力量素质、速度素质、耐力素质、柔韧素质等素质的综合反映。

灵敏素质训练的方法有以下几种。

（1）做各种改变身体方位和姿势的训练。

（2）以非常规的姿势完成训练，如倒退，侧向的跳远、跳深等。

（3）完成改变速度或速率的训练，如变速跑等。

（4）改变动作完成空间的训练，如缩小运动场地的训练。

（5）完成改变训练条件的训练，如在有浪的水中进行训练、负重完成动作训练、变换场地训练等。

（6）进行专门设计的各种综合性的复杂训练。

（7）在常规的训练中加入不同的信号，要求迅速做出反应，完成各种闪躲，突然制动、起动、转体等动作的训练。

📖 **知识拓展**

灵敏素质训练应有足够的间歇时间

大学生在进行灵敏素质训练过程中应有足够的间歇时间，但间歇时间不可过长。原因是，间歇时间过长会使中枢神经系统的兴奋性大幅度下降，在下次练习时，中枢神经系统对运动器官的指挥能力会减弱，从而导致动作的协调性下降、速度减慢、反应迟钝等，影响练习的效果。一般来讲，练习时间和间歇时间应控制在1∶3的比例。

第二节　提升职业体能

名词解析

职业体能是指与职业有关的身体素质，反映了人们在劳动环境条件下的耐受力和适应能力。职业体能是经过特定的工作能力分析后得出的各类职业从业人员所需要具备的身体活动能力，包括重复性操作能力、背肌承载静态力的能力、其他肌肉群达到维持工作姿势要求的能力，以及人体对于湿热寒等工作环境的忍耐力等能力。

一、静态坐姿类职业体能训练方法

静态坐姿类职业体能训练方法如下。

（1）力量和耐力的训练方法：应选择能发展颈肩部肌群、腰背部肌群、腕部肌群的力量和耐力的训练。

（2）柔韧性训练方法：拉伸、太极拳、瑜伽、普拉提等。

（3）提高心肺功能的训练方法：多选择有氧运动项目，如慢跑、健身走、健美操、游泳、跳绳、上下楼梯、登山等有大肌肉群参与的慢节奏运动。

📖 **知识拓展**

静态坐姿类职业常见的职业损伤

1. 颈椎病

颈椎病是由人体颈椎间盘逐渐发生退行性病理改变、颈椎骨质增生或颈椎正常生理曲度改变后刺激或压迫颈部神经根、颈部脊髓、椎动脉、颈部交感神经而引起的一组综合症状。

2. 肩周炎

肩周炎是由肩周围软组织病变引起的肩关节疼痛和功能障碍。

3. 腰肌劳损

腰肌劳损为腰部肌肉及其附着点筋膜或骨膜的慢性损伤性炎症。

4. 腕管综合征

腕管综合征是腕管内压力增高使正中神经受卡压所致。

5. 电脑视疲劳综合征

电脑视疲劳综合征是指由长时间使用电脑所引发的视觉疲劳，进而产生的一系列综合症状，即从视觉疾病，到大脑、颈椎及全身心的不良症状（主要包括眼干、眼疼、视力下降、青光眼、白内障、致盲、头晕、颈椎病、心情烦躁、恶心等症状），严重的最终导致过劳死或心源性猝死。

二、静态站姿类职业体能训练方法

静态站姿类职业体能训练方法如下。

（1）腿部肌肉的训练方法：深蹲、腿屈伸、腿弯举、踮脚跳跃、蛙跳、负重提踵等练习。

（2）腰腹部肌肉力量的训练方法：搁腿仰卧、直腿上举、平板支撑、小燕飞等。

（3）改善身体姿态的训练方法：形体训练，多是静力性活动和提高身体控制力的练习。

深蹲

蛙跳

平板支撑

📖 **知识拓展**

静态站姿类职业常见的职业损伤

1. 下背痛

下背痛是指人体背部肋缘至臀皱襞之间任何部位的疼痛，可伴有或不伴有下肢症状。

2. 下肢静脉曲张

下肢静脉曲张是指下肢浅表静脉扩张、伸长、弯曲成团状的现象，可并发下肢慢性溃疡性病变。

3. 平足症

平足症是指先天性或姿势性的原因导致的足弓低平、足部软组织松弛、跟骨外翻等畸形。其病因以劳损性扁平足较为常见，严重者可引起足痛、活动障碍等症状。

三、流动变姿类职业体能训练方法

流动变姿类职业体能训练方法如下。

（1）提高心肺耐力的训练方法：快走、慢跑、走跑交替、跳绳、游泳、骑车、登山等。

（2）提高灵敏素质的训练方法：敏捷梯练习、往返跑练习、按指令做动作练习、抛球转体接球练习，以及各种以锻炼灵敏素质为主的游戏练习。

（3）提高心理素质的训练方法：防身自卫训练、户外拓展训练、意念放松法、肌肉放松法、音乐放松法等。

四、工厂操作类职业体能训练方法

工厂操作类职业体能训练方法如下。

（1）增强心肺功能的训练方法：参照流动变姿类职业体能训练方法中的提高心肺耐力的训练方法。

（2）提高肌肉耐力的训练方法：应采用小负荷、重复多次的训练方法。

（3）提高平衡能力的训练方法：单脚站立、脚尖站立、平衡木（板）上站立、燕式平衡、静止搭桥、借球搭桥等。

（4）提高注意力的训练方法：喊数抱团、听数追人、反口令练习法、无效口令

燕式平衡

练习法、原地双手胸前抛接球、放松训练、暗示语训练法等。

（5）提高对环境的耐受能力的训练方法：有氧运动、定向越野、野外拓展等。

五、职业性疾病的防治

（一）颈椎病

1. 颈椎病的类型

颈椎病的种类很多，从传统意义上可归纳为颈型、神经根型、椎动脉型、交感神经型和脊髓型。（表4-2-1）

表4-2-1　颈椎病的类型及临床表现

类型	临床表现
颈型	颈背疼痛，X线检查显示颈椎生理弯曲变浅、变直，无骨刺，无其他各型颈椎病特有症状
神经根型	骨刺压迫神经根引起颈背疼痛、活动受限、上肢麻木和疼痛、头疼、头昏、眩晕等
椎动脉型	骨刺压迫椎动脉造成脑干、小脑和枕叶缺血，从而引起头痛、头晕、耳鸣、恶心、呕吐、视物不清、肢体麻木、猝倒等
交感神经型	交感神经受刺激致头枕部痛、头沉、头晕、偏头痛、肢体发凉、心慌、胸闷、血压忽高忽低、头皮水肿等
脊髓型	脊髓受到压迫致四肢发紧、走路不稳，产生发飘、踩棉花感，上肢发抖、麻木、握物困难，重者出现呼吸困难、痉挛性瘫痪

2. 颈椎病的预防和改善

（1）用科学的手段防治疾病。

（2）保持乐观的心态。

（3）加强颈肩部肌肉的锻炼。

（4）改正高枕睡眠的不良习惯。

（5）注意颈肩部保暖。

（6）长期伏案工作时，应定时改变头部体位。

（7）注意端正头、颈、肩、背的姿势。

（8）注意改正不良的睡眠习惯。

（9）改正用固定姿势工作的习惯。

3. 颈椎病的运动疗法

（1）徒手医疗体操。

①伸颈拔背：站姿，两脚分开同肩宽，两手叉腰。两肩下沉，同时做伸颈拔背的动作，保持此姿势3～5秒，然后放松还原。如此连续做8～10次。

②与颈争力：站姿，两脚分开同肩宽，两手十指交叉置于头后。头颈用力向后靠，同时两手用力向前推，保持此姿势3～5秒，然后放松还原。如此连续做6～8次。

③头颈侧屈：站姿，两脚分开同肩宽，两手叉腰。先向右侧屈颈8～10次，再向左侧屈颈8～10次。头颈侧屈时不能耸肩，尽可能使耳触及肩部，向健侧屈颈可多做几次。动作宜缓慢、柔和。

④回头望月：头向左转，眼望左后上方，然后头向右转，眼望右后上方。左右各做8～10次。动作宜协调、柔和、缓慢。

⑤头颈绕环：头颈先顺时针绕环4～6次，再逆时针绕环4～6次。动作要柔和、缓慢，活动幅度逐渐增大。

（2）哑铃医疗体操。

①头部绕环：站姿，两腿分开同肩宽，两臂下垂，两手持哑铃。头颈顺时针绕环1次，再逆时针绕环1次。重复6～8次。

②头侧屈：站姿，两腿分开同肩宽，两臂下垂，两手持哑铃。头颈向左屈至自身能达到的最大限度位置，再向右屈至最大限度位置，左右交替。重复6～8次。

③头水平转动：站姿，两腿分开同肩宽，两臂下垂，两手持哑铃。头向左转至自身能达到的最大限度位置，再向右转至最大限度位置，左右交替。重复6～8次。

④颈部前屈后伸：站姿，两腿分开同肩宽，两臂下垂，两手持哑铃。颈部前屈至自身能达到的最大限度位置，再后伸至自身能达到的最大限度位置。重复6～8次。

以上动作要轻柔，幅度因人而异，每天可做一两遍。

（3）按摩。

①擦、揉、捏颈后肌肉、项韧带和两侧的斜方肌。

②缓慢屈伸、旋转头颈三四次。

③两手十指分开，手指相互交叉，做两手指根相互冲撞动作3～4分钟。

（二）腰椎间盘突出症

1. 腰椎间盘突出症的类型

腰椎间盘突出症的类型主要有椎间盘突出、椎管狭窄、骨质增生、腰肌劳损等。（表4-2-2）

表 4-2-2　腰椎间盘突出症的类型及临床表现

类型	临床表现
椎间盘突出	腰部疼痛，下肢放射性疼痛、麻木，肌肉力量减弱或瘫痪
椎管狭窄	腰腿痛，下肢麻木无力，出现间歇性跛行
骨质增生	骨刺压迫，刺激中枢神经，引起局部酸胀痛，一侧下肢或双下肢麻木、疼痛
腰肌劳损	腰部长期反复疼痛，在阴雨天、寒冷潮湿的天气或劳累后，病情加重

👤 专家指导

治疗腰椎间盘突出症的注意事项

卧床休息是治疗腰椎间盘突出症的常用方式。

（1）要卧硬床。

（2）患者仰卧时，可在腰部另加一个薄垫，使膝、髋保持一定的屈曲，这样可使腰部肌肉充分放松。当患者俯卧时，床垫要平，以免腰部过度后伸。

（3）患者要严格坚持卧床休息，即使在症状缓解一段时间后佩戴腰围下床，也不能做任何屈腰动作。

2. 腰椎间盘突出症的运动疗法

（1）徒手医疗体操。

①预备姿势：患者仰卧在床上，在腰部垫一个小枕。

②屈踝运动：四肢放松，两踝关节做充分的屈伸运动，重复20～30次。

③交替屈伸腿：左腿抬起，用力屈曲，膝关节贴近胸部，随后用力踢直。左右腿交替，重复10～15次。

④举臂挺腰：两臂用力后举，同时用力挺腰，尽量使腰部抬离床面，重复10次。

⑤交替直抬腿：两腿重复做直腿抬高动作，重复15次。

⑥"五点"式挺腰：屈两膝，两手握拳，屈两肘置于体侧，头、两肘、两脚同时用力，使腰部尽量抬高，并在最高处保持3秒后复原，重复10次。

⑦"三点"式挺腰：两手握拳，两臂屈肘置于体侧，头、两肘同时发力，抬起

腰部，重复 10 次。

⑧ 屈膝屈髋：屈两膝，尽力使两膝贴近胸部，两手抱住两膝保持 2 分钟。

⑨ 抱膝滚腰：接上一个动作，身体继续以腰为接触面轻轻晃动，重复 15 次。

（2）按摩。

① 患者取健侧卧位，用患侧手擦、揉患侧腰、臀部，按揉患侧肾俞穴；再取患侧卧位，用健侧手擦、揉健侧腰、臀部，按揉健侧肾俞穴。

② 取健侧卧位，患者用手擦、捏、揉、拍患侧大腿和小腿后外侧，反复做几遍。

（三）下肢静脉曲张

下肢静脉曲张的运动疗法如下。

（1）徒手医疗体操。

① 直腿上举：仰卧，左右交替直腿上举，各做 10 次左右。

② 直腿后举：俯卧，两腿伸直，两臂放在体侧。两腿伸直，交替上举，左右腿各做 10 次左右。

③ 仰卧蹬空：仰卧，两臂置于体侧；两腿屈膝抬起，两脚轮换蹬伸，模仿蹬自行车的动作 1～2 分钟，中间可以休息几次。动作要协调轻快，两腿屈伸幅度尽可能大。

④ 脚趾、脚踝运动：全身放松，仰卧在床上，两臂伸直放在身体两侧，两腿伸直。两脚的脚趾弯曲，再伸直，反复做 30 秒，再根据个人情况左右脚交替各做 30 秒。踝关节内收、外展，再转动踝关节，反复做 30 秒；然后踝关节背屈和跖屈，再转动踝关节，反复做 30 秒；也可根据个人情况，左右交替各做 60 秒。

⑤ 膝、踝伸屈：仰卧在床上 5 分钟后，右侧下肢立即垂于床边，做膝、踝伸屈动作 2 分钟，再换左侧做伸屈动作 2 分钟，反复做两三次。

（2）游泳。

游泳是预防和治疗静脉曲张的最佳运动方式之一。在游泳时，水的压力有助于增强血管弹性。此外，下肢不断地在水中规律性地屈腿、伸腿或打水，也可以增强腿部肌肉的张力。

（3）快速步行。

每天坚持快速步行 4 次，每次 15 分钟，可以有效地缓解病症。快速步行后，最好能将脚抬高，躺下休息，使脚高于身体平面，躺 15 分钟左右。

（4）按摩。

① 自足尖向踝关节按捏。

② 两手相对握腿，自踝关节起向大腿根部进行自下向上的按摩。两腿交替进行，不得逆向按摩。

（四）肩周炎

肩周炎的运动疗法如下。

（1）徒手医疗体操。

① 预备姿势：站姿，两脚分开同肩宽，两臂自然下垂。

② 弯腰画圈：向前弯腰90°，患侧上肢顺时针画圈20～30次；还原至预备姿势，休息约1分钟；向前弯腰90°，患侧上肢逆时针画圈20～30次；还原至预备姿势。画圈的幅度应逐渐加至最大，画圈的次数也应逐渐增加。

③ 屈肘摸背：患侧上肢屈肘于身后，手背贴在腰部，手指徐徐向上摸背，直至自身可到达的最高位置；患侧上肢放松，手指沿背部慢慢下落至腰部。如此反复做5～7次。

④ 旋转上肢：预备姿势准备，健侧手叉腰。患侧上肢屈肘，手触肩，先由后向前做肩关节绕环运动15～20次，再由前向后做绕环运动15～20次。动作应柔和，运动幅度要逐渐加大。

⑤ 手指爬墙：面墙而立，两脚分开同肩宽。患侧上肢手指扶墙，沿墙徐徐向上爬行，直至自身可到达的最高位置；手指沿墙下落至原处。如此做5～7次。当手指向上爬墙时，身体不要扭动或提踵，患侧上肢要尽量上举。每次锻炼时，手指爬墙的高度应逐渐增加。

（2）按摩。

① 患者取坐位。按摩者站在患者身后，用单手揉捏患者颈后肌肉，反复揉数遍。

② 按摩者站在患者身后，用手揉或揉捏患者的三角肌、肱二头肌、斜方肌，用掌根揉患者的背部肌肉，反复做几遍；弹拨患者肩前肱二头肌腱2或3次。

③ 按摩者两手夹住患侧肩部，即一手在患者肩前，另一手在患者肩后，搓动患肩30秒，然后轻轻拍击患肩20～30下。

④ 按摩者站在患者身后，一手扶住患侧肩部，另一手握住同侧臂，辅助患者做肩关节的外展、旋转等活动。动作要轻柔，活动幅度应逐渐加大，以不引起明显疼痛为宜。

⑤ 患者取立位。按摩者一手握住患者的手，另一手按住患者患侧肩部，抖动患肢约1分钟。抖动的幅度要小，抖动的频率要稍快。

第三节　运动保健及运动中常见的不良反应

一、运动保健的重要性

随着体育活动和体育课程的增多，运动保健在学校体育中的重要性越来越明显。在体育活动中遵循运动保健的相关原则可以预防运动损伤，强化体育锻炼的效果，增加学生科学运动知识的储备，帮助学生形成终身体育观念。

《中华人民共和国体育法》第三十二条

（一）预防运动损伤

在体育活动中，运动损伤的发生一般是比较突然的、难以提前预知的。具备一定的运动保健知识，能够降低运动损伤的发生率。在体育运动中导致运动损伤的主要因素有技术动作不正确、准备活动不充分、自我保护意识较弱、场地凹凸不平等。学生具备良好的运动保健知识，有助于其了解人体的生理特点、重视准备活动、增强自我保护意识，从而降低运动损伤的发生率。

《中华人民共和国体育法》第三十三条

（二）提高体育锻炼的效果

适量的体育锻炼不但可以增强学生的体质，而且能促进学生的心理健康，塑造健全的人格。如果运动强度过大，就会导致学生提前发生运动疲劳，影响身体发育；如果运动强度过低，锻炼的效果就不明显，不利于提高体质水平。因此，学生应掌握运动保健知识，根据自身的实际情况科学合理地安排运动时间、运动强度等，这将有助于提高体育锻炼的效果。

（三）增加学生科学运动知识的储备

学生加强对运动保健知识的学习，可以掌握更多的科学运动方法，提高锻炼效果，预防运动损伤。在体育运动中，学生若忽视运动安全，就可能造成运动损伤，甚至有可能危及生命。例如，体质较弱的学生在早晨空腹的情况下进行长时间的运动，很容易发生低血糖，甚至昏厥。

（四）帮助学生形成终身体育观念

体育教师在进行体育教学时，除了教授运动技能之外，还应讲解运动保健知

识。学生通过学习这些知识，既可以了解体育运动对身体的作用，也可以调动自身参与锻炼的积极性，从而为形成终身体育观念奠定基础。

二、运动中常见的不良生理反应

（一）肌肉痉挛

肌肉痉挛是因肌肉发生不自主的强直收缩而引起的肌肉僵硬现象，多发生在小腿部位。游泳时，大腿、脚趾、手指甚至腹部肌肉也可能发生痉挛。

【原因】准备活动不充分、过度疲劳、强烈的冷刺激等。

【处理】小腿肌肉痉挛时，足尖回勾，足跟用力蹬，两手用力按摩小腿肌群。

（二）运动性腹痛

运动中腹痛多发生在右上腹部，有的人在上腹中部或左部出现刺痛，有的人出现绞痛。运动性腹痛一般不是疾病，而是机体不适应的表现，多发生在中长跑运动时。

【原因】准备活动不充分等。

【处理】采用减慢跑速、加深呼吸、按摩疼痛部位等方法处理。

（三）运动性贫血

运动性贫血是指单纯由于运动训练过程中生理负荷过大，导致血液中红细胞数和/或血红蛋白量低于正常值范围的现象。

【原因】蛋白质和铁的摄入量不足而消耗量增加。

【处理】应适当减小运动量，必要时暂停运动，并补充富含优质蛋白质和铁的食物。

（四）运动性肌肉酸痛

运动性肌肉酸痛是指发生在运动后 12～48 小时内的肌肉酸痛。运动性肌肉酸痛在运动医学中又被称为延迟性肌肉酸痛，一般持续 1～4 天，5～7 天后酸痛感基本消失。

【原因】运动量过大，肌肉在突然加大运动强度和动作幅度后出现局部痉挛。

【处理】热敷、伸展练习、按摩等。

（五）运动性昏厥

运动性昏厥是指发生在运动过程中由于大脑供血不足而引发的一时性知觉丧失的现象。其症状为面色苍白、手脚发凉、呼吸缓慢、眼前发黑、失去知觉而昏倒等。

【原因】长时间剧烈运动，四肢血液回流受阻；突然进入剧烈运动状态（疾跑、冲刺）；在极度疲劳状态下继续锻炼；久蹲后骤然站起；疾跑后骤停；在空腹状态下锻炼导致低血糖等。

【处理】应立即使患者仰卧，同时用手指点压人中穴、合谷穴等穴位。如果患者有呕吐现象，则应将患者的头偏向一侧，防止呕吐物反流或阻塞气道；如果患者停止呼吸，则应立即对其进行人工呼吸。

（六）运动性中暑

运动性中暑是指在高温环境下运动时，机体产热超过散热而造成的过热状态。轻者会出现面部潮红、头晕、头痛、胸闷、皮肤灼热、体温升高等症状。严重时，患者将出现恶心、呕吐、脉搏快而细弱、精神失常、虚脱抽搐、血压下降、昏迷等症状。

【原因】在高温环境中，特别是在温度高、通风不良、头部又缺乏保护、被烈日直接照射的情况下进行体育锻炼，锻炼者容易因出现体温调节功能障碍而引发运动性中暑。

【处理】将患者扶送到阴凉通风处休息，对其头部进行降温处理；对于症状严重的患者，应迅速将其送至医院，做进一步治疗。

📖 **体育思政课堂**

2022年4月20日，第十三届全国人民代表大会常务委员会第三十四次会议修订通过的《中华人民共和国职业教育法》明确指出："实施职业教育应当弘扬社会主义核心价值观，对受教育者进行思想政治教育和职业道德教育，培育劳模精神、劳动精神、工匠精神，传授科学文化与专业知识，培养技术技能，进行职业指导，全面提高受教育者的素质。"

💡 **思考与探究**

1. 各项身体素质的训练方法都有哪些？
2. 列举静态坐姿类职业体能训练方法。
3. 怎样预防和改善颈椎病？
4. 简述肌肉痉挛的原因和处理方法。

第五章
探究奥运会

本章导读

　　奥运会是大型的体育盛会，其影响力远远超出了体育领域，在当代世界的经济、哲学、文化、艺术、科技等诸多方面产生了一系列不容忽视的影响，是人类文明宝贵的精神财富和物质财富。中国百余年的奥林匹克运动之路历经坎坷、阅尽沧桑，在新时代发出了最强音、创造了新辉煌。

学习目标

　　1. 了解奥运会的相关知识。

　　2. 了解中国进入奥运大家庭的历史。

　　3. 了解2008年北京奥运会和2022年北京冬奥会。

第一节　认识奥运会

一、奥运会的起源

　　奥运会起源于古希腊，可分为古代奥运会和现代奥运会两个阶段。

（一）古代奥运会

　　古代奥运会的起源与古希腊当时的社会情况有着密切的关系。古代奥运会起源于公元前776年，每4年的夏天在古希腊的奥林匹亚举行。

（二）现代奥运会

1894 年 6 月 16 日至 24 日，在巴黎大学，多国国家代表聚集一堂，召开了国际体育运动代表大会。会议通过了顾拜旦提出的复兴奥林匹克运动的提议，一致决定每 4 年举行一届奥运会。会议通过了成立国际奥委会的决议，并决定于 1896 年在雅典举行第 1 届现代奥运会。

📖 **知识拓展**

现代奥林匹克思想体系

（1）奥林匹克主义：将身、心和精神方面的各种品质均衡地结合起来并使之得到提高的一种人生哲学。

（2）奥林匹克宗旨：通过开展与奥林匹克主义及其价值观相一致的体育活动来教育青年，从而为建立一个和平而更美好的世界做出贡献。

（3）奥林匹克精神：相互理解、友谊、团结和公平竞争。

（4）奥林匹克理想：通过体育运动与教育的结合，使人类逐步向协调和谐、全面发展与尽善尽美前进，建立一个符合人们期望的理想社会。

（5）奥林匹克格言：更快、更高、更强——更团结。

诠释奥运精神
的案例故事

二、奥运会项目

奥运会项目是由国际奥委会制定范围的同类奥运比赛竞技的分类。奥运会项目分为大项、分项和小项。

（一）夏季奥运会

第 1 届夏季奥运会于 1896 年在希腊雅典举行。夏季奥运会每 4 年举行 1 届。其中第 6 届、第 12 届和第 13 届奥运会因为战争而停办。

国际奥委会规定，只有得到国际奥委会承认的各单项国际体育组织及其管辖的运动项目，才能被列入奥运会比赛；且至少在四大洲 75 个国家和地区的男性中及在三大洲 40 个国家和地区的女性中广泛开展。2005 年，国际奥委会在新加坡全体会议上决定，2012 年伦敦奥运会只设 26 个大项，且今后每届奥运会不得超过 28 个大项。2020 年东京奥运会共设 33 个大项。

（二）冬季奥运会

冬季奥运会按实际举行次数来计算届数。2022 年第 24 届冬奥会在中国北京和张家口举行。

冬奥会的项目分为冰上和雪上两大类，包括 7 个大项和 15 个分项。

（三）残疾人奥运会

残疾人奥林匹克运动会（以下简称"残奥会"）始办于 1960 年，每 4 年于夏季奥运会后举办 1 届，截至 2023 年已举办过 16 届夏季残奥会和 13 届冬季残奥会。

第二节　中国与奥运会

一、中国的奥运之路

（一）"奥运会"为何物

早在 1894 年，即国际奥委会成立之年，其就曾通过法国驻华使馆给当时的清政府发出了邀请信，邀请我国派运动员参加 1896 年雅典奥运会。但是，清政府无人了解"奥运会"为何物，便未派人参加。

（二）中国对奥运会的早期参与

1932 年起，我国曾派选手参加了 1932 洛杉矶奥运会、1936 柏林奥运会、1948 伦敦奥运会。1949 年以前，我国从未在世界性体育大赛中拿到过一块奖牌。

1928 年，我国获准可派团参加阿姆斯特丹奥运会。当时，我国只派了宋如海一人作为观察员出席而未参赛。

1932 年洛杉矶奥运会，在张学良的资助下，我国派出了一个代表团：代表沈嗣良、教练宋君复、选手刘长春。这是我国运动员第一次正式进入奥运赛场，但向全世界宣告了我国奥林匹克运动的存在。

1936 年柏林奥运会，我国派出运动员 69 人、武术表演队 9 人和体育考察团 37 人。

1948 年伦敦奥运会，我国派出 33 名运动员参赛。

（三）名正言顺进入国际奥委会

1954 年，国际奥委会同时承认两个"我国奥委会"，违背了奥林匹克宪章规定的一个国家只能有一个国家奥委会的原则。我国对制造"两个中国"提出抗议，并退出了 1956 年墨尔本奥运会。

1958 年，我国正式退出国际奥委会。

1979 年 11 月 26 日，国际奥委会经全体委员表决，以 62 票赞成、17 票反对、2 票弃权，通过了国际奥委会执委会于 10 月 25 日在日本名古屋做出的决议。决议指出：恢复我国在国际奥委会的合法席位，我国奥委会参加大会时使用中华人民共和国国旗和国歌。

（四）辉煌的篇章——零的突破

1984 年 7 月 28 日，在洛杉矶奥运会上，我国射击选手许海峰在男子自选手枪比赛中以 566 环的成绩战胜各国强手获得冠军，为我国奥运史写下了新的篇章。

二、2008 年北京奥运会

2008 年北京奥运会的主办城市是北京，上海、天津、沈阳、秦皇岛、青岛、香港为协办城市。2008 年北京奥运会共有参赛国家及地区 204 个，参赛运动员 11 438 人，设 28 个大项、302 小项，共有 6 万多名运动员、教练员和官员参加。2008 年北京奥运会共创造 43 项新世界纪录及 132 项新奥运纪录，共有 87 个国家和地区在赛事中取得奖牌，我国位居金牌榜首名，是奥运历史上首个登上金牌榜首的亚洲国家。

三、2022 年北京冬季奥运会

2022 年北京冬季奥运会在 2022 年 2 月 4 日至 20 日在北京市和张家口市联合举行。这是我国历史上第一次举办冬季奥运会，北京、张家口同为主办城市；这也是我国继北京奥运会、南京青年奥运会后，第 3 次举办奥运赛事。

北京市成为奥运史上第一个既举办过夏季奥运会又举办过冬季奥运会的城市。

2022 年北京冬季奥运会共设 7 个大项，15 个分项，109 个小项。我国体育代表团以 9 金 4 银 2 铜、金牌榜第三的成绩收官，创造了冬奥会最佳战绩。

北京冬奥精神

📖 知识拓展

奥林匹克精神强调文明之间的相互尊重了解、全球治理规则的公平正义、世界各国人民的团结一致，符合构建人类命运共同体的基本原则和价值导向，奥林匹克精神及奥林匹克运动的宗旨都强调为建立一个和平美好的世界而努力，这也符合构建人类命运共同体的宏伟蓝图。

📖 **体育思政课堂**

　　我们要坚持以增强人民体质、提高全民族身体素质和生活质量为目标，高度重视并充分发挥体育在促进人的全面发展中的重要作用，继续推进体育改革创新，加强体育科技研发，完善全民健身体系，增强广大人民群众特别是青少年体育健身意识，增强我国竞技体育的综合实力和国际竞争力，加快建设体育强国步伐。

——2022年4月8日，习近平在北京冬奥会、
冬残奥会总结表彰大会上的讲话

💡 **思考与探究**

　　1. 与同学一起讨论现代奥林匹克思想体系所包含的丰富内涵。
　　2. 简述中国的奥运之路。
　　3. 思考奥林匹克精神与构建人类命运共同体宏伟蓝图的内在关联。

02

运动项目学练篇

第六章
田径运动

本章导读

　　田径运动是人类以走、跑、跳跃、投掷等自然动作发展起来的体育运动和竞技项目，其在体育世界中占有举足轻重的地位，被人们誉为"运动之母"。田径运动具有全面锻炼身体的功能，同时每一个单项又具有明显的指向性，可以有效地发展速度、力量、耐力等身体素质。此外，田径运动的很多项目及其主要的练习手段也经常被其他体育项目作为体能训练的重要手段。

学习目标

1. 了解田径运动的相关知识和竞赛规则。
2. 掌握田径运动的基本技术。
3. 重点发展速度、力量、耐力等身体素质。
4. 重点培养拼搏意识、竞争意识和规则意识。

第一节　了解田径运动

一、田径运动概述

　　真正意义上的田径运动产生于公元前 776 年，即产生于第 1 届古代奥林匹克运动会上，当时只有短跑这一个比赛项目。

　　现代田径运动起源于英国。田径运动分为径赛、田赛和全能比赛 3 大类，或分为竞走、跑、跳跃、投掷和全能 5 大类。

　　2020 年东京奥运会中，苏炳添以 9.83 秒刷新男子 100 米跑的亚洲纪录；汤星强、谢震业、苏炳添、吴智强代表中国队出战，获得铜牌。在 2022 年田径世锦赛上，王嘉男获得中国男子跳远世锦赛首金；冯彬夺得女子铁饼金牌。

二、认识场地

田径场地如图 6-1-1 所示。

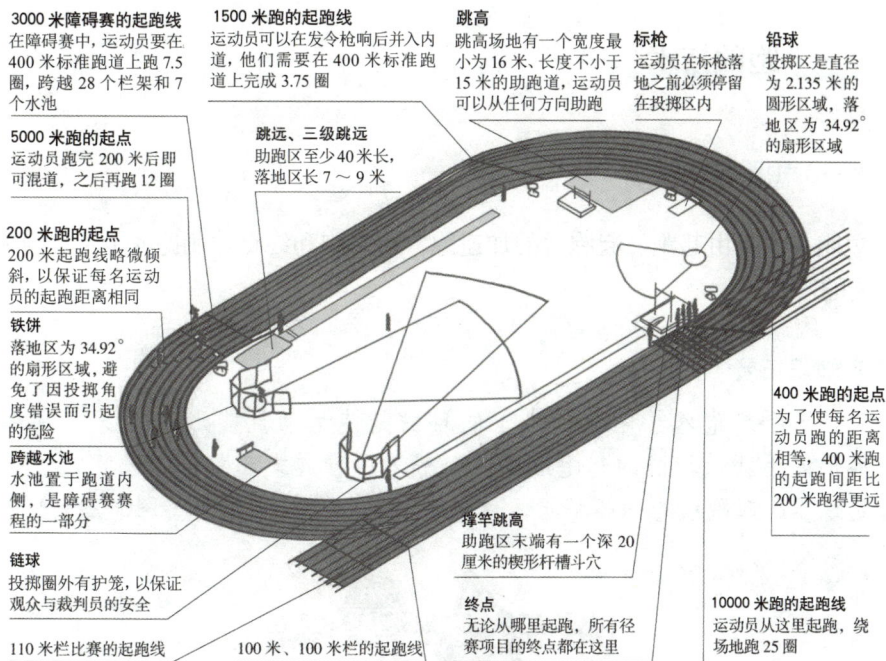

3000 米障碍赛的起跑线
在障碍赛中，运动员要在 400 米标准跑道上跑 7.5 圈，跨越 28 个栏架和 7 个水池

1500 米跑的起跑线
运动员可以在发令枪响后并入内道，他们需要在 400 米标准跑道上完成 3.75 圈

跳高
跳高场地有一个宽度最小为 16 米、长度不小于 15 米的助跑道，运动员可以从任何方向助跑

标枪
运动员在标枪落地之前必须停留在投掷区内

铅球
投掷区是直径为 2.135 米的圆形区域，落地区为 34.92° 的扇形区域

5000 米跑的起点
运动员跑完 200 米后即可混跑，之后再跑 12 圈

跳远、三级跳远
助跑区至少 40 米长，落地区长 7 ~ 9 米

200 米跑的起点
200 米起跑线略微倾斜，以保证每名运动员的起跑距离相同

铁饼
落地区为 34.92° 的扇形区域，避免了因投掷角度错误而引起的危险

400 米跑的起点
为了使每名运动员跑的距离相等，400 米跑的起跑间距比 200 米跑得更远

跨越水池
水池置于跑道内侧，是障碍赛赛程的一部分

链球
投掷圈外有护笼，以保证观众与裁判员的安全

撑竿跳高
助跑区末端有一个深 20 厘米的楔形杆槽斗穴

110 米栏比赛的起跑线

100 米、100 米栏的起跑线

终点
无论从哪里起跑，所有径赛项目的终点都在这里

10000 米跑的起跑线
运动员从这里起跑，绕场地跑 25 圈

图 6-1-1　田径场地

三、著名赛事介绍

著名田径赛事分为国际主要田径赛事和国内主要田径赛事两大类。

著名田径赛事

名词解析

世界田径（即国际田径联合会，2019年更名为世界田径）对田径的定义：田赛、径赛、公路跑、竞走、越野跑和山地跑。田径是由走、跑、跳、投的基本运动形式，以时间、高度和远度衡量运动效果所构成的体育项目。

我国通常把走跑类的项目统称为径赛，把跳投类的项目统称为田赛，把二者部分项目组合的记分项目称为全能。

第二节　跟我学田径

一、跑的技术

（一）短跑技术

短跑技术是由起跑、起跑后的加速跑、途中跑和终点冲刺跑4个不可分割的阶段组成的。

📖 **知识拓展**

使用起跑器（图6-2-1）的目的是使运动员能形成良好的预备姿势，便于获得较快的起跑速度。一般采用普通式起跑器。安装方法：前起跑器距起跑线约一脚半长，后起跑器距起跑线三脚长（图6-2-2）。

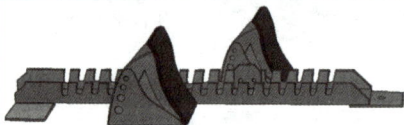

图 6-2-1　起跑器

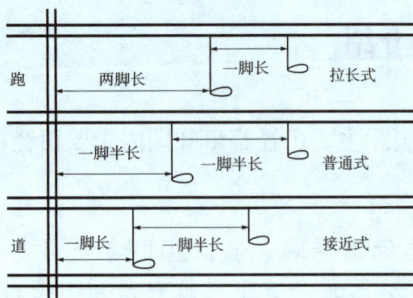

图 6-2-2　拉长式、普通式和接近式起跑器的安装

1. 蹲踞式起跑技术

蹲踞式起跑技术由"各就位""预备"和鸣枪（或启动经批准的发令器材）3个环节组成。（图6-2-3）

蹲踞式起跑技术

图 6-2-3　蹲踞式起跑技术

（1）"各就位"：两脚踏在起跑器上，后膝触地，两臂伸直且距离稍比肩宽，四指并拢，与拇指成八字形，肩与起跑线齐平。

（2）"预备"：臀部抬起至稍高于肩，身体重心前移且落在两臂和前腿上，两脚脚掌紧贴抵足板。

（3）鸣枪：两脚迅速蹬离起跑器，同时两手迅速离开地面，两臂屈肘用力前后摆动。

2. 加速跑技术

加速跑技术如图 6-2-4 所示。

加速跑技术

图 6-2-4　加速跑技术

（1）逐渐加速，逐渐抬体，逐渐加大步长。

（2）两臂屈肘积极而有力地前后摆动，两腿依次用力蹬地。

（3）加速跑的距离一般约为 30 米。

3. 途中跑技术

途中跑是短跑中距离最长的一个跑段，跑者在此跑段的任务是继续保持高速奔跑。按跑的周期划分，途中跑包括后蹬与前摆、腾空、着地缓冲等阶段。途中跑技术如图 6-2-5 所示。

途中跑技术

图 6-2-5　途中跑技术

（1）后蹬与前摆阶段：摆动腿向前上方摆出，支撑腿迅速伸展，两臂有力地前后摆动。

（2）腾空阶段：支撑腿的小腿迅速向大腿靠拢折叠；摆动腿的大腿积极下压，

准备着地。

（3）着地缓冲阶段：支撑腿屈膝缓冲。

4.冲刺跑技术

冲刺跑技术如图 6-2-6 所示。

冲刺跑技术

图 6-2-6　冲刺跑技术

（1）在离终点线 15 ～ 20 米时，应尽可能地保持途中跑的高速度并加快两臂摆动的速度，并加大摆臂力量。

（2）当距离终点线最后一步时，以胸部或肩部撞线后不要减速，继续跑过终点。

> 👤 **专家指导**
>
> #### 弯道跑
>
> 　　200米跑和400米跑有一半以上的距离是在弯道上进行的。在弯道起跑时，因为起跑器安装在跑道的右侧，正对弯道左侧分道线的切点方向，所以左手应撑在起跑线后沿5～10厘米处。弯道途中跑时，以左脚前脚掌外侧和右脚前脚掌内侧着地，右臂摆幅大于左臂，身体稍向左侧倾斜。

弯道跑技术

（二）中长跑技术

中长跑技术如图 6-2-7 所示。

中长跑技术

图 6-2-7　中长跑技术

（1）采用站立式起跑，按"各就位"、鸣枪两个步骤进行。

（2）途中跑技术：步频慢，步幅小，一般为两步一呼、两步一吸。

（3）冲刺跑的时机应因人而异，要依运动员训练水平、战术要求、临场情况等而定。

> 📖 **知识拓展**
>
> 　　在跑的过程中，由于氧气的供应落后于肌肉活动的需要，跑到一定距离时，参与者会出现呼吸困难、胸闷、四肢无力，产生不想再继续跑的感觉，这种现象叫作极点。极点现象出现时，参与者应加强呼吸（尤其是呼气）；不久，极点现象就会消失，参与者的身体会恢复到正常的状态。

二、跳的技术

（一）跳远技术

跳远技术由助跑、起跳、腾空和落地组成，它们是一个整体。

1. 蹲踞式跳远技术

蹲踞式是一种简单而又自然的跳远姿势，与日常生活中跨越障碍的方式比较接近，适合初学者。起跳成腾空步后，头部微抬，上体保持正直，摆动腿向前上方摆出，起跳腿一侧的髋部要充分伸展，两臂向前摆动。在接近最高点时，起跳腿开始向胸部提举，并逐渐向摆动腿靠拢，形成空中蹲踞姿势，两臂由前向下、向后摆动，随后完成落地动作。（图6-2-8）

蹲踞式跳远技术

图 6-2-8　蹲踞式跳远技术

2. 挺身式跳远技术

起跳后，保持腾空步的时间比蹲踞式短。腾空开始后，摆动腿的大腿积极下放，小腿向前、向下、向后上方摆动。这时，身后的起跳腿向后摆的摆动腿靠拢。当腾空至最高点时，身体充分伸展，形成挺胸展髋、两臂上举、挺身的跳远姿势，随后完成落地动作。（图6-2-9）

挺身式跳远技术

图 6-2-9　挺身式跳远技术

挺身式跳远的优点是能较充分地拉长体前肌群，有利于完成收腹举腿和落地伸腿动作。挺身式跳远的主要缺点是空中动作的形成和用力特点与助跑起跳的动作不大一致。因此，初学者较难做好助跑起跳与空中动作之间的衔接。

（二）跳高技术

跳高是越过垂直障碍的项目。跳高的姿势按过杆的形式，可分为背跃式、跨跃式、俯卧式等。以下主要介绍背越式跳高技术（图 6-2-10）。背越式跳高技术由助跑、起跳、过杆和落地 4 个部分组成。

背越式跳高技术

图 6-2-10　背越式跳高技术

三、投掷技术

投掷比赛项目包括推铅球、掷标枪、掷铁饼等。其中，推铅球技术主要分为两种，即背向滑步推铅球和背向旋转推铅球。以下主要介绍背向滑步推铅球技术
背向滑步推铅球技术如图 6-2-11 所示。

**背向滑步
推铅球技术**

图 6-2-11　背向滑步推铅球技术

（1）握球、持球。

（2）预备：团身。

（3）滑步：左腿摆出并外旋，右腿蹬伸。

（4）最后用力：肩轴与髋轴扭紧，手腕和手指向外拨球。

（5）跟进与维持平衡。

四、健身走技术

（一）健身走的锻炼方法

健身走的锻炼方法：摆臂快走法。

要领：两眼平视，挺胸抬头，身体重心稍前倾；两臂前后用力摆动，前臂与上臂成 90° 夹角；摆动手向上摆时不超过肩，向下摆动时不超过腰部；脚跟先着地，逐步过渡到脚尖，脚尖用力蹬地，腰臀发力；步幅略小，步频要快，行走速度为 100 步/分，每次 30～60 分钟，逐渐加快步频至 130 步/分。

这种走步法可增强锻炼者的心肺耐力、下肢力量和上肢力量。

（二）健身走的运动负荷

（1）健身走强度的衡量：依据人体的脉搏次数来确定。从健身角度来讲，健身走锻炼者适宜的脉搏为 110～150 次/分。

（2）健身走时间的掌握：一般锻炼者，连续行走时间以 20～30 分钟为宜；行走 20 分钟可以达到锻炼身体的最低要求，行走 30 分钟以上就能取得比较好的锻炼效果。

（三）健身走的注意事项

（1）锻炼者最好选择空气清新、安全的地点（如操场、公园、河边、郊外等）进行健身走。

（2）选择弹性好、有足弓垫的运动鞋，能有效地保护脊柱和脚踝。衣服材质最好透气、宽松。

（3）运动前，活动脚踝和膝关节；运动后，拉伸大腿前侧和后侧肌肉。

第三节　田径技术分级训练

田径技术分级训练见表6-3-1。

表6-3-1　田径技术分级训练

训练内容	初级	中级	高级	注意事项
短跑	（1）观看优秀短跑运动员技术图片、视频。 （2）各种跑的专门练习（小步跑、摆臂跑、高抬腿跑、后蹬跑、车轮跑等）。 （3）起跑的各种模仿练习。 （4）30～80米加速跑，4～6次。 （5）30米冲刺撞线跑，4～6次，2～3组。	（1）蹲踞式起跑30米，4～8次。 （2）60～100米变节奏跑（30米快跑+40米惯性跑+30米快跑），4～6次，1～3组。 （3）100米弯道跑和加速跑，5～8次	（1）50～100米跑格练习。 （2）弯道跑接直道跑或直道跑接弯道跑，4～6次，1～3组。 （3）各种距离的反复跑。 （4）不同距离的下坡跑	（1）保持良好的心态。 （2）做好充分的热身准备。 （3）掌握好起跑技巧。 （4）保持良好的爆发力。 （5）跑时注意节奏。 （6）加速跑时调整好步伐。 （7）掌握好呼吸
中长跑	（1）400米变速跑（200米快速跑+200米慢速跑）；800米变速跑（2组300米快速跑+200米慢速跑）。 （2）快速跑练习：60米跑、80米跑、100米跑、150米跑、200米跑、300米跑等	（1）1000米变速跑（300米快速跑+700米慢速跑）。 （2）各种跳跃练习：跨步跳、单足跳、蛙跳、多级跳、跳台阶、深蹲跳起	（1）各种距离的全程跑练习：800米跑、1000米跑、1500米跑、3000米跑。 （2）专项距离的测验、比赛等	注意跑的节奏和呼吸节奏
跳远	（1）30米、60米、100米计时跑。 （2）在平跑道上连续进行3～7步起跳练习。 （3）4～8步助跑起跳，摆动腿落在跳箱盖上或其他类似器械上	（1）100米、150米、200米重复跑；4～8步下坡跑起跳练习。 （2）反复进行8～12步助跑成腾空步练习	（1）40米标记跑，50米快速跑+50米慢速跑。 （2）短程、中程、全程助跑跳远	（1）无论采用何种助跑节奏，起跳前都应达到本人的最高助跑速度。 （2）跳起后，维持身体平衡

续表

训练内容	初级	中级	高级	注意事项
跳高	（1）S形加速跑。 （2）弧线加速跑。 （3）正面助跑、直体过杆。 （4）助跑摸高练习	（1）单脚跳深过杆练习。 （2）摆腿触高物。 （3）助跑起跳、直体过杆。 （4）弹板跳高	（1）负阻力做弧线助跑、迈步支撑练习。 （2）完整技术重复训练。 （3）完整过杆技术成功率训练	注重速度与技巧的训练
推铅球	（1）握持球的练习方法：握球向上举，手腕和手指向外拨球。 （2）原地正面推铅球练习。 （3）原地侧向推铅球练习。 （4）屈膝团身动作、徒手侧向滑步、徒手背向滑步练习	（1）原地背向推铅球练习。 （2）侧向滑步推铅球练习	（1）圈内徒手背向滑步推铅球完整技术练习。 （2）圈内背向滑步推各种质量的球。 （3）圈内背向滑步推标准质量的球	优先发展和建立快速动作节奏

第四节 田径竞赛规则

一、径赛

径赛规则见表6-4-1。

表6-4-1 径赛规则

规则项	内容
起跑	400米及以下（包括4×200米、异程接力和4×400米接力的第一棒）各项径赛的起跑必须使用起跑器。其他径赛项目的起跑不得使用起跑器。除全能项目之外，任何对起跑犯规负责的运动员将被发令员取消该项目的比赛资格
分道跑	在分道跑的比赛中，运动员应自始至终在自己的分道内跑进
跨栏跑	（1）运动员应跨越每个栏架，否则将被取消比赛资格。 （2）出现下列情况，运动员也将被取消比赛资格：①在过栏瞬间，其脚或腿在栏架两侧以外（任意一边），低于栏顶的水平面；②裁判长认为运动员有意撞倒任一栏架

续表

规则项	内容
接力跑	（1）如发生掉棒，必须由掉棒运动员拾起。允许掉棒运动员离开自己的分道拾棒，但不得因此缩短比赛距离。 （2）接力棒必须在接力区内交接。在接力区外交接棒将被取消比赛资格。 （3）在比赛过程中，任何运动员手持或捡拾其他接力队的接力棒时，该接力队将被取消资格。其他接力队不应受罚，除非从中获得利益

二、田赛

田赛规则见表6-4-2。

表 6-4-2　田赛规则

规则项	内容
跳高	运动员必须用单脚起跳。出现下列情况之一者，应判为试跳失败：①试跳后，由于运动员的试跳动作，致使横杆未能留在横杆托上。②在越过横杆之前，运动员身体的任何部位触及横杆后沿（靠近助跑道）垂面以前的（在两个立柱之间或之外的）地面或落地区。如果运动员在试跳中一只脚触及落地区，而裁判员认为他并未从中获得利益，则不应因此原因判该次试跳失败。③运动员助跑后未起跳，触及横杆或两立柱垂面以前的地面或落地区
跳远	运动员出现下列情况，应判为试跳失败：①在起跳过程中，无论是助跑后未起跳还是做了试跳动作，运动员身体任何部位触及起跳线以前的地面（包括橡皮泥显示板的任何部分）。②从起跳板两端之外起跳，无论是否超过起跳线的延长线。③在助跑或试跳中采用任何空翻姿势。④起跳后，在第一次触及落地区之前，运动员触及了助跑道、助跑道以外地面或落地区以外地面。⑤在落地过程中（包括任何的失去平衡）触及落地区边沿或落地区以外地面，而落地区外的触地点较落地区内的最近触地点更靠近起跳线
推铅球	铅球只能用单手从肩部推出。当运动员在投掷圈内开始试掷时，铅球要抵住或靠近颈部或者下颌，在推球过程中持球手不得降到此部位以下。不得将铅球置于肩轴线后方

📖 **体育思政课堂**

　　田径运动中的长跑可以磨炼学生的意志，接力跑可以使学生学会相互配合和团队协作，跳高可以培养学生不怕困难、勇于挑战自我的精神。通过观看田径比赛，学生可以提高规则意识。

思考与探究

1. 参与任意一项田径运动，并结合教材中的知识，体验其动作与方法。
2. 总结田径运动的主要技术和适合自己的练习方法。
3. 结合实际，谈一谈拼搏意识在中长跑练习中的作用。

第七章
足球运动

本章导读

　　足球运动是世界上较具影响力的单项体育运动之一。一场精彩的国际足球赛事能够吸引数以亿计的观众，能够给人们带来一场体育盛宴。现代足球运动是体能与智能的结合，是拼搏和勇气的体现。大学生经常踢足球，可以愉悦身心，改善人际关系，培养集体主义精神和勇敢顽强的优良品质。

学习目标

1. 了解足球运动的相关知识和竞赛规则。
2. 掌握足球运动的技战术。
3. 发展力量、耐力、速度等身体素质。
4. 培养拼搏意识、竞争意识、规则意识等体育意识和集体主义精神。

第一节　　了解足球运动

一、足球运动概述

　　据《战国策·齐策》记载，在春秋战国时期，我国就出现了类似于现代足球运动的"蹴鞠"（也称"蹋鞠"）游戏。2004 年 7 月 15 日，时任国际足球联合会（以下简称"国际足联"）主席布拉特宣布：中国是足球的故乡，足球起源于山东省淄博市的临淄。

　　现代足球运动诞生于英国。1857 年，世界上第一家足球俱乐部——谢菲尔德足球俱乐部在英国成立。1863 年 10 月 26 日，英国人在伦敦成立了英格兰足球总会，并统一了足球规则。后来，这一天被人们称为现代足球的诞生日。1900 年，足球运动首次在奥运会上露面，但主要是表演性质的比赛。1908 年，在伦敦奥运会上，足球比赛开始以国家队形式组织。1930 年，乌拉圭成功举办了第 1 届世界足球锦标赛（即世界杯足球赛）。

2022 年，中国女足在 2022 印度女足亚洲杯决赛中击败韩国队，时隔 16 年再夺女足亚洲杯冠军。

二、认识器材和场地

（一）球

比赛用球必须是球形，由合适的材料制成。周长为 68 ～ 70 厘米。重量在比赛开始时为 410 ～ 450 克。

（二）球场

比赛场地形状必须为长方形，两条较长的边界线为边线，两条较短的边界线为球门线，边线必须长于球门线。一般正式比赛的场地边线长度为 90 ～ 120 米，球门线长度为 45 ～ 90 米。国际比赛场地的边线长度为 100 ～ 110 米，球门线长度为 64 ～ 75 米。所有标线宽度必须一致，且不得超过 12 厘米。

比赛场地由一条连接两侧边线中点的中线划分为两个半场。中线的中心位置为中点。以中点为圆心画一个半径为 9.15 米的圆圈，此为中圈。

球门线、球门柱和横梁的宽度必须一致。从距两根球门柱内侧 5.5 米处，画两条垂直于球门线的标线。这两条标线向比赛场地内延伸 5.5 米，与一条平行于球门线的标线相连接。由这些标线和球门线围成的区域是球门区。

三、著名赛事介绍

著名足球赛事包括国际足联世界杯、欧洲足球锦标赛、亚洲足球联合会冠军联赛、中国足球协会超级联赛等。

著名足球赛事

四、球员位置

足球球员位置分为中锋、影子前锋、边锋、前腰、前卫、边前卫、后腰、边后卫、中后卫、"清道夫"和守门员。

足球球员位置

第二节　跟我学足球

一、足球基本技术

（一）踢球技术

1. 脚内侧踢球

踢定位球时，直线助跑，支撑脚踏在球的侧方15厘米左右处，膝关节微屈，两臂自然张开。（图7-2-1）

脚内侧踢球技术

图7-2-1　脚内侧踢球

2. 脚背正面踢球

踢定位球时，直线助跑，支撑脚踏在球的侧方12～15厘米处，脚尖正对出球方向，膝关节微屈，两臂自然张开。（图7-2-2）

脚背正面踢球技术

图7-2-2　脚背正面踢球

3. 脚背内侧踢球

踢定位球时，斜线助跑，助跑方向与出球方向成45°角。支撑腿屈膝，支撑脚以脚掌外沿积极着地，踏在球的侧方20～25厘米处，脚尖指向出球方向，身体稍向支撑脚一侧倾斜。（图7-2-3）

脚背内侧踢球技术

图 7-2-3　脚背内侧踢球

4. 脚背外侧踢球

与脚背正面踢球的动作基本相同，只是用脚背外侧触球。（图 7-2-4）

图 7-2-4　脚背外侧踢球

脚背外侧踢球
技术

（二）停球技术

1. 脚内侧停地滚球

支撑腿屈膝，支撑脚正对来球，停球腿屈膝外转并前迎，脚尖稍上翘。（图 7-2-5）

图 7-2-5　脚内侧停地滚球

脚内侧停地滚球
技术

2. 脚内侧停反弹球

支撑腿屈膝，支撑脚踏在球的落点的侧前方，上体稍向前倾并向停球方向微转，同时停球腿提起。（图 7-2-6）

图 7-2-6　脚内侧停反弹球

3. 脚内侧停空中球

停球脚抬起前迎，使脚内侧对准来球，在脚与球接触前的一刹那开始后撤。（图 7-2-7）

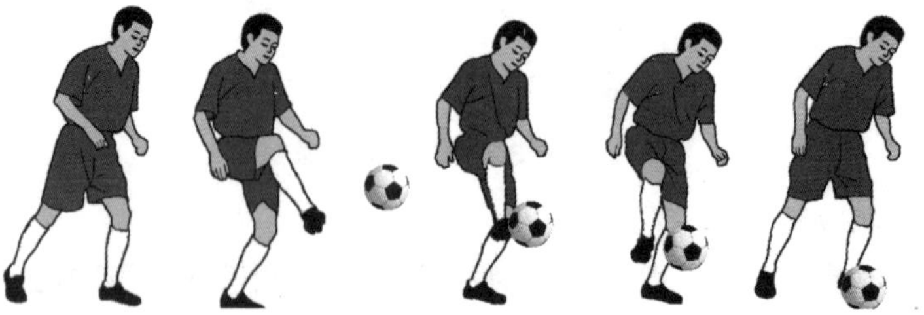

图 7-2-7 脚内侧停空中球

4. 脚背正面停高空球

身体正对来球，停球腿屈膝提起，停球脚脚背对准来球，将球停至身前。（图 7-2-8）

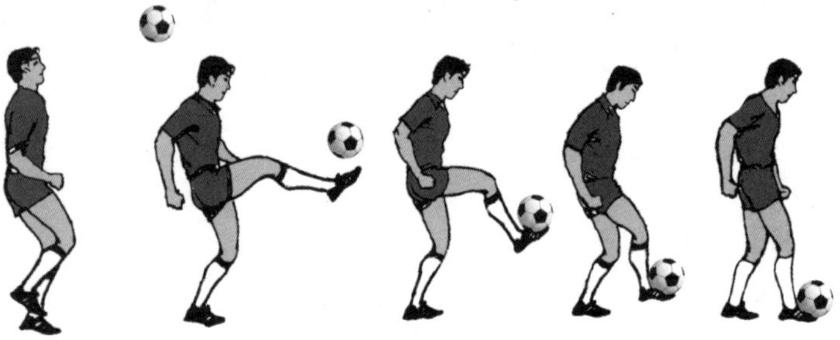

图 7-2-8 脚背正面停高空球

5. 胸部停球

（1）挺胸停球。

身体正对来球，两脚前后开立，身体重心落在两腿之间，两膝微屈，两臂自然张开，上体稍后仰，收下颌。挺胸迎球后缓冲来球力量，将球控制在身前。（图 7-2-9）

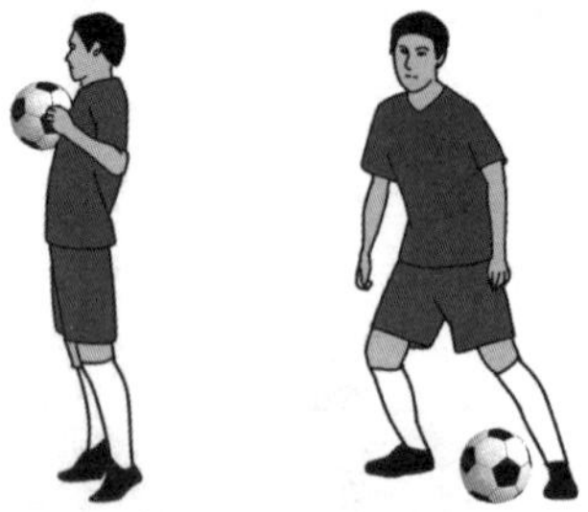

图 7-2-9 挺胸停球

（2）收胸停球。

身体正对来球，两脚前后开立，两臂自然张开，收胸迎球，将球控制在身前。（图 7-2-10）

图 7-2-10　收胸停球

6. 大腿停低平球

停球时，大腿抬起迎球，与球接触的一刹那即随球下撤，使球落在身前。
（图 7-2-11）

大腿停低平球
技术

图 7-2-11　大腿停低平球

（三）运球技术

1. 脚内侧运球

运球脚提起，脚尖稍向外转，以脚内侧推球前进。（图 7-2-12）

脚内侧运球技术

图 7-2-12　脚内侧运球

2. 脚背外侧运球

运球脚提起，脚尖稍内转，以脚背外侧推球前进。（图 7-2-13）

脚背外侧运球
技术

图 7-2-13　脚背外侧运球

3. 脚背正面运球

身体自然放松，上体稍前倾，两臂自然摆动，步幅不要过大。（图 7-2-14）

脚背正面运球
技术

图 7-2-14　脚背正面运球

（四）头顶球技术

1. 原地前额正面顶球

身体正对来球，两脚前后开立，膝关节微屈，两臂自然张开，上体稍向后仰，眼睛注视来球，用前额正面将球顶出。（图 7-2-15）

原地前额正面
顶球技术

图 7-2-15　原地前额正面顶球

2. 原地前额侧面顶球

两脚前后开立，出球方向的同侧脚在前，两膝微屈，上体和头部稍向出球的相反方向侧屈，身体重心放在后脚上，用前额侧面将球顶出。（图 7-2-16）

图 7-2-16　原地前额侧面顶球

（五）抢截球技术

1. 正面抢球

面向对手，两脚稍前后开立，膝关节微屈，身体重心在两脚之间，在对手的运球脚离球时实施抢球动作。（图 7-2-17）

图 7-2-17　正面抢球

2. 侧面抢截球

身体重心降低，靠近对手一侧的手臂紧贴自己的身体，用合理冲撞进行抢球。（图 7-2-18）

图 7-2-18　侧面抢截球

（六）假动作技术

1. 传球假动作

先做假踢动作，使对方上前堵截传球路线，然后突然改变方向传球。（图 7-2-19）

图 7-2-19　传球假动作

2. 运球过人假动作

己方可采用左右虚晃动作，趁对方犹豫之时越过对方。（图 7-2-20）

图 7-2-20　运球过人假动作

（七）守门员技术

1. 直腿式接地滚球

两腿自然直立，脚尖正对来球，上体前屈，两臂并肘前迎，两手小指靠近，手掌对球。接球后，迅速将球收进怀中。（图 7-2-21）

图 7-2-21　直腿式接地滚球

2. 单腿跪式接地滚球

身体对准来球，两腿左右开立，一腿弯曲支撑身体重心，另一腿内转跪撑，膝关节接近地面并靠近前脚脚踵，手掌对球。接球后，迅速将球收进怀中。（图 7-2-22）

图 7-2-22　单腿跪式接地滚球

3. 接高球

接高球时，迅速移动并跳起，两臂上伸迎球，两手拇指相对，手掌对球。接球后，迅速将球收进怀中。（图 7-2-23）

图 7-2-23　接高球

4. 双手拳击球

面对来球，用两拳的拳面击球的下部，将球击出。（图 7-2-24）

图 7-2-24　双手拳击球

二、足球基本战术

足球运动是一项对抗性的运动项目。足球战术是指比赛双方为了充分发挥个人和集体的特长、进攻对方的弱点，从而取得比赛胜利所采用的手段和方法。

（一）比赛阵型

比赛阵型是指比赛场上队员的基本位置排列，是本队攻守力量分配和分工的形式。选择阵型时，要以本队队员的特长、体能和技术水平的特点为依据。阵型是比赛战术的一个组成部分。要使每个场上的队员在明确基本位置和主要职责的前提下，充分发挥个人智慧和全队的攻守特点，运用比赛阵型达到克敌制胜的目的。

人们根据队员的职责和排列的层次把阵型分为后卫线、前卫线和前锋线。阵型的人数排列原则是从后卫数向前锋，守门员不计算在内。

目前，世界上普遍采用的阵型有 "4-3-3" "4-4-2" "4-1-2-3" "3-5-2" 等。在这些阵型中，除了 "4-4-2" 阵型是以防守为主、反击为辅外，其他阵型均以进攻为主，尤以"3-5-2"阵型最突出进攻。

（二）进攻战术

1. 局部进攻战术

局部进攻战术是指两个或两个以上队员在比赛中为了完成全队的攻防任务而采用的局部协同作战的配合方法。局部进攻战术包括"二过一"战术配合、"三过二"战术配合、反切配合等。以下主要介绍前两种战术配合。

（1）"二过一"战术配合：两名进攻队员通过传球配合突破一名防守队员的战术配合，是进攻队员集体配合的基础。队员可以在任何场区、任何位置上运用这种战术配合来摆脱对方的抢截或突破防线。该战术要求队员传球平稳及时，一般多用脚内侧踢球、脚外侧踢球等脚法，以传低平球为主，传球所到的位置尽可能是接球人脚下或其前面两三步远的地方。根据传球和跑位配合的路线，"二过一"战术配合的形式有斜传直插、直传斜插、踢墙式、回传反切等。

（2）"三过二"战术配合：在比赛中的局部地区，三名进攻队员通过连续配合突破两名防守者的防守。这种配合有两名同队队员可以同时接应传球，因此传球路线更多且进攻面更大。

2. 全队进攻战术

全队进攻战术是指比赛中一方得球后，通过队员之间的传递配合达到射门目的的一种配合方法。与局部进攻战术相比，全队进攻战术的进攻面更大。

（1）边路进攻：利用球场两侧场区发起的进攻配合方法。边路进攻是全队进攻战术的主要形式之一。其主要特点是，有利于发挥进攻速度，打破对方防线，从而制造缺口。

（2）中路进攻：利用球场中间区域组织的进攻配合方法。中路进攻虽能直接射门，但难度较大，原因是中路防守最为严密。基于此，进攻队员必须是反应极其敏锐、进攻意识强、技术高、敢于冒险、速度快和善于跑位策应的队员。

（3）转移进攻：由一个区域迅速转移至另一个区域的进攻配合方法。转移进攻一般是由中路进攻转向边路组织进攻，或由边路进攻转向中路组织进攻，或由一侧边路进攻转向另一侧边路组织进攻。转移进攻可充分利用场地空间，及时转移进攻点，迫使对方将防线横向扯动而出现空当，从而突破防线。

（4）快速反击：比赛中，当一方进攻时，其后卫线往往压至中场附近，防守人数也由于插上进攻或助攻而相对减少。此时，己方如能抓住对方防区空隙和回防较慢的机会，乘其失去控球权而发动快速反击，往往能取得良好的效果。快速反击是最有威胁的进攻手段。有效的进攻在于突然、快速的反击，难度较大，队员既要有冒险精神，又要具备准确、快速的传切配合技能。队员要想使快速反击配合得极为默契，就必须进行专门的训练，否则很难在比赛中实施该战术。

（三）防守战术

1. 局部防守战术

（1）保护：给予逼抢控球队员的同伴以心理和行动上的支持，使其无后顾之忧，全力以赴紧逼对方。若逼抢队员被突破，保护队员就可以及时补防，堵住进攻路线，或是夺回控球权。若逼抢队员夺得控球权，保护队员就可及时接应发动进攻。

（2）补位：足球比赛中在局部场区集体配合进行防守的一种方法。当防守过程中一名防守队员被对方突破时，另一名队员则立即上前进行堵封、补位。

（3）围抢：比赛中在某局部位置上，防守方利用人数上的相对优势（通常是两三个队员）同时围堵对方的控球队员，以达到在短时间内抢断或破坏对方进攻的目的。

（4）造越位战术：利用竞赛规则而设计的一种防守战术，是一种以巧制胜的省力方法，但其配合难度较大，配合得不好会适得其反，让对方有机可乘。此战术往往被水平较高的球队采用，且在一场比赛中不宜多次运用。

2. 全队防守战术

全队防守战术可分为两种基本类型：盯人紧逼防守（人盯人防守），即在规定的范围内盯人紧逼，队员各自都有明确的防守对象且不交换；区域紧逼防守（盯人与区域相结合），即现今流行的综合防守，紧逼与保护相结合，在个人的防区内紧逼且交替防守。

具体防守方式：向前逼迫式，即己方在失去控球权后立即在空间上进行逼压，降低对方进攻的速度或夺回控球权；层层回撤式，即分层次、有步骤、有组织地布防；快速密集式，即缩小防守区域，集中防守力量于球门前危险地带，仅留一两名防守队员在中场附近。

防守最根本的原则是紧逼对方和保护己方。只有紧逼对方才能有效地主动抢断，压制对方的技术优势，从而获取主动权；保护己方则是为了更好地紧逼和控制防守空当。

第三节　足球技术分级训练

足球技术分级训练见表7-3-1。

表 7-3-1　足球技术分级训练

训练内容	初级	中级	高级	注意事项
运球	（1）脚背外侧运球的无球模仿练习。 （2）脚背外侧运实心球练习。 （3）25 米的直线运球练习。 （4）利用标志杆做变向运球练习。 （5）排成横队，每人一球，按口令做变向运球练习	（1）单脚推球或拨球前进练习；双脚交替推球或拨球前进练习。 （2）队员排成一路纵队，由排头开始，从起点运球绕过对面标旗后再折回起点，把球传给另一个人，然后跑到队尾，依次循环。 （3）队员排成一路纵队，由排头开始，从起点运球绕过数根标杆后再折回起点，把球传给另一个人，然后跑到队尾，依次循环	（1）队员分成两组，各成一路纵队，分别站在中圈外的左侧和右侧。各组的排头按同一方向沿中圈运球，运球到起点后，把球交给本组的下一个同伴，然后跑到队尾，依次循环。 （2）队员分成两组，都站在中圈内。一组运球，另一组分散站在圈内或在圈内自由走动。运球者要尽量使球不触及站着的或走动着的人。两组按教师的指令轮流进行。 （3）两人一球，做一过一练习。开始时，运球者做运球过人练习，防守者做消极防守。较熟练地掌握之后，防守者做积极防守	练习时应随时抬头观察场上情况
接反弹球	（1）自己向上抛球，待球落地后把反弹球停住。 （2）自己向足球墙掷、踢高球，然后跑上去把反弹球停住	两人一组，相距 15 米左右。一人踢或抛一定高度的呈抛物线下落的球，另一人向侧方或侧后方移动并把反弹球停住	两人一组，相距 15 米左右。一人向另一人的侧方或侧前方踢或抛有一定弧度的呈抛物线下落的球，另一人跑动上前，在侧方或侧后方把反弹球停住	体会做动作时的身体感觉
接空中球	自抛自接下落的空中球	两人一组，相距 10 米左右相对站立，一人掷球，另一人接空中球	两人一组，相互踢高球且接高空下落的空中球。熟练后，把球踢向同伴的侧面练习	
接地滚球	（1）接球动作的模仿练习。 （2）接迎面来的地滚球练习。两人一组，相距 6～8 米相对站立，一人踢（掷）地滚球，另一人接球	（1）跑上去接迎面来的地滚球。 （2）两人一组，相距 10 米左右相对站立，一人踢（掷）地滚球，另一人跑上去接地滚球。 （3）跑上去接从足球墙反弹回来的球	（1）队员分成甲、乙两组，相距 20 米左右，成一字纵队。甲组第一个队员踢地滚球给乙组第一个队员，然后跑回本组队尾；乙组第一个队员跑上去接球，然后踢给甲组的下一个队员，依次循环。 （2）接侧面的来球。两人一组，相距 15 米左右，甲向乙的侧面踢球，乙在跑动中用规定部位接球。接球后再踢球给甲，依次循环	

续表

训练内容	初级	中级	高级	注意事项
踢球	（1）两人一组，一人用脚挡球，另一人做助跑踢球练习。（2）自己对足球墙踢球练习。（3）两人一组，相距15米左右，中间放一个低栏，要求踢出的球从栏间通过。（4）队员分成两组，相距15米左右，成一字形相对站立。由各组第一个人开始在跑动中踢球，踢球后跑到对方队尾，依次循环	（1）踢球穿裆：3人一组，彼此相距5米，一人踢球，接球者再踢球穿裆，依次循环。（2）队员在罚球弧处站成一路纵队，依次向守门员踢球。守门员接球后掷地滚球，队员依次助跑踢球。（3）队员在罚球区外踢地滚球，队员依次助跑踢球射门	（1）迎球跑动踢球。两人一组，相距15米左右，甲踢球给乙，乙跑上去迎球后再踢给甲，并回到原来的位置上。甲接球后再将球向乙的另一侧踢出，乙也像前面一样跑上去迎球后再踢还给甲，依次循环。（2）后退中踢球。两人一组，相距8米左右。甲后退跑，乙踢球给甲并继续向前跑，甲再回踢给乙，并继续后退跑，依次循环	体会做动作时的身体感觉

第四节　足球竞赛规则

足球比赛规则见表7-4-1。

表7-4-1　足球比赛规则

规则项	内容
场上队员人数与替换人数	（1）一场比赛由两队参加，每队最多可有11名上场队员，其中1名必须为守门员。如果任何一队场上队员人数少于7人，则比赛不得开始或继续。（2）国际足联、各洲际联合会或各国足球协会可决定在其正式赛事中可使用的替补队员人数，但最多不能超过5人次替换。涉及顶级联赛球队一队或成年国家队A队的男子、女子赛事，如果竞赛规程允许最多使用5名替补队员，则每队：最多可执行3次替换程序；在中场休息阶段可执行额外的替换程序

续表

规则项	内容
犯规与不正当行为	（1）如果裁判员认为，一名场上队员草率地、鲁莽地或使用过分力量对对方队员实施如下犯规，则判罚直接任意球：①冲撞；②跳向；③踢或企图踢；④推搡；⑤打或企图打（包括用头顶撞）；⑥用脚或其他部位抢截；⑦绊或企图绊。 （2）如果一名场上队员犯有如下行为时，则判罚间接任意球：①以危险方式进行比赛。②在没有身体接触的情况下阻碍对方行进。③以语言表示不满，使用攻击性、侮辱性或辱骂性的语言和/或行为，或其他口头的违规行为。④在守门员发球过程中，阻止守门员从手中发球、踢或准备踢球。⑤故意发起施诡计用头、胸、膝等部位将球传递给守门员以逃避规则相关条款处罚的行为（包括在踢任意球或球门球时），无论守门员是否用手触球。如果该行为由守门员发起，则处罚守门员。⑥犯有规则中没有提及的，又需裁判员停止比赛予以警告或罚令出场的任何其他犯规。 （3）如果守门员在本方罚球区内犯有如下行为时，则判罚间接任意球：①在发出球前，用手/臂部控制球超过6秒。②在发出球后、其他场上队员触球前，用手/臂部触球。③在下列情况之后用手/臂部触球，除非守门员已经清晰地将球踢出或试图踢出，即同队队员故意将球踢给守门员；接同队队员直接掷来的界外球。 （4）场上队员犯有如下行为时，应被警告：①延误比赛恢复；②以语言或行动表示不满；③未经裁判员许可进入、重新进入或故意离开比赛场地；④当比赛以坠球、角球、任意球或掷界外球恢复时，未退出规定距离；⑤持续违反规则；⑥非体育行为；⑦进入裁判员回看分析区域；⑧过分地做出要求回看分析（比画电视屏幕）的信号。 （5）场上队员、替补队员或已替换下场的队员犯有如下行为时，应被罚令出场：①通过手球犯规破坏对方球队进球或明显的进球得分机会（守门员在本方罚球区内除外）；②通过可判罚任意球的犯规，破坏对方的进球或总体上朝犯规方球门方向移动的明显的进球得分机会；③严重犯规；④咬人或向任何人吐口水；⑤暴力行为；⑥使用攻击性、侮辱性或辱骂性的语言和/或行为；⑦在同一场比赛中得到第二次警告；⑧进入视频操作室
越位	（1）处于越位位置并不意味着构成越位犯规。 （2）队员处于越位位置，如果其：头、躯干或脚的任何部分处在对方半场（不包含中线），且头、躯干或脚的任何部分较球和对方倒数第二名队员更接近于对方球门线。 （3）一名队员在同队队员传球或触球的一瞬间处于越位位置，该队员随后以如下方式参与了实际比赛，才被判罚越位犯规：①在同队队员传球或触球后得球或触及球，从而干扰了比赛。②干扰对方队员，包括通过明显阻碍对方队员视线，以妨碍对方队员处理球，或影响其处理球的能力，或与对方队员争抢球，或有明显的试图触及近处的来球的举动，且该举动影响了对方队员，或做出影响对方队员处理球能力的明显举动。③在如下情况发生后触球或干扰对方队员，从而获得利益：球从球门柱、横梁、比赛官员或对方队员处反弹或折射过来；球从任一对方队员有意救球后而来
进球得分	当球的整体从球门柱之间及横梁下方越过球门线，且进球队未犯规或违规时，即为进球得分

铿锵玫瑰

中国女足永不言弃的精神

中国有这样一群姑娘，她们顽强拼搏，不畏强敌，为了争取胜利而努力进取。她们就是被称为"铿锵玫瑰"的中国女足。2022年2月6日是让全中国足球运动爱好者感动的一天。中国女足在2022印度女足亚洲杯决赛中对阵韩国队。在上半场2球落后的不利情况下，中国女足在下半场连进3球，反败为胜，时隔16年再夺女足亚洲杯冠军。"铿锵玫瑰"用她们顽强的意志力，在场上拼搏奋斗，最终完成翻盘，震撼了所有人。

女足精神一直
都在

体育思政课堂

2022年4月，中国女足被中华全国总工会授予"2022年全国工人先锋号"称号。中国女足向世界展现了不屈不挠、勇于拼搏的体育精神和力量。大学生应学习中国女足顽强拼搏、不畏强敌的精神，在自己的学习、生活和今后的工作中，以体育来强健体魄、健全人格，奋勇争先，勇担重任。

志行风格

思考与探究

1. 足球的基本技术有哪些？
2. 足球基本战术有哪些？
3. 思考意志品质在足球赛场上的作用。

第八章
篮球运动

本章导读

篮球运动是一项广受大学生喜爱的体育运动。篮球运动对提高人民群众的体质，培养体育后备人才，积极推动全民健身有着积极的现实意义，并能增进人际交往，使人们更加懂得团队的意义和重要性。

学习目标

1. 了解篮球运动的相关知识和竞赛规则。
2. 掌握篮球运动的技战术。
3. 重点发展力量、速度、灵敏性等身体素质。
4. 重点培养竞争意识、合作意识、规则意识等体育意识和顽强拼搏的体育精神。

第一节　了解篮球运动

一、篮球运动概述

篮球运动是由美国人詹姆斯·奈史密斯于 1891 年设计发明的。他从人们用球向桃篮投准的游戏中得到启发，并博采足球、曲棍球等球类项目的特点，发明了篮球运动。1932 年，国际业余篮球联合会（即后来的国际篮球联合会，以下简称"国际篮联"）在瑞士日内瓦成立。中国男篮在 1996 年亚特兰大奥运会、2004 年雅典奥运会、2008 年北京奥运会上均获得第 8 名；中国女篮在 1992 年巴塞罗那奥运会上获得亚军，在 2008 年北京奥运会上获得第 4 名。中国女子三人篮球队在 2019 年国际篮联三人篮球世界杯中，7 战全胜，获得世界冠军；在 2020 年东京奥运会上获铜牌。在 2022 年女篮世界杯上，中国女篮获得亚军，追平了在该赛事中的最佳战绩。在 2023 年女篮亚洲杯比赛上，中国女篮获得冠军。

二、认识器材和场地

（一）球

对于一级比赛，球的外壳应由皮革或人造的/复合的/合成的皮革制成。对于二级比赛，除了皮革或人造的/复合的/合成的皮革以外，球的外壳还可用橡胶制成。充气到使球从大约 1800 毫米的高度（从球的底部量起）落到比赛地板上，反弹起来的高度应在 1035 ～ 1085 毫米之间（从球的底部量起）。

对于所有男子比赛，都应使用 7 号球（周长为 750 ～ 770 毫米，重量为 580 ～ 620 克）；在所有女子比赛中，都应使用 6 号球（周长为 715 ～ 730 毫米，重量为 510 ～ 550 克）；对于所有迷你篮球，都应使用 5 号球（周长为 685 ～ 700 毫米，重量为 465 ～ 495 克）或 5 号轻量球（周长为 685 ～ 700 毫米，重量为 360 ～ 390 克）。

（二）比赛场地

比赛场地应是一块平坦、无障碍物的硬质地面，其尺寸是长 28 米、宽 15 米，从界线的内沿丈量。

（三）篮球架

有两个篮球架，分别放置在比赛场地的两端，每一个篮球架包括下列部分：1 块篮板、1 个带有固定篮圈钢板的篮圈、1 个篮网、1 个篮球支撑构架、包扎物。

三、著名赛事介绍

著名篮球赛事包括奥运会篮球赛、篮球世界杯、中国男子篮球职业联赛、中国大学生篮球联赛等。

著名篮球赛事

四、球员位置

篮球球员位置分为控球后卫、得分后卫、小前锋、大前锋和中锋。

篮球球员位置

第二节 跟我学篮球

一、篮球基本技术

（一）传接球技术

1. 双手胸前传球

两拇指相对成八字形，用指根以上部位持球的两侧，手心空出。[图 8-2-1(a)]

两肘自然弯曲于体侧，将球置于胸腹前，两腿微屈，上体前倾。传球时，后脚蹬地，身体重心前移，两臂迅速向传球方向伸直，抖腕，拇指用力下压，手指用力弹拨，将球传出。[图 8-2-1(b)]

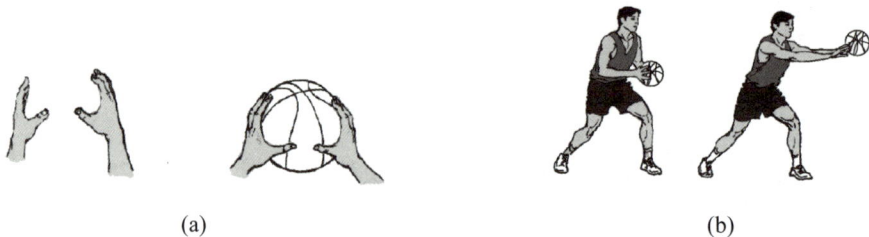

(a)   (b)

图 8-2-1　双手胸前传球

2. 双手胸前接球

目视来球，两臂伸出迎球，手指自然分开，两拇指成八字形，手指向前，两手成半圆形。手指触球后，两臂随球后引，缓冲来球的力量，两手接球于胸腹前。（图 8-2-2）

图 8-2-2　双手胸前接球

双手胸前传接球

（二）投篮

1. 原地单手肩上投篮

以右手投篮为例。右手五指分开，伸腕、屈肘，持球于肩上（或稍高），左手扶球，两脚左右或前后开立，上体稍前倾，两膝微屈，目视篮筐。投篮时，伸展腰腹，右臂向前上方抬肘伸臂，手腕前屈，手臂向前自然伸直，手指拨球，将球投出。（图 8-2-3）

原地单手肩上投篮

图 8-2-3　原地单手肩上投篮

2. 行进间单手高手投篮

以右手投篮为例。接球和运球上篮时，在右脚跨出一大步的同时，两手持球，左脚紧接着跨出一小步，用力蹬地起跳。当身体接近最高点时，右手手指向后、掌心向上，托球的下部向球篮方向伸臂，用食指、中指以柔和的力量拨球，将球从指端投出。（图 8-2-4）

图 8-2-4　行进间单手高手投篮

3. 行进间单手低手投篮

以右手投篮为例。接球和运球上篮时，在右脚跨出一大步的同时，两手持球，左脚紧接着跨出一小步，用力蹬地起跳，腾空时间要短。当身体接近最高点时，右手手指向前、掌心向上，托球的下部向上伸展，当接近篮筐时，食指、中指、无名指以柔和的力量向上拨球，将球从指端投出。（图 8-2-5）

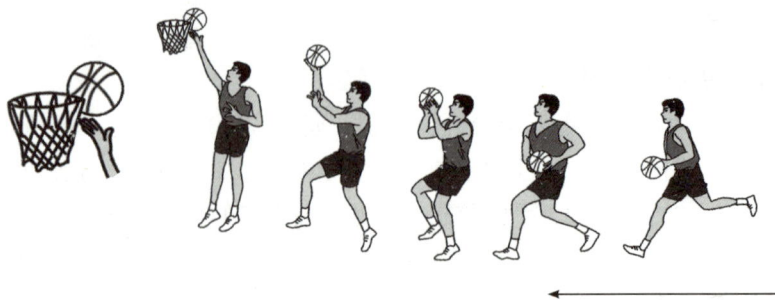

图 8-2-5 行进间单手低手投篮

原地跳起单手肩上投篮

4. 原地跳起单手肩上投篮

以右手投篮为例。投篮时，屈膝降低身体重心，两脚脚掌用力蹬地向上起跳，同时两手举球至肩上，右手托球，左手扶球的左侧。当身体接近最高点时，左手离球，右臂向前上方伸展，手腕用力前屈，通过食指、中指的力量将球投出。球出手后，手指、手腕自然前屈。落地时，屈膝缓冲。(图 8-2-6)

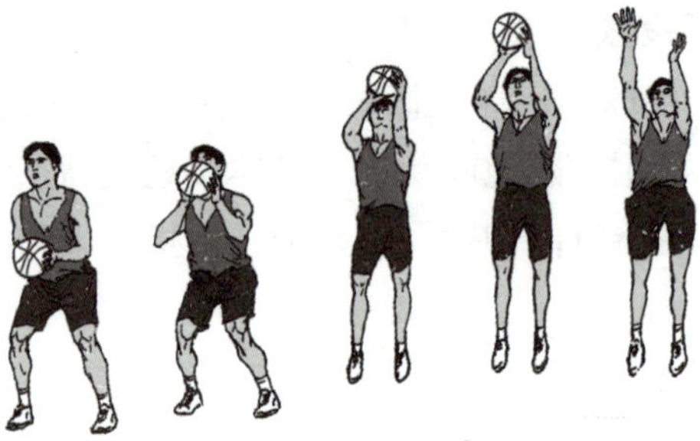

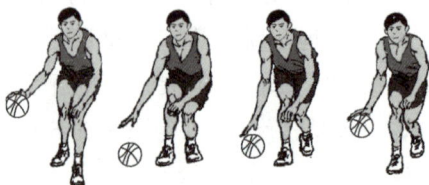

图 8-2-6 原地跳起单手肩上投篮

(三)运球技术

低运球

1. 低运球

抬头、目视前方，两膝深屈，降低身体重心，上体前倾，用上体、腿和另一手臂保护球。同时，用手短促地按拍球，使球从地面向上反弹的高度在膝关节以下。)(图 8-2-7)

图 8-2-7 低运球

高运球

2. 高运球

抬头，目视前方，上体稍前倾，以肘关节为轴，手按拍球的后上方。球的落点在身体的侧前方，球的反弹高度在腰胸之间。(图 8-2-8)

图 8-2-8　高运球

（四）持球突破技术

下面以交叉步突破为例介绍持球突破技术。

以左脚作为中枢脚为例。突破时，右脚前脚掌迅速蹬地，上体稍左转，右肩向前下压，身体重心向左前方移动，右脚向左侧前方跨出，将球引于左侧，左脚蹬地向前跨出超越防守。（图 8-2-9）

图 8-2-9　交叉步突破

（五）抢篮板球技术

1.抢进攻篮板球

引开身前的防守队员或利用绕跨步挤到对手的前面或侧前面，抢占有利位置。当球的落点在附近时，快速起跳，至最高点时补篮或抢篮板球。落地时，两臂弯曲，身体重心落在两脚之间，两肘外展，将球置于胸腹之间。（图 8-2-10）

图 8-2-10　抢进攻篮板球

图 8-2-10 抢进攻篮板球（续）

2.抢防守篮板球

两膝弯曲，上体稍前倾，身体重心落在两脚之间，两臂外展抢占空间，保持最有利的起跳姿势。起跳时，用力蹬地，提腰向上摆臂，同时手向球的方向伸展。抢到球后，力争在空中传球发动快攻；无法发动快攻时，应将球保护好，防止被对手抢断，再将球交予本方后卫队员。抢篮板球后无法完全控制住球时，可将球点拨给同伴。（图 8-2-11）

图 8-2-11 抢防守篮板球

二、篮球基本战术

（一）掩护配合

掩护配合是进攻队员采用合理的行动，用自己的身体挡住同伴的防守者的移动路线，使同伴得以摆脱防守的一种配合方法。掩护配合分为掩护持球队员和掩护无球队员两种。

1.给持球队员掩护

掩护队员移动到持球队员的防守者侧面做掩护：持球队员做投篮或突破动作，吸引防守；当掩护队员到达掩护位置后，持球队员在掩护下持球从一侧突破投篮或传球；掩护队员完成掩护后迅速移动到有利位置接球或抢进攻篮板球。

2.给无球队员掩护

当掩护队员到达掩护位置后，无球队员利用掩护切入篮下接持球队员传来的球投篮。持球队员在传球前要做投篮、突破的假动作吸引防守，当无球队员切入篮下时，要及时将球传出。

（二）突分配合

突分配合是指持球队员突破后利用传球与同伴配合的方法。

突破队员的动作要突然、快速，在突破过程中，既要有传球的准备，又要有投篮的准备，还要始终注意观察场上攻守队员的位置变化；场上其他进攻队员要把握时机，移动到有利的进攻位置接球。

（三）传切配合

传切配合是进攻队员之间利用传球、切入等技术组成的简单配合，包括一传一切和空切两种。

（四）"关门"配合

"关门"配合是两名防守队员靠拢，协同防止对方突破的配合方法。

防守队员要积极防守，堵住进攻队员的突破路线，临近突破一侧的防守队员要及时、快速地向同伴靠拢进行"关门"，不给突破队员留空隙；"关门"后，只要突破队员一停球，协助"关门"的队员就要迅速回防自己的对手。

（五）夹击配合

夹击配合是两名防守队员积极防守一名进攻队员的配合方法。

夹击队员要正确选择夹击的区域和时机。夹击时，两名夹击队员行动要果断，应充分运用身体、两臂严密防守持球队员，两人的两脚位置约成90°，不让对手运用跨步挤过；防止因身体接触或抢球造成犯规；在两名防守队员夹击配合的过程中，其他防守队员要紧密配合，放弃防守离球远的进攻队员，严防离球近的进攻队员接球。

（六）补防配合

补防配合是防守队员在同伴漏防时，立即放弃自己的对手去防守威胁最大的进攻队员，与漏防的防守队员及时换防的配合方法。

当同伴被对手突破后，临近的防守队员要大胆果断地放弃自己的对手，快速地补防；补防时，应合理运用技术，避免犯规；被对手突破的漏防队员应积极追防，补防同伴的对手，注意观察对方的传球路线，争取断球。

第三节　篮球技术分级训练

篮球技术分级训练见表8-3-1。

表8-3-1　篮球技术分级训练

训练内容	初级	中级	高级	注意事项
移动技术	起动—跑练习：从基本站立姿势开始，或原地跳起落地，听或看信号后向不同方向起动做短距离加速跑	跑—急停练习：在进行侧身跑、变向跑、变速跑等练习时，听到或看到信号后急停，听到或看到信号后继续跑或变换跑进方式	起动—跑—急停—转身练习：从防守姿势开始，听到或看到信号后，做向左、向右、向前、向后的滑步练习	集中注意力，动作应迅速
传接球技术	（1）对墙传接球练习。（2）原地做各种传接球练习。（3）一人传球，一人移动接传球练习。（4）原地有防守的各种传接球练习	三角传接球练习：三队站成三角形，相距6～7米，每队若干人（一路纵队）。一队第1名队员传球给下一队后跑到对方纵队的队尾，接球者传给另一队后跑到对方纵队的队尾，依次类推，进行练习	（1）全场行进间8字围绕传接球上篮。（2）全场二对一、二对二、三对二、三对三的传接球练习	传接球位置判断要准确
投篮技术	（1）原地模仿投篮练习。（2）原地投篮练习。（3）原地或跳起多球投篮练习	移动中做原地或跳起投篮练习	结合运球、传球和接球做突破急停投篮：4或5人一组，每组3或4球，有球队员传球给篮下无球队员，接回传球后运球突破2或3步后急停跳起投篮	注意体会正确的投篮姿势
持球突破技术	（1）原地进行各种突破脚步的徒手练习。（2）持球进行完整动作的练习	一对一进行对抗练习：要求防守从消极过渡到积极，熟练后，要结合瞄篮和传球假动作进行突破练习	二对二攻守练习：要求摆脱接球后突破上篮	在做持球突破时动作要迅速，突破后可直接上篮

续表

训练内容	初级	中级	高级	注意事项
防守技术	无球练习：根据球的位置和进攻队员的摆脱动作做相应的移动和选位	全场一对一攻守练习：进攻队员可运用各种运球技术力争摆脱防守，防守队员利用移动技术和抢、打、断等防守动作堵截对手的进攻路线，减缓和干扰对手的进攻节奏	半场三对三练习：进攻队员可运用传球、运球、突破和投篮等技术，防守队员积极挥动手臂和移动脚步进行防守	始终做到人球兼顾，并保持正确的防守姿势
抢篮板球技术	自己抛球跳起空中抢球练习：抛球高度在 3～5 米，然后跳起，在空中把球抢下	结合投篮抢前场篮板球的练习：两人一组，一人投篮，另一人站在中间位置上冲抢前场篮板球，抢到后直接投篮	一对一、二对二、三对三抢攻守篮板球练习	建立平衡感和保持强有力的姿势

第四节　篮球竞赛规则

一、通则

篮球比赛通则见表 8-4-1。

表 8-4-1　篮球比赛通则

规则项	内容
比赛时间	比赛应由 4 节组成，每节 10 分钟
比赛或节、决胜期的开始	在中圈跳球抛球中，当球离开主裁判员的手时第 1 节开始。所有其他节和决胜期比赛，当掷球入界队员可处理球时，该节开始，在所有的决胜期中，球队应继续进攻与第 4 节比赛方向相同的球篮
比赛休息期间	在第 1 节和第 2 节（上半时）之间，第 3 节和第 4 节（下半时）之间，以及每一决胜期之前，应有 2 分钟的比赛休息期间。两个半时之间的比赛休息期间应是 15 分钟
暂停	每次暂停应持续 1 分钟。每队可准予：①上半时 2 次暂停。②下半时 3 次暂停，第 4 节当比赛计时钟显示 2：00 分钟或更少时最多 2 次暂停。③每一个决胜期 1 次暂停

二、违例

篮球比赛违例见表 8-4-2。

表 8-4-2　篮球比赛违例

违例项	内容
运球	当队员双手同时接触球或允许球在一手或双手中停留时运球结束。队员第一次运球结束后不得再次运球，除非在两次运球之间由于下述原因他／她已在场上失去了控制活球：投篮；球被对方队员接触；传球或漏接，然后球接触了另一队员或被另一队员接触
带球走	当队员在场上持着一个活球，其一脚或双脚超出本条款所述的限制，向任一方向非法的运动是带球走
3 秒钟	某队在前场控制活球并且比赛计时钟正在运行时，该队的队员不得在对方队的限制区内停留超过持续的 3 秒

三、犯规罚则

篮球比赛犯规罚则见表 8-4-3。

表 8-4-3　篮球比赛犯规罚则

犯规项	内容
侵人犯规	（1）应登记犯规队员一次侵人犯规。 （2）如果对没有做投篮动作的队员发生犯规：①由非犯规的队在最靠近违反的地点掷球入界重新开始比赛。②如果犯规的队处于全队犯规处罚状态，所有随后发生的对未做投篮动作的队员的侵人犯规应被判 2 次罚球，代替掷球入界。由被犯规的队员执行罚球。 （3）如果对投篮队员发生犯规，应按下列所述判给投篮队员若干罚球：如果从中篮区域的出手投篮成功，应计得分并追加 1 次罚球；如果从 2 分中篮区域的出手投篮不成功，2 次罚球；如果从 3 分中篮区域的出手投篮不成功，3 次罚球
技术犯规	（1）如果：①宣判队员技术犯规，应作为队员的犯规登记在该队员名下，并计入全队犯规中。②判罚球队席人员技术犯规，应登记在主教练名下，并不计入全队犯规次数中。 （2）应判给对方队员 1 次发球，比赛应按下述重新开始：①应立即执行罚球。罚球后，由宣判技术犯规时控制球队或拥有球权队在比赛停止时距离球最近的地点执行掷球入界。②也应立即执行罚球，不管是否有其他犯规带来的罚则的先后顺序，也不管这些罚则是否已经开始执行。技术犯规的罚球后，由宣判技术犯规时，控制球队或拥有球权队在最靠近比赛被技术犯规的罚则中断时的最近地点重新开始比赛。③如果一次有效的中篮得分或最后一次罚球得分，应在端线后任意地点掷球入界重新开始比赛。④如果既没有球队控制球，也没有球队拥有球权，这是一起跳球情况。⑤在中圈跳球开始第 1 节

续表

犯规项	内容
违反体育运动精神的犯规	（1）应给犯规队员登记一次违反体育运动精神的犯规。 （2）应判给被犯规的队员执行罚球，以及随后：①在该队前场的掷球入界线处掷球入界。②在中圈跳球开始第1节。 应按下述原则判给若干罚球：①如果对没有做投篮动作的队员发生犯规，2次罚球。②如果对正在做投篮动作的队员发生犯规，如果中篮应计得分并追加一次罚球。③如果对正在做投篮动作的队员发生犯规，并且球未中篮，2次或3次罚球。 （3）当登记了一名队员2次违反体育运动精神的犯规或2次技术犯规，或一次技术犯规和一次违反体育运动精神的犯规时，应该取消他/她本场剩余比赛的资格。 （4）如果队员在上一条情况下被取消比赛资格，应只执行该违反体育运动精神的犯规的罚则，不追加执行取消比赛资格的罚则

📖 **体育思政课堂**

　　"三大球"振兴发展是全面建设体育强国重要的攻坚内容。作为"三大球"之一的篮球运动，在我国拥有广泛的受众群体。在新时代体育强国建设背景下，校园是体育的摇篮，竞技篮球后备人才培养也在校园中完成。因此，大学生应积极参与篮球运动，为推进体育强国建设贡献自己的力量。

规则意识

💡 **思考与探究**

　　1. 篮球运动的投篮技术有哪些？

　　2. 篮球基本战术有哪些？

　　3. 根据教师给出的篮球比赛视频，讲解运动员所运用的战术配合。

　　4. 思考集体主义精神在篮球赛场上的作用。

第九章 排球运动

本章导读

　　排球运动是一项深受大众喜爱的团队体育项目，是力量与技巧相结合的运动。排球运动不仅是一种体育消遣，还是增强体质的手段。中国女排精神激励着人们在工作和生活中坚强不屈、不轻言放弃。

学习目标

　　1. 了解排球运动的相关知识和竞赛规则。

　　2. 掌握排球运动的技战术。

　　3. 重点发展力量、速度、灵敏性等身体素质。

　　4. 重点培养拼搏意识、竞争意识、规则意识等体育意识和集体主义精神。

第一节　了解排球运动

一、排球运动概述

　　排球运动发明于 1895 年。第一场有记录的排球比赛于 1896 年在美国马萨诸塞州的斯普林菲尔德学院举行。20 世纪早期，该运动在北美开始流行。1949 年，首届世界男子排球锦标赛在布拉格举行。1924 年，排球运动作为表演项目亮相巴黎奥运会，并于 1964 年成为东京奥运会正式比赛项目。

　　中国女排在 1981 年和 1985 年世界杯、1982 年和 1986 年世锦赛、1984 年洛杉矶奥运会上夺得冠军，获得"五连冠"，又在 2003 年世界杯、2004 年雅典奥运会、2015 年世界杯、2016 年里约热内卢奥运会、2019 年世界杯，五度夺冠，共十度成为世界冠军。

二、认识器材和场地

（一）球

球的周长为 65 ～ 67 厘米，重量为 260 ～ 280 克，气压为 0.30 ～ 0.325 千克/平方厘米。

（二）球网

球网架设在中线上空，高度为男子 2.43 米，女子 2.24 米。球网宽 1 米（±3 厘米），长 9.50 ～ 10 米（含每侧标志带外 25 ～ 50 厘米的部分），由 10 厘米见方的黑色网格编织而成。两条宽 5 厘米、长 1 米的白色带子为标志带，分别系在球网的两端，垂直于边线。标志杆是有韧性的杆子，长 1.8 米直径 10 毫米。两根标志杆分别设置在标志带外沿球网的不同侧面。

（三）球场

比赛场区为 18 米 × 9 米的长方形，其四周至少有 3 米宽的无障碍区。比赛场区上空的无障碍空间从地面量起至少高 7 米，其间不得有任何障碍物。国际排联（FIVB）比赛、世界性比赛和正式比赛中，比赛场区边线外的无障碍区的宽度应为 5 米，端线外的无障碍区的宽度应为 6.5 米。比赛场地上空的无障碍空间至少高 12.5 米。

> 📖 **知识拓展**
>
> ### 沙滩排球
>
> 沙滩排球起源于20世纪20年代的美国，于1996年成为奥运会正式比赛项目。沙滩排球与标准排球有几处不同，如沙滩排球在沙地上进行，场地比标准排球场地略小（16米×8米），每队上场队员只有两名，沙滩排球使用的球略大，运动员在场上穿短裤或泳装等。

著名排球赛事

排球球员位置

三、著名赛事介绍

著名排球赛事包括奥运会排球比赛、世界排球锦标赛和世界杯排球赛。

四、球员位置

最常见的排球球员位置分配包括 3 种：二传手、自由人和攻手（分为主攻手和副攻手）。

第二节　跟我学排球

一、排球基本技术

（一）发球技术

正面下手发球

1.正面下手发球

以右手发球为例，面对球网，两脚前后开立，左脚在前，两膝微屈，上体稍前倾，身体重心落在左脚，左手持球于腹前。左手抛球，右臂顺势后摆，右脚蹬地，右臂随即加速前摆，用掌根击球的后下部。（图 9-2-1）

图 9-2-1　正面下手发球

2.正面上手发球

以右手发球为例，面对球网，两脚自然开立，左脚在前，左手持球于腹前。左手向右上方抛球，右脚蹬地，身体重心前移。右臂屈肘抬起后引，肘与肩齐，挺胸展腹，手掌击球的后中部。（图9-2-2）

正面上手发球

图9-2-2 正面上手发球

（二）垫球技术

1. 正面双手垫球

看清来球的落点，迅速移动到位并对准来球，成半蹲姿势，采用叠掌式或抱拳式击球手型。击球位置保持在腹前，利用腕关节以上10厘米左右的桡骨内侧平面击球的后下部。（图9-2-3）

垫球

图9-2-3 正面双手垫球

2. 体侧垫球

当来球向身体一侧飞来时，来球方向异侧脚前脚掌内侧蹬地，同侧脚向同侧跨出一步，身体重心顺势移至同侧脚。用向侧转腰和收腹的动作配合手臂击球的后下部。（图9-2-4）

图 9-2-4　体侧垫球

3.背垫球

背对击球方向，两臂靠拢伸直，击球点高于肩，垫击球的后下部。（图 9-2-5）

图 9-2-5　背垫球

传球

（三）传球技术

1.正面传球

看清来球，身体迅速移动到适当的位置，做好稍蹲的准备姿势；两臂自然抬起，两手放在脸前，成半球形，靠伸臂的力量，通过球压在手上的反弹力将球传出。（图 9-2-6）

图 9-2-6　正面传球

2.侧传球

侧传球的准备姿势、迎球动作与正面传球基本相同，只是击球点稍偏向要传出的一侧。（图 9-2-7）

图 9-2-7 侧传球

3. 背传球

两手向头后上方的传球叫背传球。利用蹬腿、展腹、伸臂及手指的弹力将球向后上方传出。（图 9-2-8）

图 9-2-8 背传球

（四）扣球技术

挥臂击球时，以迅速转体、收腹动作发力，依次带动肩、肘、腕各关节成鞭打动作向前上方挥动。（图 9-2-9）

扣球

图 9-2-9 扣球

（五）拦网技术

两臂尽力伸向对方场地上空，屈指、屈腕，两手成勺形；触球时，两手突然紧张，手腕用力下压，盖住球的上方。（图9-2-10）

图9-2-10　拦网

二、排球基本战术

（一）阵型配备

排球阵型配备是排球战术运用的基础。阵型配备应能最大限度地发挥本方队员的特点，使队员合理搭配。阵型配备还要考虑对手的情况。

1. 四二配备

四二配备是2名二传队员、4名进攻队员。4名进攻队员包括2名主攻、2名副攻。中等水平球队通常采用四二配备。2名二传队员在前后排始终保持一致，便于接应传球。

2. 五一配备

五一配备是1名二传队员、5名进攻队员。5名进攻队员包括2名主攻、2名副攻、1名接应二传（二传的对角位置）。目前的比赛中引入了自由人，因此五一配备更加灵活。五一配备对二传队员要求较高，一般在中高水平的球队中运用较多。

3. 三三配备

三三配备由3名二传队员和3名进攻队员间隔站立，使每一次轮换位置时都能有传有扣。这种配备是初学排球的队伍常采用的战术配备。

（二）排球进攻战术

1. 中一二进攻战术

中一二进攻战术是指前排 3 名队员中，1 名队员在 3 号位担任二传，将球传给 2 号位、4 号位进攻的战术。二传队员在 2 号位、4 号位时，球发出后可以换到 3 号位，这种情况称为"边一二换中一二""反边一二换中一二"。中一二进攻战术简单，便于组织。

2. 边一二进攻战术

边一二进攻战术是指前排 3 名队员中，2 号位担任二传，将球传给 3 号位、4 号位进攻的战术。二传手在 3 号位、4 号位时，在发球后可以换到 2 号位。边一二进攻对于用右手扣球的主攻手而言比较顺手，而对于用左手扣球的主攻手而言较为困难，且如果一传传偏到 4 号位，则二传队员很难接应。

（三）排球防守战术

1. 接发球的站位阵型

接发球的站位阵型既要有利于接球，又要有利于进攻，同时要依据对方发球的特点来布置。

（1）5 人接发球阵型。除 1 名二传队员在网前站立或后排插上外，其余 5 名队员均担负起一传的任务，通常为"一三一"或"三二"站位。这种阵型优点是便于队员分布，缺点是二传队员插上距离较远或进攻变化较少。

（2）4 人接发球阵型。二传队员和扣快球队员站在网前不接发球，后场 4 名队员成一字形或弧线站立。这种阵型便于二传队员传球和进攻跑动，但容易造成空当，对队员的接发球判断力和移动速度要求较高，一般用来针对发球技术较差的对手。

2. 防守阵型

（1）不拦网的防守阵型。在没有拦网必要时，二传手在网前，既可以接网前球，又可以组织进攻。前排队员后撤，准备防守和进攻。

（2）单人拦网防守阵型。该阵型用于对方进攻力量较弱、扣球以中线为主、吊球较多的情况。单人拦网应以中线为主，阻止球吊入中场，前排不拦网队员后撤防守前区。

（3）接拦回球的保护阵型。拦回球的保护一般应在后排留 1 名队员准备接反弹较远的球，其他队员尽量参加前排保护。在只有一点进攻时，应采用 4 人保护。在有战术变化时，进攻队员跑动或跳起后如未扣球，应争取保护。二传队员和后排队员应尽量组成两三人的保护阵型。

第三节　排球技术分级训练

排球技术分级训练见表9-3-1。

表 9-3-1　排球技术分级训练

训练内容	初级	中级	高级	注意事项
垫球	（1）原地做徒手模仿垫球动作练习。 （2）垫固定球，两人一组，一人持球于腹前，另一人用垫球动作击球，体会击球动作。 （3）垫抛球，两人一组，一人抛球，另一人垫球。 （4）自垫高低球，体会抬臂动作。 （5）对墙连续垫球。 （6）两人对垫，站位相距3～4米	（1）两人一组，一人向不同方向交替抛2个球，另一人移动垫球。 （2）两人一组，跑动连续垫球。 （3）单人连续防多个球。 （4）2人或3人在后排连续防多个球	（1）垫击对方发来的球。 （2）垫扣球，两人相距4～5米，一人扣球，另一人垫扣球，完成一定次数后交换。 （3）抛球练习体侧垫球、背垫球和挡球	初学者可多做徒手练习，熟悉动作，还可多垫固定球，使动作进一步精确
传球	（1）原地做徒手模仿传球练习。 （2）在额头上方做自传球。 （3）传固定球，两人一组。 （4）近距离对墙传球，一人一球。 （5）传抛来的球，两人一组，一人抛球，另一人传球。 （6）两人对传，站位相距3～4米，要求传球有一定弧度，随时准备移动，对准来球	（1）在网前沿网移动自传球。 （2）两人一组，平行移动互传球。 （3）两人一组，1人用两个球向对方左右抛球，传球人移动后将球传给抛球人。 （4）4人三角移动传球	（1）结合球网和球场进行三角传球。 （2）在中场向各个位置传各种角度的球。 （3）3人站立在一条直线上，中间的人背传。完成一定次数后交换练习。 （4）结合球网左右移动传球	准确判断来球，及时移动对正球（球落入传球手型中）
正面下手发球	（1）徒手抛球与摆臂练习。 （2）击固定球。 （3）对墙发球（设标高2.24米）。 （4）距网6米做正面下手发球练习	（1）在发球区内练习正面下手发球（不同位置）。 （2）向对方场区发直线球和斜线球	向对方场区设定区域内做正面下手发球练习	抛球要稳，每次抛球前都要预估击球点的位置并要将球送至这一位置

续表

训练内容	初级	中级	高级	注意事项
正面上手发球	（1）徒手练习，掌握发球动作要领。 （2）徒手模仿发球动作练习，结合引臂和摆臂击球（并不实际击球）练习抛球	（1）间隔9米，近距离对发。 （2）间隔6～8米隔网对发，体会控制击球力量与弧度。 （3）在端线后向球区内发球，掌握技术动作各环节	（1）在发球区的不同位置发直线球、斜线球。 （2）向网前和后场发球。 （3）向后场两角发球。 （4）结合接发球进行发球练习，评估发球的效果	击球动作要规范，每次发球都要力求用同一动作击球，以保证发球的准确性和稳定性
扣球	（1）原地双脚起跳练习。 （2）一步助跑起跳练习。 （3）网前助跑起跳。 （4）挥臂甩腕练习，体会鞭甩动作。 （5）对墙连续扣球，体会挥臂动作和击球手法	（1）在4号位和2号位扣直线球、斜线球。 （2）在3号位扣抛球。要求用转体和转腕动作将球扣到场区两侧中间位置。 （3）在4号位和2号位扣抛来的调整球	（1）结合一传、二传扣快球。 （2）在对方单人拦网的情况下扣球	（1）助跑起跳找准球，要求判断准确，助跑、起跳、击球要迅速、连贯。 （2）击球时，手掌要包满球。 （3）协调发力，挥臂击球动作要放松、准确
拦网	（1）降低球网，原地做徒手伸臂拦网动作练习。 （2）在网前做徒手原地起跳拦网练习。 （3）在网前做徒手拦网移动步法练习。 （4）两人一组隔网站立，一人扣球，另一人拦网	（1）对方在2号位、3号位、4号位扣球，本方在相对应的3个位置进行单人拦网。 （2）对方在4号位扣球，本方3号位队员向2号位移动，组成双人拦网	（1）对方在2号位扣球，本方3号位队员向4号位移动，组成双人拦网。 （2）对方3号位强攻，本方2号位、4号位队员向3号位移动，与3号位队员组成3人拦网	掌握拦网的技术动作，并逐渐加快拦网移动和起跳的速度，提高准确性

第四节　排球竞赛规则

一、通则

排球比赛通则见表9-4-1。

表 9-4-1 排球比赛通则

规则项	内容
发球的执行	（1）球被抛起或持球手撤离后，必须在球落地前用一只手或手臂的任何部分将球击出。 （2）球只能被抛起或撤离手 1 次，但拍球或在手中摆弄球是被允许的。 （3）发球队员在击球时或发球起跳时，不得踏及场区（包括端线）和发球区以外的地面。 （4）发球队员必须在第 1 裁判员鸣哨允许发球后的 8 秒之内将球击出。 （5）裁判员鸣哨允许发球前的发球无效，应重发
发球时的犯规	（1）发球犯规。下列犯规应被判为发球犯规，即使对方位置错误。发球方队员：①发球次序错误。②没有遵守"发球的执行"的规定。 （2）发球击球后的犯规。球被发出后，出现以下情况仍为发球犯规（除非位置错误）：①球触及发球方队员或球的整体没有从过网区通过球网垂直平面。②界外球。③球越过构成发球掩护的队员
击球时的犯规	（1）4 次击球：一支球队连续击球 4 次。 （2）借助击球：队员在比赛场地内借助同伴或任何物体的支持进行击球。 （3）持球：球被接住或抛出，而不是被弹击出。 （4）连击：1 名队员连续击球 2 次，或球连续触及 1 名队员身体的不同部位
队员在球网附近的犯规	（1）对方攻击性击球前或击球时，在对方空间内触及球或对方队员。 （2）从球网下方穿越进入对方空间并干扰对方比赛。 （3）队员的单脚（双脚）全部越过中线进入对方场区。 （4）队员干扰比赛的行为涉及（但不限于）下列情况：①击球行为触及标志杆及标志杆以内球网的任何部分；②利用球网进行支撑或稳定身体；③通过触网造成对本方有利；④妨碍了对方合法的击球试图；⑤拉住或抓住球网

二、计分方法

排球比赛计分方法见表 9-4-2。

表 9-4-2 排球比赛计分方法

计分方法	内容
得 1 分	以下情况球队得 1 分：球成功落在对方场区；对方犯规；对方受到处罚
胜 1 局	每局（决胜的第 5 局除外）先得 25 分同时至少超过对方 2 分的队胜 1 局。当比分为 24∶24 时，比赛继续进行至一支球队领先 2 分（26∶24、27∶25……）为止
胜 1 场	（1）胜 3 局的球队胜 1 场。 （2）如果 2∶2 平局时，决胜的第 5 局先得 15 分并至少领先对方 2 分的球队获胜

📖 **体育思政课堂**

　　女排精神弘扬的价值观正是当代大学生必不可少的正能量。大学生要大力弘扬女排精神，厚植爱国主义情怀，树立为祖国为人民永久奋斗、赤诚奉献的坚定理想，培养团结协作、顽强拼搏的精神，保持认真、务实、进取的态度，不畏困难、不惧挑战，为实现中华民族伟大复兴的中国梦贡献更大力量。

大力弘扬新时代
的女排精神

💡 **思考与探究**

　　1. 排球的基本技术有哪些?

　　2. 简述排球运动两种主要的进攻战术。

　　3. 思考合作意识在排球赛场上的作用。

第十章
乒乓球运动

本章导读

乒乓球运动是一项集健身性、竞技性、娱乐性等特点于一体的运动。乒乓球运动对场地和器材的要求不高，且简单易学，老少皆宜，深受广大人民群众喜爱。乒乓球被誉为中国的"国球"。中国国家乒乓球队屡次在世界大赛上获奖，增强了民族自豪感和民族自信心。

学习目标

1. 了解乒乓球运动的相关知识和竞赛规则。
2. 掌握乒乓球运动的技战术。
3. 重点发展速度、灵敏性等身体素质和抗压能力。
4. 重点培养竞争意识、规则意识等体育意识和顽强拼搏的体育精神。

第一节　了解乒乓球运动

一、乒乓球运动概述

乒乓球运动起源于英国，由网球运动派生而来。19世纪后期，一些英国青年在室内以桌为台、以书为网，将网球在桌上推来挡去，形成了桌上网球游戏。1890年前后，英格兰越野跑运动员詹姆斯·吉布从美国带回了空心塑料球，用它代替了桌上网球游戏使用的网球。这种塑料球击在球拍上会发出"乒乓"的响声，故名乒乓球。1904年，上海一家文具店的老板从日本买回了10套乒乓球器材，同时也将乒乓球运动引入了中国。

1952 年，第 1 届全国乒乓球锦标赛在北京举行。1955 年，中国乒乓球协会成立。1959 年，在第 25 届世界乒乓球锦标赛中，容国团为我国夺取了第一个乒乓球男子单打世界冠军。1961 年，在第 26 届世界乒乓球锦标赛男子团体决赛中，容国团为中国男子乒乓球队荣获首个男子团体世界冠军做出了重要贡献。此后，我国优秀的乒乓球运动员屡创佳绩。在 2020 年东京奥运会中，许昕、刘诗雯夺得乒乓球男女混合双打银牌。在东京奥运会乒乓球女团决赛中，中国队 3∶0 战胜日本队，获得金牌。在东京奥运会乒乓球男团决赛中，中国队 3∶0 战胜德国队，获得冠军。2022 年，在第 56 届世界乒乓球团体锦标赛上，中国国家乒乓球队获得男、女团体冠军。2023 年，在第 57 届世界乒乓球锦标赛上，中国国家乒乓球队包揽乒乓球项目的金牌。

二、认识器材

（一）球

乒乓球颜色呈白色或橙色，且无光泽，直径为 40 毫米，重 2.7 克。

（二）球拍

球拍的大小、形状和重量不限，但底板应平整、坚硬。用来击球的拍面应用一层颗粒向外的普通颗粒胶覆盖，连同黏合剂，厚度不超过 2 毫米；或用颗粒向内或向外的海绵胶覆盖，连同黏合剂，厚度不超过 4 毫米。海绵胶是在一层泡沫橡胶上覆盖一层普通颗粒胶，普通颗粒胶的厚度不超过 2 毫米。球拍两面不论是否有覆盖物均应无光泽，一面为黑色，另一面为与黑色及比赛用球颜色有明显区别的鲜艳颜色。

（三）球台

球台的上层表面叫作比赛台面，应为水平放置的长方形，长 2.74 米，宽 1.525 米，离地面高 76 厘米。比赛台面不包括球台台面的垂直侧面。比赛台面可用任何材料制成，应具有一致的弹性，即当标准球从离台面 30 厘米高处落至台面时，弹起高度应约为 23 厘米。比赛台面应呈均匀的暗色，无光泽。

（四）球网装置

球网装置包括球网、悬网绳、网柱及将它们固定在球台上的夹钳部分。整个球网的顶端应距离比赛台面 15.25 厘米。

三、著名赛事介绍

著名乒乓球赛事包括世界乒乓球锦标赛、世界杯乒乓球赛、奥运会乒乓球比赛和全国乒乓球锦标赛。

第二节　跟我学乒乓球

一、乒乓球基本技术

（一）握拍法

1. 直握法

拇指、食指自然弯曲，以拇指第一指节和食指第二指节握住拍柄两肩。中指、无名指、小指自然弯曲斜行重叠，中指第一指节偏左侧部托于球拍背面上 1/3 处，或中指、无名指微屈，同时压住拍面。（图 10-2-1）

2. 横握法

虎口压住球拍右上角，拇指和食指自然伸直，分别握在拍身前、后两面，中指、无名指、小指弯曲握住拍柄。（图 10-2-2）

图 10-2-1　直握法　　　　　　　　图 10-2-2　横握法

（二）推挡技术

持拍臂上臂和肘内收，自然靠近身体右侧，以肩为轴，将球拍引至身体前方。（图 10-2-3）

图 10-2-3 推挡

（三）攻球技术

1. 横拍反手攻球

两脚平行开立，腰、髋略向左转，带动持拍臂前臂向左后方引拍。（图10-2-4）

图 10-2-4 横拍反手攻球

横拍反手攻球

2. 直拍反手攻球

两脚平行开立或右脚稍前站立，上体稍左转，持拍臂前臂后摆，引拍至腹前左侧。（图 10-2-5）

图 10-2-5 直拍反手攻球

（四）搓球技术

下面以反手搓球为例介绍搓球技术。

近台站位，击球时，拍面后仰，持拍臂屈臂后引，前臂以向前用力为主。（图 10-2-6）

横拍反手搓球技术

图 10-2-6　反手搓球

（五）发球技术

下面以正手发下旋加转球与不转球为例介绍发球技术。

正手发下旋加转球与不转球时，持拍臂向前下方挥摆。（图 10-2-7）

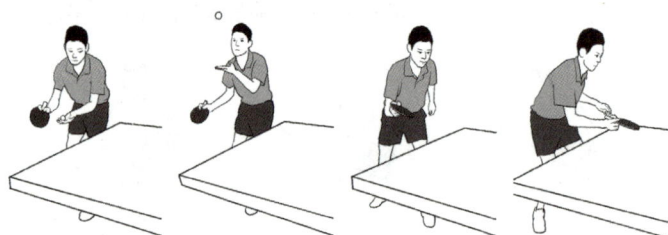

图 10-2-7　正手发下旋加转球与不转球

（六）弧圈球技术

1. 正手弧圈球

正手弧圈球如图 10-2-8 所示。

加转弧圈球：持拍臂在腰的带动下向右后下方引拍。

前冲弧圈球：身体重心稍高于拉加转弧圈球时的身体重心。

图 10-2-8　正手弧圈球

2. 反手弧圈球

两脚基本平行开立，腰、髋略向左转，稍收腹，持拍臂肘关节略向前。（图 10-2-9）

图 10-2-9　反手弧圈球

二、乒乓球基本战术

（一）发球抢攻战术

发球抢攻战术是我国直板快攻打法的撒手锏，是力争主动、先发制人的主要战术。各种类型打法的运动员普遍采用发球抢攻来抢占第一回合的优势。发球抢攻战术运用的效果主要取决于发球的质量和第三板进攻的能力。

发球抢攻战术因打法的类型不同而有所差异，常用的发球抢攻战术：① 正手发转与不转球；② 侧身正手（高抛或低抛）发左侧上（下）旋球；③ 反手发右侧上（下）旋球；④ 反手发急球或急下旋球；⑤ 下蹲式发球。

（二）接发球战术

接发球战术与发球抢攻战术同样重要。从某种意义上来讲，接发球水平可以反映运动员的实战能力及其对各项基本技术的掌握程度。事实上，接发球者只是暂时处于被动状态，如果破坏了发球者的抢攻意图或者为其制造了障碍，降低了对方抢攻的质量，也就意味着接发球者已经脱离被动状态，变被动为主动。

常用的接发球战术：① 稳健保守法；② 接发球抢攻；③ 盯住对方的弱点，寻找突破口；④ 控制接发球的落点；⑤ 正手侧身接发球。

（三）搓攻战术

搓攻战术是进攻型打法的辅助战术之一，主要利用搓球旋转的变化和落点的变化为抢攻创造机会。搓攻战术也是削球型打法争取主动的主要战术之一。

常用的搓球战术：① 慢搓与快搓结合；② 转与不转结合；③ 搓球变线；④ 搓球控制落点；⑤ 搓中突击；⑥ 搓中变推；⑦ 抢攻。

（四）对攻战术

对攻战术是运动员使用进攻型打法时，在相持阶段常用的一项重要战术。对攻主要依靠反手推挡（或反手攻球）和正手攻球（或正手拉弧圈球）技术，充分发挥快速多变的特点来调动对方。

常用的对攻战术：① 紧逼对方反手，伺机抢攻或侧身抢攻、抢拉；② 压左突右；③ 调右压左；④ 攻两大角；⑤ 攻追身球；⑥ 改变击球节奏，如加力推与减力挡结合，发力攻、拉与轻打轻拉结合，造成对方的被动局面；⑦ 改变球的旋转性质，如加力推和推下旋，或正手攻球后退至中远台削一板，使对方来不及反应，从而使本方可以直接得分或创造机会球。

（五）拉攻战术

拉攻战术是进攻型选手对付削球型选手的主要战术。为了发挥拉攻战术的效果，运动员首先要具备连续拉的能力，并伴有线路、落点、旋转、轻重等变化，其次要具备拉中突击和连续扣杀的能力。

常用的拉攻战术：① 拉反手后，侧身突击斜线或中路追身球；② 拉中路杀两角或拉两角杀中路；③ 拉一角后杀另一角；④ 拉吊结合，伺机突击；⑤ 拉搓结合；⑥ 稳拉为主，伺机突击。

（六）削中反攻战术

削中反攻战术主要靠稳健的削球限制对方的进攻，为个人的反攻创造有利条件。削中反攻战术不仅增强了削球技术的攻击力，还促进了攻防之间的积极转化。

常用的削中反攻战术：① 削转与不转球，伺机反攻；② 削长短球，伺机反攻；③ 逼两大角，伺机反攻；④ 交叉削两大角，突击对方弱点；⑤ 削、挡、攻结合，伺机抢攻。

第三节　乒乓球技术分级训练

乒乓球技术分级训练见表10-3-1。

表10-3-1　乒乓球技术分级训练

训练内容	初级	中级	高级	注意事项
握拍方法	要掌握适合自己打法的握拍方法，注意手腕放松	徒手练习正反手击球技术，注意食指和拇指用力	进行击球练习	（1）握拍不能过紧或过松。 （2）不应经常变换握拍方法

续表

训练内容	初级	中级	高级	注意事项
推挡	徒手练习，注意动作的规范性	合理运用对攻战术，压反手	加强步法练习，尤其是回位练习	（1）肘关节靠近身体，每次完成推挡动作后，持拍臂迅速还原，主动迎球发力。（2）要充分利用腰髋部位的转动和身体重心的移动来增大击球力量
攻球	反复进行徒手挥拍练习，并结合步法练习	进行多球练习，练习移动中正手攻球	练习者用正手攻球，先定点、定路线，后打两点。陪练者推挡	（1）引拍动作幅度不宜过大，以肘关节为轴，注意合理转腰；击球点在身体的右侧前方，持拍手主动迎球。（2）直握球拍，击球时拇指稍用力压拍，中指、无名指的前端顶住球拍
搓球	徒手模仿搓球动作	向台内抛球，待球弹起后将球搓过网	陪练者发下旋球，练习者将球搓过对方球台，熟练后进行多球练习	应注意避免以下错误：（1）前臂、手腕僵硬，未搓球，只是击球。（2）滥用手腕的力量，造成臂、腕用力脱节
发球	徒手练习，模仿抛球做发球动作	先练习发斜线球，后练习发直线球。先练习不定点发球，后练习定点球。先练习发长球，后练习发短球	练习用同种手法发不同旋转和落点的球，结合自己的特点，练一两套质量高的特长发球	（1）发不旋转球要以能够发出具有较强旋转的下旋球为前提，且发不旋转球的假动作要尽可能逼真，这样才能形成强烈的旋转反差。（2）发球以近网短球为主，兼顾长球
弧圈球	徒手模仿拉弧圈球动作	陪练者发中路出台的下旋球，练习者拉弧圈球。进行多球练习，练习拉固定落点	练习拉非固定落点。先练习1/2台连续拉，后练习2/3台连续拉、全台拉，以及进行不同落点对一点的推、拉、攻练习	（1）拉弧圈球时，手腕要相对固定，晃动幅度不能太大。（2）来球下旋强烈时，可在球的下降期触球；在爆冲弧圈球时，击球时机应提前至球的上升期或高点期

第四节　乒乓球竞赛规则

乒乓球比赛规则见表10-4-1。

表 10-4-1　乒乓球比赛规则

规则项	内容
发球	（1）发球开始时，球自然地置于不执拍手的手掌上，手掌张开，保持静止。 （2）随后发球员须将球几乎垂直地向上抛起，不得使球旋转，并使球在离开不执拍手的手掌之后上升不少于16厘米，球在上升和下降至击球前不应触及任何物品。 （3）当球从抛起的最高点下降时，发球员方可击球，使球首先触及本方台区，然后直接触及接发球员台区。在双打中，球应先后触及发球员和接发球员的右半区。 （4）从发球开始，到球被击出，球要始终在比赛台面的水平面以上和发球员的端线以外；而且从接发球方看，球不能被发球员或其双打同伴的身体或他（她）们所穿戴（带）的任何物品挡住。 （5）球一旦被抛起，发球员的不执拍手及其手臂应立即从球和球网之间的空间移开。球和球网之间的空间由球和球网及其向上的无限延伸来界定
还击	对方发球或还击后，本方运动员应击球，使球直接触及对方台区，或触及球网装置后，再触及对方台区
1分	除判重发球外，一个回合出现下列情况该运动员得1分。 （1）对方运动员未能合法发球。 （2）对方运动员未能合法还击。 （3）运动员在发球或还击后，对方运动员在击球前，球触及了除球网装置以外的任何东西。 （4）对方击球后，球没有触及本方台区而越过本方台区或端线。 （5）对方击球后，球穿过球网，或从球网和网柱之间、球网和比赛台面之间通过。 （6）对方阻挡。 （7）对方故意连续2次击球。 （8）对方用不符合规定的拍面击球。 （9）对方运动员或其穿戴（带）的任何东西使比赛台面移动。 （10）对方运动员或其穿戴（带）的任何东西触及球网装置。 （11）对方运动员不执拍手触及比赛台面。 （12）双打时，对方运动员击球次序错误。 （13）执行轮换发球法时，如果接发球方进行了13次合法还击，则判接发球方得1分

续表

规则项	内容
比赛中的击球次序	（1）在单打中，首先由发球员发球，再由接发球员还击，然后发球员和接发球员交替还击。 （2）在双打中，首先由发球员发球，再由接发球员还击，然后由发球员的同伴还击，再由接发球员的同伴还击。此后，运动员按此次序轮流还击
发球、接发球次序和方位	（1）选择首先发球、接发球和方位的权力应由抽签来决定。中签者可以选择先发球或先接发球，或选择在某一方位开始比赛。 （2）当一方运动员选择了先发球或先接发球，或者选择了在某一方位开始比赛，另一方运动员应做出另一个选择。 （3）在每2分之后，接发球方即成为发球方，依此类推，直至该局比赛结束，或者直至双方比分都达到10分或实行轮换发球法，这时，发球和接发球次序仍然不变，但每人只轮发1分球。 （4）双打的第一局比赛，先由有发球权的一方确定第一发球员，再由接发球方确定第一接发球员；以后的每局比赛，由先发球的一方确定第一发球员，第一接发球员则是前一局发球给他（她）的运动员。 （5）在双打中，每次换发球时，前面的接发球员应成为发球员，前面的发球员的同伴应成为接发球员。 （6）一局中首先发球的一方，在该场下一局应首先接发球。在双打决胜局中，当一方先得5分时，接发球方应交换接发球次序。 （7）一局中，在某一方位比赛的一方，在该场下一局应换到另一方位。在决胜局中，一方先得5分时，双方应交换方位
一局比赛	在一局比赛中，先得11分的一方为胜方；当双方均得到10分后，先领先对方2分的一方为胜方

📖 体育思政课堂

　　乒乓球被誉为我国的"国球"。我国一代又一代的乒乓球运动员顽强拼搏，在多次世界大赛中获得冠军，持久地激发着人们的爱国热情，提升了人们的民族自豪感。乒乓球运动是大学生寄托爱国主义情感的重要途径与方式。大学生参加乒乓球运动可以培养团结协作、奋勇拼搏、锐意创新、积极进取、坚持不懈等精神。

乒乓精神

💡 思考与探究

1. 简述乒乓球各种击球技术的基本动作和站位。
2. 乒乓球的基本战术有哪些？
3. 乒乓球为何被誉为我国的"国球"？
4. 结合自己的学练经历，谈一谈乒乓球运动对心理素质的提升作用。

第十一章
羽毛球运动

本章导读

　　羽毛球是一项为广大群众所喜爱的体育运动项目，具有球小、速度快、变化多等特点。羽毛球运动的器材比较简单，在室内外都可以进行；运动量可大可小，不同年龄、性别和身体条件的人都可以参加。因此，羽毛球运动易于开展和普及。经常参加羽毛球运动不仅可以发展人的灵敏性，提高动作的速度和肢体协调性，改善心血管系统的机能，还有助于培养人的勇敢顽强、机智果断等品质，有利于人们更好地学习和工作。

学习目标

1. 了解羽毛球运动的相关知识和竞赛规则。
2. 掌握羽毛球运动的技战术。
3. 重点发展力量、耐力、灵敏性等身体素质。
4. 重点培养竞争意识、规则意识等体育意识和顽强拼搏的体育精神。

第一节　了解羽毛球运动

一、羽毛球运动概述

　　现代羽毛球运动诞生于英国。1860 年，英国的鲍弗特在格拉斯哥郡伯明顿镇的庄园里进行了一次羽毛球游戏表演。从此，羽毛球运动便逐渐开展起来。1934 年，国际羽毛球联合会成立。1978 年 2 月，世界羽毛球联合会在中国香港成立。1981 年 5 月，国际羽毛球联合会与世界羽毛球联合会正式合并，并使用国际羽毛球联合会的名称。2006 年，国际羽毛球联合会更名为世界羽毛球联合会，简称"世界羽联"。

在 2016 年里约热内卢奥运会上，中国国家羽毛球队获得 2 枚金牌。在 2020 年东京奥运会上，中国国家羽毛球队获得 2 枚金牌、4 枚银牌的好成绩。

二、认识器材及场地

（一）羽毛球

球可由天然材料或人造材料，或两者混合制成。天然材料制作的球应由 16 根羽毛固定在球托上。羽毛从球托面至羽毛尖的长度为 62 ～ 70 毫米，但每个球的羽毛应等长。羽毛顶端围成圆形，直径为 58 ～ 68 毫米。球托底部为球形，直径为 25 ～ 28 毫米。球重 4.74 ～ 5.50 克。

（二）羽毛球拍

拍形就是拍头的几何外形。甜区就是球拍面的最佳击球区，球拍的甜区大多数都在横线的第 4 根线附近。标准羽毛球拍的长度（加上底托）不超过 680 毫米，宽不超过 230 毫米。羽毛球拍如图 11-1-1 所示。

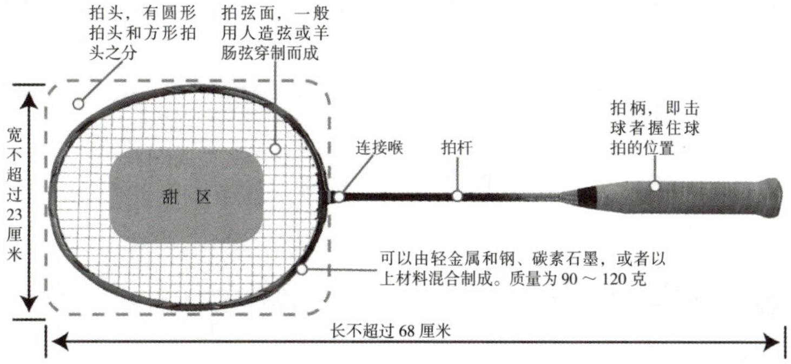

图 11-1-1　羽毛球拍

（三）球场

球场如图 11-1-2 所示。

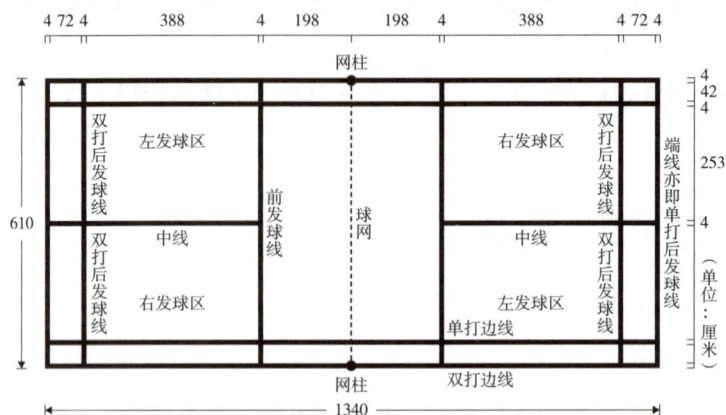

图 11-1-2　球场

（注：双打场地对角线长为14.723米，单打场地对角线为14.366米）

（四）球网

球网如图 11-1-3 所示。

图 11-1-3　球网

三、著名赛事介绍

著名羽毛球赛事包括奥运会羽毛球赛、世界杯羽毛球赛、世界羽毛球锦标赛、世界男子羽毛球团体锦标赛和世界女子羽毛球团体锦标赛。

著名羽毛球赛事

第二节　跟我学羽毛球

一、羽毛球基本技术

（一）握拍方法

1. 正手握拍法

虎口对着拍柄内侧的小棱边，拇指和食指贴在拍柄的两个宽面上。中指、无名指和小指并拢握住拍柄，拍柄末端与小鱼际肌相平。（图 11-2-1）

正手握拍

图 11-2-1　正手握拍法

2. 反手握拍法

在正手握拍的基础上，拇指和食指将拍柄稍向外转，食指稍向中指收拢，拇指第二指节顶贴在拍柄内侧的宽面上，中指、无名指和小指并拢握住拍柄，柄端靠紧小指根部，使掌心留有空隙。（图 11-2-2）

反手握拍

图 11-2-2　反手握拍法

（二）基本步法

1. 交叉步前进

左脚以小步幅迈进，右脚向前跨一大步。（图 11-2-3）

上网步法

2. 交叉步后退

右脚后撤步步幅略小，左脚交叉步后撤，随后右脚再后撤。（图 11-2-4）

3. 蹬跨步

左脚用力后蹬，右脚向来球方向跨一大步。（图 11-2-5）

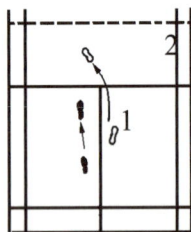

图 11-2-3 交叉步前进　　图 11-2-4 交叉步后退　　图 11-2-5 蹬跨步

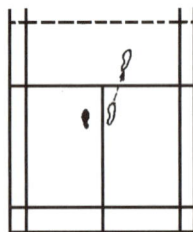

4. 前交叉跨步

右脚垫步，左脚向前迈步后蹬，右脚交叉步向来球方向跨一大步。（图 11-2-6）

5. 垫步

上网时采用，能在处于被动时调整身体重心，以迅速接应来球。（图 11-2-7）

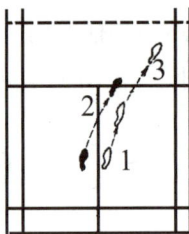

图 11-2-6 前交叉跨步　　　　图 11-2-7 垫步

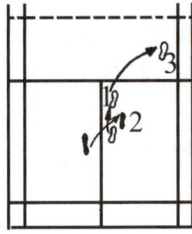

（三）发球技术

1. 正手发高远球

站位应靠近中线一侧，离前发球线约 1 米位置。右臂后引，由上而下向右前方挥拍，同时左手放球。击球时，右手手腕急速向前上方闪动击球。击球后，球拍随势向左上方减速收回至胸前。（图 11-2-8）

图 11-2-8　正手发高远球

正手发网前球的基本动作与发高远球相仿，但站位稍靠前。由于网前发球飞行距离短、弧线低、用力轻，前臂挥动的幅度和手腕后伸的程度要比发高远球小。球拍触球时，拍面从右向左推送击球，使球刚好越网而过，落在对方前发球线附近。

2. 反手发网前球

站位靠近前发球线，上体前倾，后脚脚跟提起。右手反握球拍，约与腹部同高；左手持球在拍面前方。球拍由后向前推送击球，使球的最高弧线略高于网顶。（图11-2-9）

图 11-2-9　反手发网前球

右侧：反手发网前球

（四）击球技术

1. 击高远球

在本方处于被动的情况下，打出高远球，可以逼迫对方远离中心位置而退到端线附近回击球，从而为自己赢得较多时间来调整场上位置，以摆脱被动。

（1）正手击高远球。

对准来球路线，快速挥拍击打球的后部。击球后，手臂随惯性自然回收至胸前。（图11-2-10）

图 11-2-10　正手击高远球

（2）反手击高远球。

如果对方的来球飞向本方左后场区，则要迅速把身体转向后方，背对球网，反

手握拍，沿半弧形击球，把球击向后上方。（图 11-2-11）

图 11-2-11　反手击高远球

2. 击平高球

在比赛中，本方通常运用平高球控制对方后场底线两角，迫使对方一边匆忙后退，一边回击球。如果对方移动步法较慢，反控制能力较差，则回球质量就会差，这就给本方提供了得分的机会。

击平高球时，在击球点上的拍面仰角小于击高远球时的拍面仰角（拍面仰角是决定球的飞行弧线的关键）。

3. 吊球

（1）正手吊球。

击球前的动作基本同正手击高远球，只是击球时拍面稍向内倾斜，手腕做快速切削下压动作，击球托的后部和侧后部。（图 11-2-12）

（2）反手吊球。

击球前的动作基本同反手击高远球，不同处在于触球时对拍面的掌握和力量的运用。（图 11-2-13）

图 11-2-12　正手吊球

图 11-2-13　反手吊球

4. 杀球

（1）正手杀球。

击球动作基本与正手击高远球一样，不同之处在于最后的用力方向朝下。（图 11-2-14）

原地正手杀球

图 11-2-14　正手杀球

（2）反手杀球。

击球动作基本与反手击高远球一样，只是在最后发力时要握紧拍柄，快速闪腕挥拍杀球，击球托的后部。（图 11-2-15）

图 11-2-15　反手杀球

5. 放网前球

（1）正手放网前球。

侧身对右边网前，右手持拍于右侧体前，约与肩高，左臂自然后伸。击球时，手腕稍内收，轻切球托把球轻送过网。击球后，随身体重心复原收拍至胸前。（图 11-2-16）

图 11-2-16　正手放网前球

（2）反手放网前球。

侧身对左边网前，右手反手握拍，持拍于体侧前，约同肩高，左臂自然后伸。击球时，手腕内收，用拇指的推力轻托球，把球送过网。击球后，随身体重心复原收拍至胸前。（图 11-2-17）

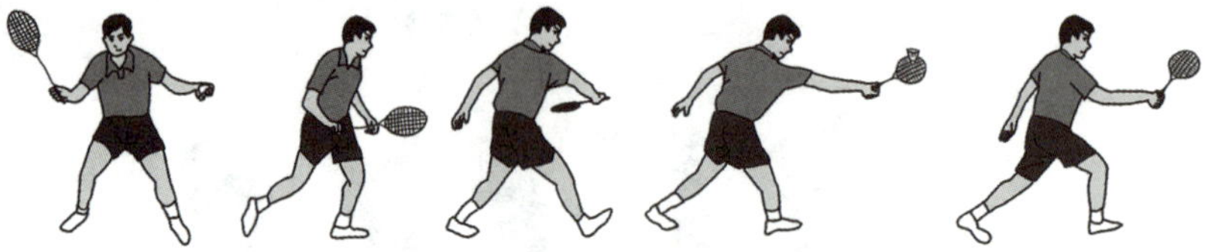

图 11-2-17　反手放网前球

6. 搓球

（1）正手网前搓球。

正手网前搓球的准备姿势同正手放网前球。击球时，在正手放网前球动作的基础上，加快挥拍速度，切搓球托底部或侧部，使球旋转翻滚过网。（图 11-2-18）

图 11-2-18　正手网前搓球

（2）反手网前搓球。

反手网前搓球的准备姿势同反手放网前球。击球时，手腕和手指控制拍面角度，用肘关节和腕关节前伸稍下降及前臂稍外旋的合力，切搓球托的侧底部。（图 11-2-19）

图 11-2-19　反手网前搓球

7. 挑球

（1）正手网前挑球。

正手网前挑球的准备姿势同正手放网前球。击球时，从右下向右前方至左上方挥拍击球。（图 11-2-20）

图 11-2-20　正手网前挑球

（2）反手网前挑球。

反手网前挑球的准备姿势同反手放网前球。击球时，前臂充分内旋，手腕由屈

至后伸闪动挥拍击球。（图 11-2-21）

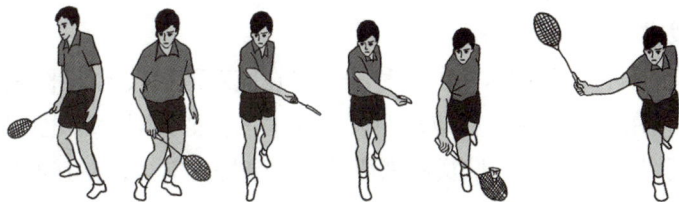

图 11-2-21 反手网前挑球

二、羽毛球基本战术

（一）单打常用基本战术

1. 压后场战术

压后场战术是指通过运用击高远球或平高球反复压对方后场两角，造成对方被动，然后伺机采用杀球或吊球攻击对方空当。此战术适合用来对战羽毛球初学者、后退步法慢或急于上网的对手。

2. 发球抢攻战术

发球抢攻战术主要以发网前球和平快球为主，限制对方的进攻，迫使对方挑球，然后采用杀球或吊球攻击对方的空当和弱点。发球抢攻战术主要用于对战防守能力较差的对手。在比赛进入关键时刻之时，运用此战术往往能使临场经验不足的对手束手无策。

3. 控制网前战术

控制网前战术是指通过各种手段主动抢先放网或故意让对方先放网，然后上网重复放网，并与搓、推、勾、扑球结合运用，造成对方网前直接失误或被动挑球，此时要抓住有利时机大力扣杀或快速吊球。此战术主要用来对战后场技术较好而网前技术较差的对手。

4. 打四方球结合突击战术

打四方球结合突击战术以快速准确的落点控制对方场区的 4 个角落，迫使对方向前、后、左、右奔跑，当对方来不及回中心位置或身体失去平衡时，抓住空当和其弱点进行突击（扣杀）。这种战术对战步法移动慢、灵活性差或体力较差的对手最为有效。

5. 打对角线战术

打对角线战术是指无论是进攻还是防守，前场还是后场，都以打对角线球为主。打对角线战术主要用于对战灵活性较差或转体慢的对手。

发前场区球抢攻战术

以控制网前球开始
组织进攻的战术

（二）双打常用基本战术

1. 攻人战术

攻人战术是双打比赛中常用的一种战术。在应对两名技术水平高低不一致的对手时，一般都采用攻人战术，在应对两名技术水平相似的对手时也可以使用。集中攻击对方一名队员，在另一名队员赶来协助时，会暴露空当，在其不备时可突袭。

2. 攻中路战术

守方队员左右站位时，把球打在两人中间，可以造成守方两人同时抢接球或同时让球，限制守方在接杀时挑大角度的高球调动攻方，有利于攻方的封网。守方队员前后站位时，把球下压或轻推在边线半场处。攻中路战术多在接发网前球和防守中反攻抢网时运用。当攻方攻中路时，守方前场队员拦截不到球，后场队员只能击球放网或挑高球，后场两角便会露出很大空当，攻方便有机可乘。

3. 攻后场战术

攻后场战术常用来对战后场扣杀能力差的对手，在把对方弱者调到后场后时也可使用。攻后场战术是用平高球、平推球、接杀挑底线把对方一人紧逼在底线两角移动，在对方还击出半场球或网前高球时即可大力扣杀。如在逼底线两角时，对方同伴要后退支援，则可攻击网前空当或向后退者打追身球。

4. 后攻前封战术

攻方后场队员积极大力扣杀，在对方接杀放网、挑高球或企图反击抽挡时，前场队员以扑、搓、推、勾等技术控制网前，或拦截吊封前半场，使整个进攻过程既连贯，又凶狠、凌厉。

5. 防守战术

（1）调整站位。为了摆脱被动，伺机转入反攻，首先要调整好防守时的站位。如果是网前挑高球，那么击球者应直线后退，切忌对角后退。直线后退路线短，站位快；对角后退路线长，容易被对方打追身球。另一名队员应该补到空位。双打防守时的站位调整都是一名队员在跑动击球时另一名队员填补空位。特别是站在后位者，因所处位置之便，观察较全面，更要主动补位。

（2）防守球路。攻方杀球者和封网队员在半边场前后一条直线上，接杀球应打到另一半边前场或后场。攻方杀球者和封网队员在前后对角位上，接杀球可回击到杀球者的网前或封网者的后场。攻方杀球者杀大对角后，另一名队员想要退到后场助攻时，接杀球可回击到网前中路或直线网前。把攻方杀来的直线球挑成对角，杀来的对角球挑成直线以调动杀球者。

第三节 羽毛球技术分级训练

羽毛球技术分级训练见表11-3-1。

表 11-3-1 羽毛球技术分级训练

训练内容	初级	中级	高级	注意事项
基本移动步法	单个基本步法练习：垫步、并步、蹬步、交叉步、跨步	上网步法练习：由中心位置上右网前，回中心位置，上左网前，回中心位置；可持拍模仿各种击球	正手后退右后场区步法练习，后退左后场区正手绕头顶击球步法练习，反手后退左后场区步法练习	步法应轻快、稳定
发球	首先，学习正手发后场高远球。其次，依照先分解后连贯、从简单到复杂的顺序，按照技术动作的要领做挥拍练习，直至熟练	用绳拴住球，选择适当的高度将球固定吊好，反复进行发球挥拍或击球的动作练习，体会球与拍之间的距离感及前臂内旋带动手腕由伸腕到展腕的发力过程	在场地上练习各种发球方法，重点注意发球落点的多样性	将移动身体重心的力量、手臂挥动的力量、手腕突然加快向前上方鞭打的力量，协调地结合起来
前场击球	清楚、明确地了解并掌握放、搓、扑、挑每一个技术动作的结构、规范要求，练习正手握拍上右网前，反手握拍上左网前。一步垫步上网，两步跨步上网，三步交叉跨步上网	两人隔网对练搓球	练习多球上网放、搓、扑、挑对角球	能识别和熟记放、搓、扑、挑之间的相同点和不同点；熟练掌握正、反手握拍上网前的基本功
中场击球	模仿练习：多球挑、多球定向挑、接吊挑；多球反手挑、多球反手定向挑、反手接吊球	练习正手接杀球、反手接杀球、放网前球、多球接杀放网	两人对练杀球及接杀球	注意对击球点和落点的控制
后场击球	按照技术动作要领，持拍做好准备，进行引拍、挥拍、击球（还原）的基本功练习	多球式喂球或一对一陪练式喂球，让练习者移动到位击球。逐步提高要求，可由原地完成动作到起跳完成动作	两人分边，用高吊、高杀直线或斜线球进行对练。要求速度开始慢些，然后逐步加快，注意到位击球，提高稳定性、准确性	注意握拍要正确、合理，左右手、前后脚及转体收腹等动作协调，以及在最高点击球等规范要求

第四节 羽毛球竞赛规则

一、通则

羽毛球比赛通则见表11-4-1。

表11-4-1 羽毛球比赛通则

规则项	内容
挑边	比赛开始前应挑边，赢方应在以下选项中做出选择：①先发球或先接发球；②在一个场区或另一个场区开始比赛。输方在余下的一项中选择
交换场区	（1）以下情况，运动员应交换场区：①第一局结束。②第二局结束（如果有第三局）。③在第三局比赛中，一方先得11分时。 （2）如果运动员未按以上的规定交换场区，一经发现，在"死球"后立即交换，已得比分有效

二、发球区和接发球区

羽毛球比赛发球区和接发球区见表11-4-2。

表11-4-2 羽毛球比赛发球区和接发球区

分项	内容
单打	一局中，发球员的分数为0或双数时，双方运动员均应在各自的右发球区发球或接发球；一局中，发球员的分数为单数时，双方运动员均应在各自的左发球区发球或接发球
双打	（1）一局中，发球方的分数为0或双数时，发球方均应从右发球区发球；一局中，发球方的分数为单数时，发球方均应从左发球区发球。 （2）接发球方按其上次发球时的位置站位；接发球员应是站在发球员斜对角发球区的运动员。 （3）发球方每得一分，原发球员则变换发球区再发球；除发球区错误的情况外，球都应从与发球方得分相对应的发球区发出

三、违例

羽毛球比赛违例规则见表 11-4-3。

表 11-4-3　羽毛球比赛违例规则

违例项	内容
球发出后	①停在网顶；②过网后挂在网上；③被接发球员的同伴击中
比赛进行中，球	①落在场地界线外（即未落在界线上或界线内）；②未从网上越过；③触及天花板或四周墙壁；④触及运动员的身体或衣服；⑤触及场地外其他物体或人；⑥被击时停滞在球拍上，紧接着被拖带抛出；⑦被同一运动员两次挥拍连续两次击中，但一次击球动作中球被拍框和拍弦面击中不属"违例"；⑧被同方两名运动员连续击中；⑨触及运动员球拍，而未飞向对方场区
比赛进行中，运动员	①球拍、身体或衣服，触及球网或球网的支撑物；②球拍或身体，从网上侵入对方场区（击球时，球拍与球的接触点在击球者网这一方，而后球拍随球过网的情况除外）；③球拍或身体，从网下侵入对方场区，导致妨碍对方或分散对方的注意力；④妨碍对方，即阻挡对方随球过网的合法击球；⑤故意分散对方注意力的任何举动，如喊叫、做手势等

四、计分方法

（1）除非另有规定，一场比赛应以三局两胜定胜负。

（2）除（4）和（5）的情况外，先得 21 分的一方胜一局。

（3）一方"违例"或球触及该方场区内的地面成"死球"，则另一方胜这一回合并得一分。

（4）20 平后，领先 2 分的一方胜该局。

（5）29 平后，先得 30 分的一方胜该局。

（6）一局的胜方在下一局首先发球。

体育思政课堂

　　张宁是首位在奥运会卫冕成功的羽毛球单打运动员。人们都知道她的成绩，却很少有人知道她取得成绩背后的艰辛。自从1994年尤伯杯决赛失利，张宁的职业生涯之路开始变得崎岖起来。之后长达9年的时间，张宁在国家队中无法以主力出战。但是她并未就此放弃，而是更加努力地投入训练，每天都是第一个来到训练场，最后一个离开。她经历了严重的膝关节积液、跟腱粘连等运动损伤，但是只要身体允许，她依然会第一个走进训练场。终于，功夫不负有心人，在2003年羽毛球世锦赛上，她拿下了第一个世界大赛冠军，并开始保持世界顶尖竞技水平。在2004年雅典奥运会和2008年北京奥运会上，她都拿到了羽毛球女单金牌。

　　当代大学生应学习张宁"坚持、坚韧、坚强"，永不放弃、持之以恒的精神，在体育运动及其他学科的学习中，在今后的工作和生活中，不断提升自我、超越自我，激励自己不断前行。

思考与探究

　　1. 简述羽毛球的基本步法。

　　2. 简述羽毛球的发球、接发球技术。

　　3. 羽毛球的攻人战术怎样运用？

　　4. 思考羽毛球运动对培养大学生自信、勇敢、果断等优良品质的作用。

第十二章
网球运动

本章导读

网球运动是受大学生普遍喜爱，且富有乐趣的一项体育活动。网球运动具有很高的锻炼价值。它既是一种消遣和增进健康的手段，也是一种艺术的追求和享受，还是一种扣人心弦的竞赛项目。打网球可以使人的动作迅速、判断准确、反应敏捷，对调节肌肉用力有良好的作用。

学习目标

1. 了解网球运动的相关知识和竞赛规则。
2. 掌握网球运动的技战术。
3. 重点发展力量、耐力、灵敏性等身体素质。
4. 重点培养竞争意识、规则意识等体育意识和顽强拼搏的体育精神。

第一节　了解网球运动

一、网球运动概述

现代网球运动起源于英国。1873 年，英国人温菲尔德在掌握了古代网球游戏以后，创造了现代网球运动，使网球运动从宫廷走进了寻常百姓家。1877 年，在英国温布尔登举行了第 1 届草地网球锦标赛。网球运动走向普及和形成高潮是在美国。1896 年，网球运动被列为奥运会比赛项目。1913 年，世界网球的最高组织——国际网球联合会成立，总部设在伦敦。

我国网球选手经过不断努力和顽强拼搏，逐渐走到世界排名的前列。其中，李娜是 2011 年法国网球公开赛、2014 年澳大利亚网球公开赛女子单打冠军，是亚洲第一位大满贯女子单打冠军。2018 年雅加达亚运会，徐一璠/杨钊煊夺得冠军，这是中国队时隔 12 年再夺亚运会女双冠军，也是历史上第三次登顶。2023 年，吴易昺夺得 ATP 巡回赛冠军，创造了新的历史。

二、认识器材及场地

（一）球

除 3 阶（红色）海绵球外，网球的表面应为同种纺织物，接缝处不应有缝线。1 型球直径为 6.54 ～ 6.86 厘米，质量为 56.0 ～ 59.4 克。

（二）球拍

球拍由拍框和拍弦组成。拍弦在交叉的地方应当是相互交织或相互结合的。球拍的总长度不能超过 73.7 厘米，总宽度不能超过 31.7 厘米。以拍柄中轴线为基准测量时，击球面的总长度不能超过 39.4 厘米；以拍柄中轴线垂直线为基准测量时，击球面的总宽度不能超过 29.2 厘米。

（三）球场

网球场地为长方形，长度为 23.77 米，单打比赛的场地宽度为 8.23 米，双打比赛场地的宽度为 10.97 米。场地由一条悬挂在绳索或金属绳上的球网从中间处分隔开。

> 📖 **知识拓展**
>
> 草地场：天然草地或人工草皮铺上砂；对脚、腰的作用力较小，稍易滑球；球速慢，弹性低。
>
> 红土场：红土对脚、腰的作用力较小，稍易滑球；球速慢，弹性高。
>
> 硬地场：水泥上覆盖各式各样的材料；对脚、腰的作用力较大；球速稍快，弹性高。
>
> 地毯场：地毯般的材质，多用于室内；对脚、腰的作用力较小，不易滑球；球速快，弹性低。

（四）球网

绳索或金属绳的最大直径为 0.8 厘米。单打比赛中，如果使用单打球网，每侧网柱的中心应距单打场地的外沿相距 0.914 米。网柱的边长 / 直径不应超过 15 厘米。

三、著名赛事介绍

著名网球赛事包括温布尔登网球公开赛、美国网球公开赛、法国网球公开赛和澳大利亚网球公开赛，它们被称为网球四大满贯赛事。

著名网球赛事

第二节 跟我学网球

一、网球基本技术

（一）握拍方法

网球运动握拍方法见表 12-2-1。

东方式握拍

表 12-2-1 网球运动握拍方法

动作及要求	图示	动作及要求	图示
东方式正手握拍：食指与掌根环握于拍柄，并在拍柄右上棱处形成V字形。 适合：平击球、上旋球、侧旋球		大陆式正手握拍：拇指和食指形成的V字形在拍柄上平面的中心处偏左些。 适合：截击球、发球。 不适合：上旋球	
西方式正手握拍：在东方式正手握拍的基础上，虎口略向右移，食指关节位于拍柄的下平面，拇指绕过拍柄。 适合：硬地场、上旋球、反弹球		半西方式正手握拍：虎口对准拍柄的右侧棱，食指关节比右侧棱低一些，拇指绕过拍柄 适合：反弹较高的球。 不适合：低球和有角度的球	

大陆式握拍

西方式正手握拍

半西方式正手握拍

动作及要求	图示	动作及要求	图示
东方式反手握拍：虎口放在拍柄的左侧棱上，并且食指关节在拍柄的左上侧棱上。 适合：上旋球、削球	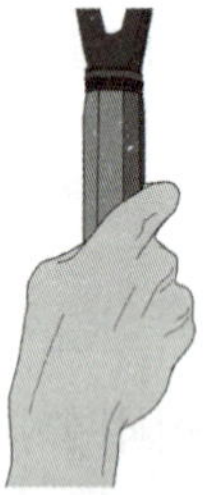	双手反手握拍：右手用东方式反手握拍，握在拍柄的后方，左手用东方式正手握拍，握在拍柄的前方。 适合：上旋球、反弹高的球	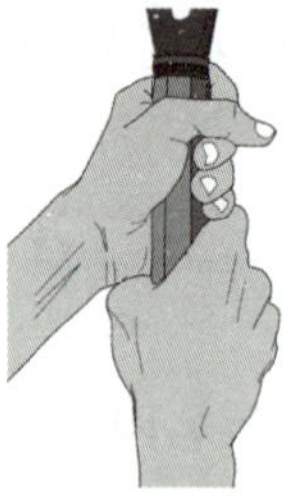

（二）正手击球技术

正手击球技术如图 12-2-1 所示。

图 12-2-1　正手击球技术

（1）准备姿势：两手握拍，两腿微屈。

（2）后摆引拍，紧盯来球。

（3）挥拍击球，以肘部为支点向前上方挥拍。

（4）随挥跟进，沿着击球方向继续挥拍。

（三）反手击球技术

反手击球技术如图 12-2-2 所示。

图 12-2-2　反手击球技术

（1）准备姿势同正手击球。

（2）肩膀充分向后转，身体重心移至左脚，扶在拍颈上的手将拍拉至左后方。

（3）让拍面沿着线的回圈从低往高挥动，脚步跟进后，手臂向右后上方随挥跟进。

（4）拍面自然向上，完成反手挥拍击球动作。

（四）发球技术

发球技术如图 12-2-3 所示。

发球技术

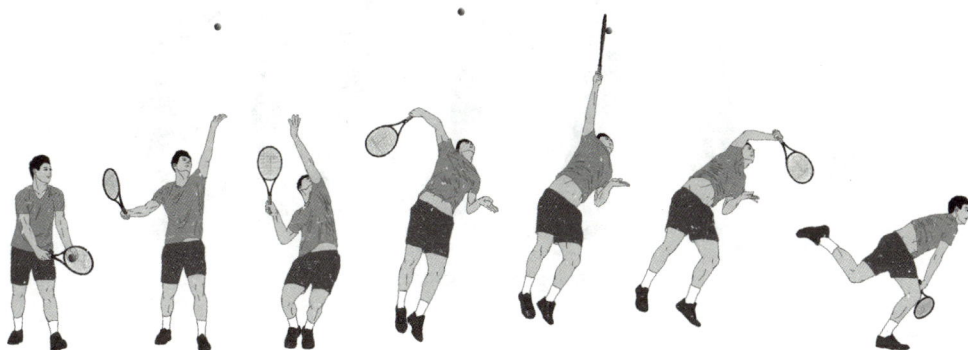

图 12-2-3　发球技术

握拍方法：大陆式握拍。

（1）把球慢慢从手中抛出，抛球手伸直指向球，右手将球拍置于身后，拍头指向天空，两腿弯曲。

（2）绷直两腿，球拍举直，身体充分伸展，握拍手臂向上伸直，击球。

（3）身体向场前倾，随挥动作结束在身体左侧下方。

（五）截击技术

截击技术如图 12-2-4 所示。

截击技术

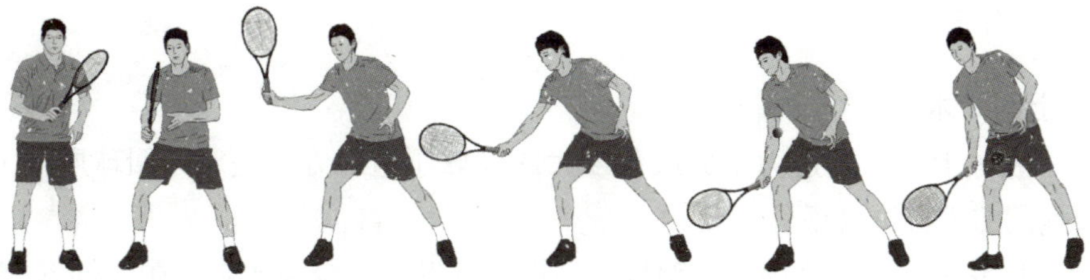

图 12-2-4　截击技术

握拍方法：大陆式握拍。

（1）上体向右侧旋转，同时将球拍引至身体侧前方，拍头高于手腕。

（2）在击球前准确上步，击球点在身体前方。

（3）击球时，肘关节微微弯曲。

（六）高压球

高压球如图 12-2-5 所示。

图 12-2-5　高压球

握拍方法：大陆式握拍。

（1）向球网一侧转肩，准备挥拍。

（2）球进入击球区后，调整挥拍时机。

（3）击球时，手臂伸直，腿部蹬地，如同鞭甩动作。

（4）球击出后，慢慢收拍。

二、网球基本战术

网球是一项开放性的运动。将网球的战术按不同方式进行组合，并在不同的情况下加以运用，会产生截然不同的效果。

（一）单打战术

1. 上网战术

（1）发球上网。通过力量大或角度大的发球压迫对方，使对方回球质量下降，从而跑到网前进行抢攻得分。

（2）接发球上网。这种上网型打法是在对方发球比较弱或对方在进行第二发球的时候，通过多变、快速的接发球手段抢攻，实现上网得分。

（3）随球上网。与对方在底线对攻相持或接发球时，出现质量不高的中场球或浅球时，打完这个球后顺势向前跑到网前进行网前抢攻。

（4）偷袭上网。当对方适应了本方惯常的打法和节奏后，可通过变换上网打法，加快进攻节奏和改变场上位置，使其在短时间内难以适应，从而实现得分。

2. 底线战术

（1）紧逼战术。这种战术一般以正反手底线抽球为主要进攻技术，以打球的上升点来加快进攻节奏，通过快节奏强攻和刁钻的击球落点来压迫对手的弱点，或者大范围地调动对手，使对手出现失误或本方直接得分。

（2）防守反击战术。这种战术要求运动员有良好的移动能力、控球能力和准确的判断能力，能通过多个回合来调动对手，然后寻找机会进行反攻。

（3）综合型战术。这种战术要求运动员基本功扎实、技术全面，能在场上通过网前、底线以及击球节奏快慢的变化来得分。综合型战术讲求攻守平衡。

（二）双打战术

1. 双上网战术

双上网战术是打出有威胁的发球或接发球后，两人快速来到网前进行截击抢攻得分。这种战术在职业或高水平网球双打比赛中是主流战术。

2. 双端线战术

双端线战术是指两人在端线位置通过端线技术与对手进行对攻相持的战术。这种战术相对于其他战术较为保守，较容易出现空当。双端线战术在业余比赛中较为常见。

3. 一网一端战术

一网一端战术是指在端线位置的选手与对手相持，网前的选手等待截击抢攻机会的战术。这种战术在业余比赛中较为常见。

第三节　网球技术分级训练

网球技术分级训练见表12-3-1。

表 12-3-1　网球技术分级训练

训练内容	初级	中级	高级	注意事项
颠球	（1）凌空颠球。 （2）正手落地颠球。 （3）正手小场隔网颠落地球。首先颠落地球两下，其次在第三下用同样的动作颠球过网。 （4）双手反手小场隔网颠落地球。方法基本同（3），只是正手改成双手反手	—	—	要求球拍在腰际，球比眼高，拍面保持水平，不晃动，眼睛盯紧球，身体放松
底线正反手击球	（1）徒手或持拍做挥拍练习。 （2）在中场发球线后，原地侧身对网站立，左手自由落体式放球，右手挥拍击球。 （3）送球者站在侧前方3米左右处抛球，初学者站在底线中间，进行正反手击球。 （4）对墙练习	（1）底线正反手对打斜线、直线练习。 （2）底线正反手一点打两点练习。先固定线路练习，逐渐加大难度到不固定点线路练习	（1）两条斜线对两条直线的练习，也称8字线路。先固定线路练习，然后加大难度到不固定线路练习。 （2）网前两人截击，底线一人正反手定点或不定点破网练习	注意保持挥拍的后摆拉拍、击球、前挥三个动作要领
发球	（1）抛球练习。左手持球，反复做向上抛球动作，还可配合做右手向后引拍动作。 （2）抛球和击球动作配合练习。左手抛球，右手同时完成后摆动作，右手肘关节向上抬起	（1）站在发球线处发球，要求发球过网。 （2）站在端线处，以直线多球发球，要求发球过网	（1）站在端线处，斜线多球发球，要求球的落点在发球区内。 （2）先练习发不定点球，后练习发定点球；逐渐加大难度，提高命中率和准确性	注意抛球的位置是否正确
网前截击球	（1）持拍做模仿挥拍练习，并逐渐结合步法做挥拍练习。 （2）用多球进行单个动作的网前截击球练习	（1）直线的连续正反手截击球练习（两人在网前相距3米左右）。 （2）送球者站于中场发球线后送多个球，练习者分别进行定点的正手和反手截击球练习	（1）在网前中场或近网对底线进行截击球练习。 （2）网前一人截击球，底线两人破网，提高截击者的难度，锻炼其反应、判断能力	注意体会动作和球感

续表

训练内容	初级	中级	高级	注意事项
高压球	（1）持拍做模仿挥拍练习。（2）站在发球线处，一手抛高球，一手进行高压球练习	（1）结合后脚跳起步法进行挥拍练习。（2）一人站在后场边线处用球拍送高球，另一人站在网前进行高压球练习	（1）一人站在网前进行高压球练习，另一人在底线挑高球，进行挑高球和高压球的连续练习。（2）用多球进行各种高压球练习，逐渐加大难度，先用手抛球，后用拍送抛球	注意体会击球的时机和空间感

第四节　网球竞赛规则

一、发球

网球比赛发球规则见表12-4-1。

表12-4-1　网球比赛发球规则

规则项	内容
发球动作	在即将做出发球动作前，发球员必须静止站在底线后（即远离球网的一侧），双脚位于中点的假定延长线和边线的假定延长线之间。然后，发球员应当用手将球向任意方向抛出，并在球落地前用球拍将球击出。在球拍击到球或挥空的那一刻，视为整个发球动作已经完成。对于只能使用一只手臂的运动员，可以用球拍完成抛球
脚误	在进行发球动作期间，发球员不得：①通过走动或跑动来改变位置，但允许脚步轻微移动；②任何一只脚触及底线或场地内的地面；③任何一只脚触及边线假定延长线外的地面；④任何一只脚触及中点的假定延长线。如果发球员违反了这些规定就是一次"脚误"
发球程序	在常规发球局中，发球员在每一局都应当从场地的右半区开始，交替在场地的两个半区发球。在平局决胜局中，第一分球应当从场地的右半区发出，然后交替在场地的两个半区发球。发出的球应当越过球网，在接发球员回击发球之前落到对角方向的发球区内

续表

规则项	内容
发球失误	下列情况为发球失误：① 发球员违反了"发球动作""发球程序"或"脚误"规则；② 发球员试图击球但未能击中；③ 发出的球在落地前碰到了永久固定物、单打支柱或网柱；④ 发出的球触到了发球员或发球员的搭档，或其穿戴、携带的任何物品
重发球	如果出现下列情况，应当重发球。 （1）发出的球触到了球网、中心带或网带后落在有效发球区内；或在球触到了球网、中心带或网带后，在落地前触到了接发球员或其搭档，或他们穿戴、携带的任何物品。 （2）当球发出时，接发球员未做好准备。在重发球时，发球员只需重发该次发球，但是不能取消重发球之前的发球失误

二、通则

网球比赛通则见表12-4-2。

表 12-4-2　网球比赛通则

规则项	内容
交换场地	运动员应在每一盘的第一局、第三局和随后的每一个单数局结束后交换场地。运动员还应在每一盘结束后交换场地，但当一盘结束时双方所得局数之和为偶数时除外，在此情况下运动员须在下一盘第一局结束后交换场地。在平局决胜局中，运动员应在每6分后交换场地
运动员失分	如果出现下列情况，运动员将失分。 （1）发球员连续两次发球失误。 （2）在活球状态下，运动员在球连续两次触地前未能将球回击过网。 （3）在活球状态下，运动员回击的球落到有效击球区外的地面或落地前触碰到有效击球区外的其他物体。 （4）在活球状态下，运动员回击的球在落地前触到永久固定物。 （5）接发球员在发球员发出的球尚未落地时回击。 （6）运动员故意用他的球拍托带或接住处于活球状态的球，或故意用球拍触球超过一次。 （7）在活球状态下的任何时候，运动员或他的球拍（无论球拍是否在他手中），或他穿戴的、携带的任何物品触到球网、网柱／单打支柱、绳索或金属绳、中心带或网带，或他对手的场地。 （8）运动员在球尚未过网时击球。 （9）在活球状态下，除运动员手中的球拍外，球触及运动员的身体或他穿戴的、携带的任何物品。 （10）在活球状态下，球触到了运动员的球拍，但球拍不在他的手中。 （11）在活球状态下，运动员故意并实质性地改变了球拍的形状。 （12）双打比赛中，在一次回击球时，同队的两名运动员都触到了球

三、计分方法和赛制

网球比赛的计分方法和赛制见表 12-4-3。

表 12-4-3 网球比赛的计分方法和赛制

规则项	内容
局分	（1）常规局。① 在常规局的比赛中，应首先报发球运动员的得分，计分如下：无得分——0；第一分——15；第二分——30；第三分——40；第四分——本局比赛结束。② 若两名运动员/队都得到三分，则比分为"平分"。"平分"后如果一名运动员/队得分，则比分为"占先"。如果"占先"的这名运动员/队又得分，他便赢得了这一局；如果"占先"后是另一名运动员/队得分，则比分仍为"平分"。运动员/队需要在"平分"后连续获得两分，才能赢得这一局。（2）平局决胜局。在平局决胜局中，使用数字 0、1、2、3 等进行计分。首先赢得 7 分并净胜对手两分的运动员/队赢得这一局和这一盘。必要时决胜局必须持续进行，直到一方运动员/队净胜对手两分为止
盘分	（1）"长盘制"。先赢得 6 局并净胜对手两局的运动员/队才赢得一盘。必要时一盘必须持续进行，直到一方运动员/队净胜对手两局为止。（2）"平局决胜制"。先赢得 6 局并净胜对手两局的运动员/队才赢得一盘。如果局分达到 6：6 时，则须进行"平局决胜局"
赛制	比赛可以采用三盘两胜制，先赢得两盘的运动员/队赢得比赛；或采用五盘三胜制，先赢得三盘的运动员/队赢得比赛

📖 **体育思政课堂**

　　网球运动虽然是隔网对战，但是需要参与者具备充沛的体能。大学生在网球比赛中，可能会面临体力不支、暂时失利等困难，这时，其应及时调整心态，变换技战术，通过自己的坚持和努力，不断取得突破。这一过程可以培养大学生顽强拼搏、百折不挠的意志品质。

🔆 **思考与探究**

1. 简述网球运动握拍方法的动作及要求。
2. 网球的基本技术有哪些？
3. 网球的基本战术有哪些？
4. 根据教师播放的比赛视频，讲解比赛中所运用的技战术。

第十三章
游泳运动

本章导读

　　游泳是一种全身性的运动。在运动过程中，人们不仅强健了体魄，还增强了意志。游泳是一种大众喜爱的体育项目，在运动中人们可以结交新朋友，扩大社交圈，增进友谊。游泳对心血管系统功能的改善有相当重要的作用，可以促进血液循环和新陈代谢。

学习目标

1. 了解游泳运动的相关知识和竞赛规则。
2. 熟悉水性，初步掌握四种泳姿的动作要点。
3. 提高各项身体机能，塑造良好体形。
4. 培养游泳兴趣，磨炼意志，养成良好的健身习惯，树立终身体育的理念。

第一节　了解游泳运动

一、游泳运动概述

　　现代游泳运动起源于英国。17世纪60年代，游泳运动在英国就已开展得相当广泛。1828年，英国在利物浦乔治码头修造了世界上第一个室内游泳池。1837年，第一个游泳组织在英国伦敦成立，同时举办了英国最早的游泳比赛。在1896年雅典奥运会上，男子游泳被列为正式比赛项目（包括100米、500米和1200米自由泳）。1908年，国际业余游泳联合会（以下简称"国际泳联"）成立，并审定了当时的世界纪录，制定了国际游泳比赛规则。1912年，斯德哥尔摩奥运会正式设立了女子游泳比赛项目。1952 年，国际泳联正式将蛙泳和蝶泳作为两个独立的项目进行比赛。从此，竞技游泳形成了自由泳、仰泳、蛙泳、蝶泳 4 种姿势。在 2020 年东京奥运会上，中国国家游泳队共获得了 3 金 2 银 1 铜的成绩。在 2022 年游泳世锦赛上，杨浚瑄夺得我国首枚世锦赛女子 200 米自由泳金牌。截至 2023 年 4 月，我国运动员手握 4 项世界纪录，分别是男子 800 米自由泳（7 分 32 秒 12）、男子 1500 米自由泳（14 分 31 秒 02）、女子 50 米仰泳（26 秒 98）、女子 200 米蝶泳（2 分 01 秒 81）。

二、认识场地和装备

（一）场地

游泳池应长 50 米，宽至少为 21 米，游泳池深度至少 2.00 米。游泳池两端池壁必须平行，垂直于泳道和水面。游泳池的四壁可设水槽。游泳池可设 8 条或 10 条泳道，泳道宽 2.50 米。

游泳场地如图 13-1-1 所示。

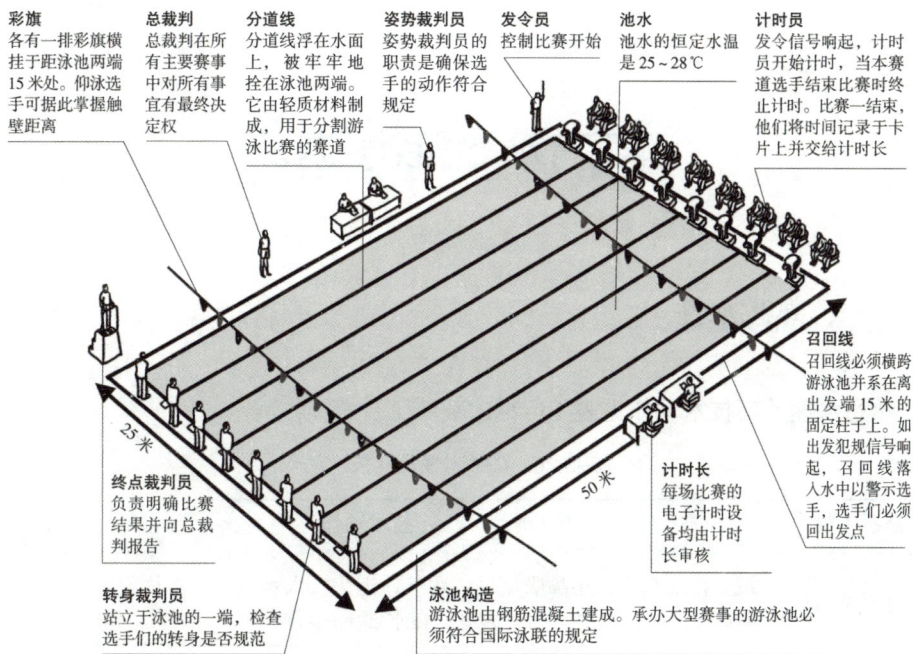

彩旗 各有一排彩旗横挂于距泳池两端 15 米处。仰泳选手可据此掌握触壁距离

总裁判 总裁判在所有主要赛事中对所有事宜有最终决定权

分道线 分道线浮在水面上，被牢牢地拴在泳池两端。它由轻质材料制成，用于分割游泳比赛的赛道

姿势裁判员 姿势裁判员的职责是确保选手的动作符合规定

发令员 控制比赛开始

池水 池水的恒定水温是 25 ~ 28 ℃

计时员 发令信号响起，计时员开始计时，当本赛道选手结束比赛时终止计时。比赛一结束，他们将时间记录于卡片上并交给计时长

召回线 召回线必须横跨游泳池并系在离出发端 15 米的固定柱子上。如出发犯规信号响起，召回线落入水中以警示选手，选手们必须回出发点

终点裁判员 负责明确比赛结果并向总裁判报告

计时长 每场比赛的电子计时设备均由计时长审核

转身裁判员 站立于泳池的一端，检查选手们的转身是否规范

泳池构造 游泳池由钢筋混凝土建成。承办大型赛事的游泳池必须符合国际泳联的规定

25 米　50 米

图 13-1-1　游泳场地

（二）游泳装备

（1）游泳衣裤：男性通常穿游泳短裤,女性通常穿泳衣。游泳衣裤必须合身,

不能太大。

（2）泳帽：游泳时应戴泳帽。泳帽应选具有松紧性的尼龙制品或橡胶制品。泳帽不能太大，否则容易脱落。

（3）泳镜：使用泳镜能够使人们在水下保持长时间睁眼状态，同时能够避免眼部被感染。

（4）耳塞：游泳时戴耳塞可以防止水进入耳朵。

（5）浮体物品：游泳初学者，最好自备一些浮体物品，如救生圈（衣）、浮标、打水板等。

（6）浴巾、拖鞋：浴巾和拖鞋也是游泳者必备的用品。

（7）鼻夹：游泳时，水波常会把水冲入鼻孔，导致游泳者呛水、咳嗽。初学游泳者为了防止水进入鼻孔，最好准备一个鼻夹。

三、著名赛事介绍

著名游泳赛事

著名游泳赛事包括奥运会游泳比赛、世界游泳锦标赛和世界短池游泳锦标赛。

第二节　跟我学游泳

一、熟悉水性

向前行走

向侧行走

向后行走

熟悉水性及其技术动作见表 13-2-1。

表 13-2-1　熟悉水性及其技术动作

熟悉水性	技术动作
呼吸练习	站立在浅水区，用嘴吸气后，闭气，把头没入水中。稍停片刻后，在水中用嘴鼻慢慢吐气至尽，然后起身，在水面上用嘴吸气
水中闭气练习	站立在浅水区，吸足气后，慢慢下蹲，闭气并把头没入水中，睁眼，停留片刻后起立
水中行走练习	在齐腰深水中向不同方向行走。可先 3～5 人互相拉手做行走练习，而后过渡到个人单独练习

续表

熟悉水性	技术动作
浮体练习	抱膝浮体：吸气后下蹲，闭气潜入水中，低头，屈腿抱膝，自然漂浮于水中。而后松手，臂下压水，抬头伸腿成站立姿势。 展体浮体：从站立开始，深吸气，身体前倒，两臂前伸。两脚蹬离池底后，俯卧上漂，而后收腹、收腿，两臂下压水，再抬头，两腿伸直，脚触池底站立
互相泼水练习	学生排成两行，相对站立，互相泼水。不得用手捂胸或转身背向对方
滑行练习	背向池壁站立，一臂前伸，另一臂抓水槽，一腿后屈，脚蹬池壁。吸气后低头没入水中，再收另一腿，两脚同时用力蹬池壁，展体向前滑行

二、游泳基本技术

（一）泳姿

1. 蛙泳

蛙泳如图 13-2-1 所示。

图 13-2-1　蛙泳

蛙泳

（1）向前出发：入水后，游泳者向上耸肩，肘部向外，手向外，使两臂肘部的夹角成 30°～45°。

（2）开始划水：推水，两手向侧，再向下、向后成椭圆曲线划水，然后将头部浮出水面呼吸。

（3）结束划水：面部再次入水，两臂向前平伸，屈膝，从身后向上收腿翻脚，两脚再做圆弧形运动蹬水。

2. 仰泳

仰泳如图 13-2-2 所示。

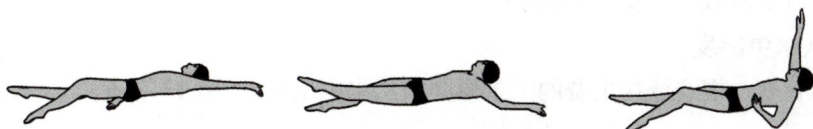

图 13-2-2　仰泳

仰泳

（1）向后出发：单臂从肩后上方入水，小指最先入水。臂部出水时须始终保持伸直。

（2）开始划水：当游泳者手部入水以后，两手向下朝脚的方向推水，臂部略弯，腿部做直腿下压和屈腿上踢的动作。

（3）结束划水：手臂继续推水直至肘部伸直，然后再次抬臂出水，回到初始位置。

3. 自由泳

自由泳如图 13-2-3 所示。

图 13-2-3　自由泳

（1）向前伸出：手于头前入水，尽力向前平伸。

（2）开始划水：游泳者手臂屈肘，向脚部推水直到大腿根部加速。

（3）结束划水：游泳者的腿保持在水下成打水姿势。两臂交替前伸，在水中向后推水。

4. 蝶泳

蝶泳如图 13-2-4 所示。

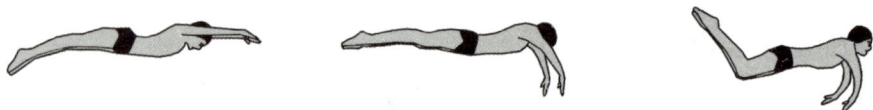

图 13-2-4　蝶泳

（1）向前出发：出发后，游泳者两腿在水中采取海豚式打水。

（2）开始划水：两臂向腿部方向推水。在整个划水过程中，游泳者的手在肩部前方。

（3）结束划水：当两臂推水至大腿两侧时，提肩、提肘，带动手臂出水。两臂出水后，迅速从两侧移动至头前。呼吸，手回到出发位置。

（二）出发技术

1. 从出发台出发

自由泳、蛙泳、蝶泳、个人混合泳及自由泳接力的比赛必须从出发台开始（图 13-2-5）。出发台的面积通常为 50 厘米 × 50 厘米，距水面 50～75 厘米。最大水平倾斜角度为 10°（从后向前）。

2. 从水中出发

仰泳比赛、混合泳接力赛的第 1 棒必须从水中出发。（图 13-2-6）

自由泳

图 13-2-5　从出发台出发

图 13-2-6　从水中出发

（三）转身技术

当选手到了泳池一端，需要以最短时间转身开始另一段赛程。（图 13-2-7）

接近
游泳者向下做翻跟头动作

触壁
两脚接触池壁

后蹬
两脚蹬向池壁，两臂向前伸展

转身
自由泳中游泳者转身面朝下；
仰泳中游泳者保持面部朝上

图 13-2-7　转身

第三节　游泳技术分级训练

游泳技术分级训练见表 13-3-1。

表 13-3-1　游泳技术分级训练

训练内容	初级	中级	高级	注意事项
基本训练	熟悉水性：在浅水池中玩耍，让水和身体进行亲密的接触	学习呼吸：深吸一口气，然后闭气，把头埋进水里，用嘴慢慢吐气，同时慢慢抬头，当嘴接近水平面时猛地吐气把水吹开	学会漂浮：在泳池中站住脚，不能让水淹没脖子，深吸一口气，把头埋进水里，闭气，然后两手抱住两膝，慢慢地放松两手使四肢完全漂浮在水中，体会水的浮力	当水的高度超过胸的位置时，游泳者会产生恐惧感，这时应当保持冷静，踩住池底不要随意乱动

续表

训练内容	初级	中级	高级	注意事项
蛙泳	腿部练习方法如下。（1）陆上模仿练习：跪撑翻脚压腿、坐撑模仿。（2）水中练习：俯卧练习	手臂练习：划水练习、划水与呼吸的配合	完整配合练习：一般采用1次划臂、1次蹬腿、1次呼吸的配合	练习时，注意收腿时抬头吸气，蹬腿时埋头呼气，一定要勾脚尖蹬水
自由泳	腿部练习：陆上模仿练习、水中练习	手臂动作练习、手臂与呼吸配合的练习：陆上模仿练习、水中练习	完整配合练习：一般采用6次打腿、2次划臂、1次呼吸的配合	完整配合时，一开始不要过于强调臂、腿动作的准确性，而应重视动作配合的协调性和身体的放松

第四节　游泳竞赛规则

游泳比赛规则见表13-4-1。

表13-4-1　游泳比赛规则

规则项	内容
出发的规定	（1）自由泳、蛙泳、蝶泳、个人混合泳及自由泳接力的比赛必须从出发台出发。（2）仰泳比赛、混合泳接力比赛的第1棒，必须从水中出发
出发犯规的判罚规定	（1）任何运动员在"出发信号"发出之前出发，应判犯规。（2）因裁判员的失误或器材失灵而导致运动员抢跳时，发令员应将运动员召回重新组织出发，不视为抢跳犯规
自动计时	（1）自动计时装置必须在指定裁判员的监督下进行操作。由自动计时装置记录的成绩应当用于确定名次和各泳道的成绩。（2）使用自动计时装置时，成绩记录到百分之一秒。当可以精确到千分之一秒时，不记录千分位数，也不以千分位数来确定成绩和名次
人工计时	（1）每条泳道采用3块计时表计时而未设置终点裁判时，运动员的正式成绩是录取名次的根本依据。（2）任何由1名裁判员操作的计时装置均应视为1块计时表。（3）建议每条泳道指派3名计时员，所使用的计时表必须精确至百分之一秒

续表

规则项	内容
比赛规定	（1）比赛中，不得将不同项目的运动员（接力队）混合编组。除男女混合接力项目外，不得将不同性别的运动员（接力队）混合编组。 （2）运动员应游完全程才能获得录取资格。 （3）运动员应始终在其出发的同一泳道内比赛和抵达终点。 （4）在所有项目中，运动员转身时必须按各泳式的规定触及池壁，不允许在池底跨越或行走。 （5）在自由泳项目和混合泳项目的自由泳段比赛中，允许运动员在池底站立，但不得行走。 （6）不允许拉分道线。 （7）比赛中，运动员不得使用或穿戴任何有利于其速度、浮力、耐力的器材或泳衣（如手蹼、脚蹼、弹力绷带或粘胶材料等），但可戴游泳镜。 （8）在比赛场地内，不允许速度诱导及采用任何能起速度诱导作用的装置与方法。 （9）由于某运动员犯规而影响其他运动员获得优异成绩时，执行总裁判有权允许被干扰的运动员参加下一组预赛。如在决赛或最后一组预赛中发生上述情况，可令该组重新比赛 （10）接力项目如果有预赛，奖牌和证书应授予获名次接力队中参加了预赛或决赛的所有运动员。 （11）只有赛事组织委员会（竞赛委员会）设置的录像设备才能作为判断运动员犯规和名次的依据之一
犯规判罚规定	（1）游出本泳道阻碍其他运动员或以其他方式干扰其他运动员者，应判犯规。如属故意犯规，执行总裁判应将犯规情况告主办单位和犯规运动员所在单位。 （2）在一项比赛进行过程中，当所有比赛的运动员还未游完全程前，未参加比赛的运动员如果下水，应取消其原定的下一次的比赛资格。 （3）接力比赛中，如本队的前一名运动员尚未触及池壁，后一名运动员的脚已蹬离出发台，应判犯规。 （4）接力比赛中，在各队的所有运动员还未游完之前，除了应游该棒的运动员之外，任何其他接力队员如果进入水中，应判犯规。 （5）运动员抵达终点后或在接力比赛中游完自己的距离后，应尽快离池，如妨碍其他游进中的运动员，应判该运动员（接力队）犯规

📖 **体育思政课堂**

游泳运动对人的体力及耐力要求很高，随着时间的推移，游泳带给身体的疲劳感越来越重，学生需要克服身体的不适感，努力完成训练指标，这就有助于磨炼学生的意志。在参与各种游泳比赛的过程中，通过队员之间的共同努力与拼搏完成比赛，更能激发学生的团队意识。

💡 **思考与探究**

1. 熟悉水性的练习方法有哪些?
2. 简述蛙泳和自由泳的完整配合练习。
3. 思考游泳运动对培养大学生挑战自我、提升自信心等方面的作用。

第十四章
武术与养生运动

本章导读

　　武术是中华民族在长期的社会实践中不断积累和丰富起来的一项宝贵的非物质文化遗产，是以技击动作为核心，以套路和格斗为运动表现形式，注重内外兼修的中华民族传统体育运动项目。系统地进行武术训练，对发展速度素质、力量素质、灵敏素质、耐力素质、柔韧素质等身体素质都有很好的作用，且有助于培养坚韧、顽强、勇于战胜困难的意志品质。

学习目标

1. 了解武术的相关知识。
2. 掌握五步拳、24式简化太极拳和初级长拳（第三路）的技术。
3. 掌握五禽戏和八段锦的技术。
4. 加强对中华传统体育文化的认同感。

第一节　了解武术

一、武术的起源和发展

　　中国武术的历史可以追溯到我国原始社会时期。武术的起源与古人的生产活动（如制造和使用石器、骨器、木器）有着密不可分的关系。在氏族社会后期，为了适应战争的需要，武术开始脱离生产活动而逐渐转化为独立的社会活动。春秋战国时期，诸侯争霸，各国都很重视技击在战场上的运用。明清时期，武术与军事武艺分离开来，从而使武术迎来了集大成发展时期。中华人民共和国成立后，武术得到了蓬勃发展。2008年，武术以"特设项目"亮相于北京奥运会。2020年，武术被列为第 4 届青年奥运会正式比赛项目。

二、武术的分类与流派

（一）武术的分类

（1）长拳类与短打类：遐举遥击、进退急速、大开大合、松长舒展的拳术称为长拳类；而贴身近战、势险节短、动作幅度小、短促而多变的拳术称为短打类。

（2）内家拳与外家拳：凡"主于搏人""亦足以通利关节"者，概称为外家拳；凡注重"以静制动""得于导引者为多"者，概称为内家拳。

（二）武术的流派

（1）黄河流域派与长江流域派：以江河流域分派。
（2）南派与北派：按地域划分的派别，如"南拳北腿"。

三、认识场地

武术套路比赛个人项目的场地长 14 米，宽 8 米，其周围至少有 2 米宽的安全区。集体项目的场地长 16 米，宽 14 米，其周围至少有 1 米宽的安全区。比赛场地四周内沿应标明 5 厘米宽的白色边线。比赛场地上方无障碍空间高度不低于 8 米。邻近两个比赛场地之间的距离不少于 6 米。比赛场地可高出地面 0.6 ～ 1 米。

武术散打比赛场地为高 80 厘米、长 800 厘米、宽 800 厘米的擂台，台面上铺有软垫；软垫上铺有盖单，台中心画有直径 120 厘米的国际武术联合会的会徽。台面边缘有 5 厘米宽的红色边线，台面四边向内 90 厘米处画有 10 厘米宽的黄色警戒线。台下四周铺有高 30 厘米、宽 200 厘米的保护软垫。

四、著名赛事介绍

著名武术赛事分为世界级赛事和国内主要赛事两大类。

著名武术赛事

第二节　五步拳

五步拳是我国传统武术拳法之一，是长拳类武术的基本练习方法。它主要用于武术拳法套路入门，提高四肢动作协调性。

五步拳如图 14-2-1 至 14-2-8 所示。

五步拳

图 14-2-1 预备姿势　　　图 14-2-2 弓步冲拳　　　图 14-2-3 弹踢冲拳

图 14-2-4 马步架打　　　图 14-2-5 歇步盖冲拳　　　图 14-2-6 提膝仆步穿掌

图 14-2-7 虚步挑掌　　　图 14-2-8 收势

第三节 24式简化太极拳

一、24式简化太极拳概述

24式简化太极拳是国家体育运动委员会（现为国家体育总局）于1956年组织太极拳专家创编而成的。它以杨式太极拳为基础，保留了传统太极拳的主要技术内容及基本要领，去掉了繁难和重复的动作，重点安排左右式对称练习动作，便于练习者达到全面锻炼的目的。24式简化太极拳套路充分体现了太极拳动作柔和、缓慢、圆活、连贯的特点，整套动作分为8组，共24个动作。

二、24式简化太极拳动作图示和要点

**24式简化太极拳
分解动作**

**24式简化太极拳
完整示范**

第一组

（1）起势。

头颈正直，下颌微收，两肩松沉，精神集中。两臂下落和身体下蹲动作要协调。（图14-3-1）

图14-3-1 起势

（2）左右野马分鬃。

上体忌前俯后仰，胸部要宽松舒展，身体转动要以腰为轴，两臂分开时保持弧形。（图14-3-2）

图 14-3-2 左右野马分鬃

（3）白鹤亮翅。

胸部不要挺出，两臂都要保持弧形，左膝要微屈。（图 14-3-3）

图 14-3-3 白鹤亮翅

第二组

（4）左右搂膝拗步。

松腰松胯，沉肩垂肘，坐腕舒掌。搂膝拗步成弓步时，两脚脚跟横向距离约为30 厘米。（图 14-3-4）

图 14-3-4 左右搂膝拗步

图 14-3-4　左右搂膝拗步（续）

（5）手挥琵琶。

身体要平稳、自然、放松，沉肩坠肘，胸部放松。（图 14-3-5）

图 14-3-5　手挥琵琶

（6）左右倒卷肱。

退步时，转腰松胯。两手随转体走弧线，速度要均匀一致，避免动作僵硬。（图 14-3-6）

图 14-3-6　左右倒卷肱

第三组

（7）左揽雀尾。

身体重心移动时，身体保持中正，两臂须走弧线。做动作时，要松胯，含胸拔背。（图 14-3-7）

图 14-3-7　左揽雀尾

图 14-3-7 左揽雀尾（续）

（8）右揽雀尾。

动作与"左揽雀尾"相同，只是方向相反。（图 14-3-8）

图 14-3-8 右揽雀尾

第四组

（9）单鞭。

动作完成时，两肩要松沉，右勾手向后平举，左前臂内旋，左手沉腕，向前打掌。（图 14-3-9）

图 14-3-9 单鞭

（10）云手。

上体以腰脊为轴左右转动，身体移动要平稳，身体重心不可忽高忽低。（图 14-3-10）

图 14-3-10　云手

（11）单鞭。

动作要连贯、流畅，上体保持正直，两肩松沉，上下肢动作要协调。（图 14-3-11）

图 14-3-11　单鞭

第五组

（12）高探马。

上体要自然正直，避免后仰。右手前推，右肘微下垂，左手收于腹前。（图 14-3-12）

图 14-3-12　高探马

（13）右蹬脚。

身体平稳，分手与蹬脚动作要协调。（图14-3-13）

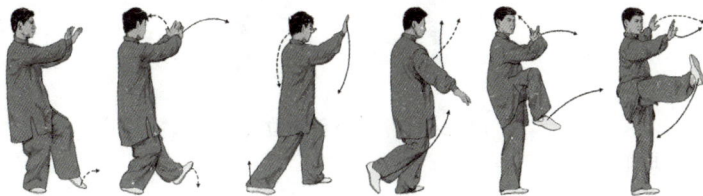

图14-3-13　右蹬脚

（14）双峰贯耳。

头颈正直，松腰、松胯，两臂均保持弧形。（图14-3-14）

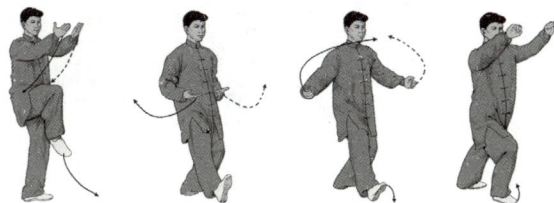

图14-3-14　双峰贯耳

（15）转身左蹬脚。

两臂均保持弧形。两拳前贯与弓步要同时完成。扣脚转身时，上体要保持正直，不可前俯后仰。（图14-3-15）

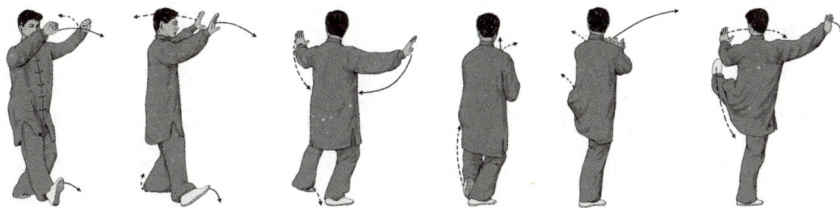

图14-3-15　转身左蹬脚

第六组

（16）左下势独立。

下势时，上体不可过于前倾。右腿提起时，右脚脚尖自然下垂。提膝与挑掌要协调。（图14-3-16）

图14-3-16　左下势独立

图 14-3-16　左下势独立（续）

（17）右下势独立。

右脚脚尖触地后，左脚以左脚脚掌为轴碾转。其他同"左下势独立"，但方向相反。（图 14-3-17）

图 14-3-17　右下势独立

第七组

（18）左右穿梭。

身体中正，避免耸肩。如面向南起势，此动作面朝方向应为正西偏北和正西偏南均约30°。（图 14-3-18）

图 14-3-18　左右穿梭

（19）海底针。

上体不可过于前倾，背部肌肉要有提拉的感觉，避免低头和臀部外翘。
（图 14-3-19）

图 14-3-19　海底针

（20）闪通臂。

上体不可过于前倾。推掌、架臂时，两臂均保持微屈。（图 14-3-20）

图 14-3-20　闪通臂

第八组

（21）转身搬拦捶。

转身时，右拳先内旋搬捶，再外旋向外画弧。打拳时，右臂不要太直。
（图 14-3-21）

图 14-3-21　转身搬拦捶

（22）如封似闭。

后坐时，身体不可后仰、翘臀。两手后收时，肘部略向外松开。（图 14-3-22）

图 14-3-22　如封似闭

（23）十字手。

两掌推出时，两手间距不要超过肩宽。身体正直，头微向上顶。两臂须撑圆，沉肩垂肘。意识引导，松腰、松胯。（图 14-3-23）

图 14-3-23　十字手

（24）收势。

身体放松，心静气和，还原成预备姿势。（图 14-3-24）

图 14-3-24　收势

第四节　初级长拳（第三路）

初级长拳（第三路）
完整示范

一、初级长拳（第三路）概述

长拳是在查拳、华拳、洪拳、炮拳、少林拳等传统拳术的基础上，综合整理创编而成的。长拳讲究动迅静定、快速灵活、刚劲勇猛、节奏鲜明；在技击上讲究放长击远，出拳要拧腰送肩，以发挥"一寸长一寸强"的优势。

初级长拳（第三路）全套共有32个动作，包括拳、掌、勾3种手型，弓步、马步、仆步、虚步、歇步5种步型，冲拳、劈拳、抢拳、砸拳、栽拳等拳法，推掌、挑掌、穿掌、摆掌、亮掌等掌法，顶肘、盘肘等肘法，弹踢、蹬踢、震脚、侧踹等腿法，以及跳跃、平衡等动作。从技法上看，初级长拳（第三路）既有进攻型招法，也有防守型招法，还有缠腕一类的拿法。整个套路集踢、打、拿为一体，动作舒展大方，风格突出。

二、初级长拳（第三路）动作图示和要点

（一）预备动作

1. 预备式

头要端正，下颌微收，挺胸，沉腰，收腹。（图14-4-1）

2. 虚步亮掌

三个动作必须连贯。成虚步时，身体重心落于右腿上，右腿大腿约与地面平行；左腿微屈，脚尖虚点地。（图14-4-2）

图 14-4-1　预备式　　　　　图 14-4-2　虚步亮掌

3. 并步对掌

并步后挺胸、沉腰。对拳、并步、转头要同时完成。（图14-4-3）

图 14-4-3　并步对掌

（二）第一段

1. 弓步冲拳

成弓步时，右腿充分蹬直，右脚脚跟不要离地。冲拳时，尽量转腰顺肩。（图14-4-4）

2. 弹腿冲拳

支撑腿可微屈，弹出的腿要有爆发力，力达脚尖。（图 14-4-5）

图 14-4-4 弓步冲拳   图 14-4-5 弹腿冲拳

3. 马步冲拳

成马步时，大腿与地面基本平行，脚跟外蹬，挺胸，沉腰。（图 14-4-6）

4. 弓步冲拳

成弓步时，左腿充分蹬直，左脚脚跟不能离地。冲拳时，尽量转腰送肩。（图 14-4-7）

5. 弹腿冲拳

支撑腿可微屈，弹出的腿要有爆发力，力达脚尖。（图 14-4-8）

图 14-4-6 马步冲拳   图 14-4-7 弓步冲拳   图 14-4-8 弹腿冲拳

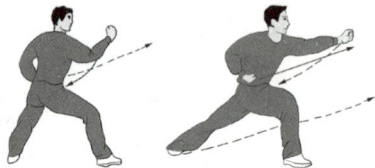

6. 大跃步前穿

跃步要远，落地要轻，落地后立即做下一个动作。（图 14-4-9）

图 14-4-9 大跃步前穿

7. 弓步击掌

右腿猛力蹬直，成左弓步。左手勾手，右手推掌，动作要协调。（图 14-4-10）

8. 马步架掌

成马步时，右手立掌、左手抖腕亮掌，向右甩头要协调，同时完成。（图 14-4-11）

图 14-4-10 弓步击掌　　　　图 14-4-11　马步架掌

（三）第二段

1. 虚步栽拳

成虚步时，挺胸，立腰，右实左虚，虚实分明。（图 14-4-12）

2. 提膝穿掌

支撑腿与右臂充分伸直。（图 14-4-13）

图 14-4-12　虚步栽拳　　　　图 14-4-13　提膝穿掌

3. 仆步穿掌

左手低、右手高，两臂伸直，上体向左侧倾。（图 14-4-14）

4. 虚步挑掌

上步要快，虚步要稳。（图 14-4-15）

图 14-4-14 仆步穿掌　　　　图 14-4-15　虚步挑掌

5. 马步击掌

右手做捋手时，先使臂稍内旋、腕伸直，手掌向下、向外转，接着臂外旋，掌心经下向上翻转，同时右手抓握成拳。收拳和击掌动作要同时进行。（图 14-4-16）

图 14-4-16　马步击掌

6. 插步双摆掌

两臂要画立圆，幅度要大，摆掌与后插步协调。（图 14-4-17）

7. 弓步击掌

左脚撤步成右弓步，与右手勾手、左手推掌要同时完成。（图 14-4-18）

图 14-4-17　插步双摆掌　　　　图 14-4-18　弓步击掌

8. 转身踢腿马步盘肘

两臂抡动时，要画立圆，动作连贯。盘肘时，要快速有力，右肩前顺。（图 14-4-19）

图 14-4-19　转身踢腿马步盘肘

（四）第三段

1. 歇步抡砸拳

抡臂动作要连贯完成，两臂画立圆。成歇步时，两腿交叉全蹲，左腿的大腿与小腿靠紧，臀部贴于左腿小腿外侧，左腿膝关节在右腿小腿外侧，左脚脚跟提起；右脚脚尖外撇，全脚掌着地。（图 14-4-20）

图 14-4-20　歇步抡砸拳

2. 仆步亮掌

仆步时，左腿充分伸直，脚尖里扣，右腿全蹲，两脚全脚掌着地。挺胸，沉腰，上体稍左转。（图 14-4-21）

图 14-4-21 仆步亮掌

3. 弓步劈拳

左右脚上步稍带弧形。（图 14-4-22）

图 14-4-22 弓步劈拳

4. 换跳步弓步冲拳

换跳步动作要连贯、协调。震脚时，右腿要弯曲，右脚全脚掌着地，左脚离地不要过高。（图 14-4-23）

图 14-4-23 换跳步弓步冲拳

5. 马步冲掌

身体重心在两腿之间，成马步。右拳收到腰侧，左拳向左冲出，拳眼向上。目视左方。（图 14-4-24）

6. 弓步下冲拳

右腿蹬直，成左弓步；左拳变掌向下经体前向上架于头部左上方，掌心向上；右拳自腰间向左前斜下方冲出。目视右拳。（图 14-4-25）

图 14-4-24 马步冲掌   图 14-4-25 弓步下冲拳

7. 插步亮掌侧踹腿

插步时，上体微向右倾斜，腿、臂的动作要协调。侧踹高度不能低于腰，左腿大腿内旋，着力点在脚跟。（图 14-4-26）

图 14-4-26　插步亮掌侧踹腿

8. 虚步挑拳

成虚步时，身体重心落于左脚上。左拳拳心向上，右拳拳眼斜向上，拳约与肩同高。目视右拳。（图 14-4-27）

图 14-4-27　虚步挑拳

（五）第四段

1. 弓步顶肘

交换步跳起不要过高，但要快。两臂抡摆画圆弧。（图 14-4-28）

图 14-4-28　弓步顶肘

2. 转身左拍脚

右掌拍脚时，手掌稍横，拍脚要准而响亮。（图 14-4-29）

图 14-4-29 转身左拍脚

3. 右拍脚

左掌拍脚时，手掌稍横，拍脚要准而响亮。（图 14-4-30）

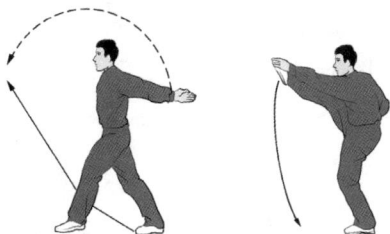

图 14-4-30 右拍脚

4. 腾空飞脚

蹬地后，身体要向上腾起，不要太向前冲。拍脚要在腾空时完成，右臂伸直成水平，同时左腿屈膝于体前并尽量上提。（图 14-4-31）

图 14-4-31 腾空飞脚

5. 歇步下冲拳

右掌抓握动作要快速，歇步与左冲拳的动作要协调。（图 14-4-32）

图 14-4-32 歇步下冲拳

6. 仆步抡劈拳

抡臂时，要画立圆。（图 14-4-33）

图 14-4-33　仆步抡劈拳

7. 提膝挑掌

抡臂时，要画立圆。（图 14-4-34）

图 14-4-34　提膝挑掌

8. 提膝劈掌弓步冲拳

左搂手动作要快，右弓步与左冲拳的动作要协调。（图 14-4-35）

图 14-4-35　提膝劈掌弓步冲拳

（六）结束动作

1. 虚步亮掌

三个动作必须连贯，不能间断。成虚步时，身体重心落于右腿上，右腿大腿基本平行于地面；左腿微屈，脚尖虚点地。（图 14-4-36）

图 14-4-36　虚步亮掌

2. 并步对掌

并步后，挺胸、立腰。对拳、并步、甩头同时完成。（图 14-4-37）

图 14-4-37　并步对掌

3. 还原

两臂自然下垂，目视正前方。（图 14-4-38）

图 14-4-38　还原

推广民族传统体育

民族传统体育是中华传统文化的瑰宝，具有"铸魂育人"的积极作用。学习民族传统体育有助于大学生坚定文化自信，传承中华传统文化，担当使命，奋发有为。文化兴，则国运兴；文化强，则民族强。

第五节　健身气功

五禽戏

一、五禽戏

（一）手型介绍

手型如图 14-5-1 至图 14-5-5 所示。

图14-5-1　虎爪　　　　图14-5-2　鹿指　　　　图14-5-3　熊掌

图14-5-4　猿勾　　　　图14-5-5　鸟翅

（二）动作说明

1.预备式

预备式如图 14-5-6 所示。

图 14-5-6　预备式

2.第一戏

第一戏（虎戏）如图 14-5-7 和图 14-5-8 所示。

图14-5-7　第一式　虎举

图14-5-8　第二式　虎扑

3. 第二戏

第二戏（鹿戏）如图14-5-9和图14-5-10所示。

图14-5-9　第一式　鹿抵

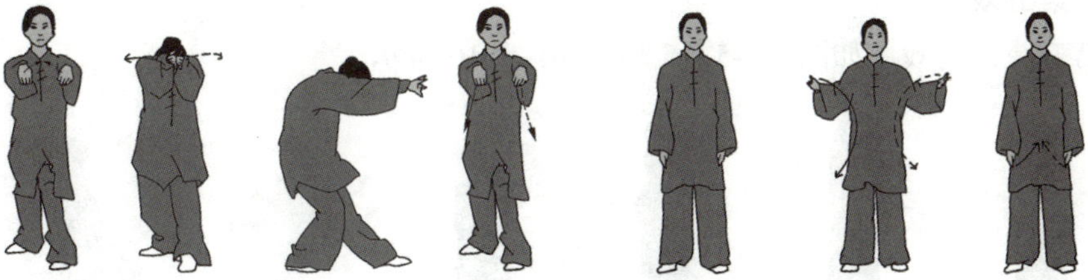

图14-5-10　第二式　鹿奔

4. 第三戏

第三戏（熊戏）如图14-5-11和图14-5-12所示。

图 14-5-11　第一式　熊运

图 14-5-12　第二式　熊晃

5. 第四戏

第四戏（猿戏）如图 14-5-13 和图 14-5-14 所示。

图 14-5-13　第一式　猿提

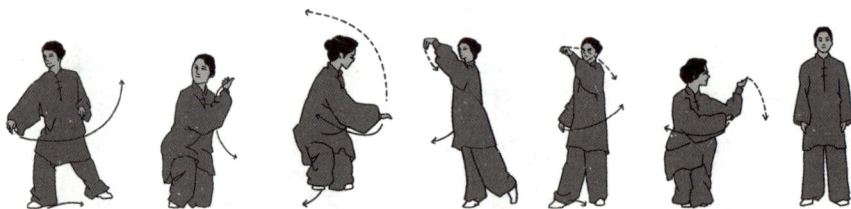

图 14-5-14　第二式　猿摘

6. 第五戏

第五戏（鸟戏）如图 14-5-15 和图 14-5-16 所示。

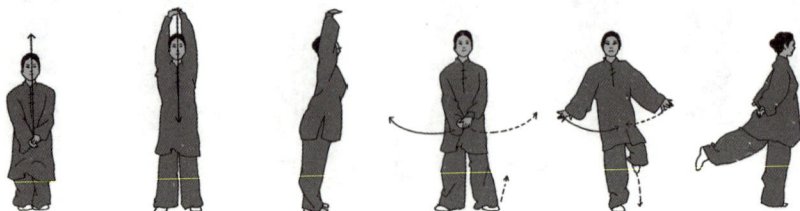

图 14-5-15　第一式　鸟伸

图 14-5-16 第二式 鸟飞

7.收势

收势如图 14-5-17 所示。

图 14-5-17 收势

二、八段锦

八段锦如图 14-5-18 至图 14-5-27 所示。

图 14-5-18 预备式

八段锦

图 14-5-19　第一式　两手托天理三焦

图 14-5-20　第二式　左右开弓似射雕

图 14-5-21　第三式　调理脾胃须单举

图 14-5-22　第四式　五劳七伤往后瞧

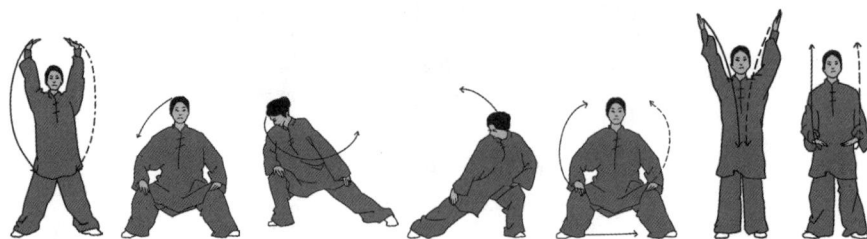

图 14-5-23　第五式　摇头摆尾去心火

图 14-5-24 第六式 两手攀足固肾腰

图 14-5-25 第七式 攒拳怒目增气力

图 14-5-26 第八式 背后七颠百病消

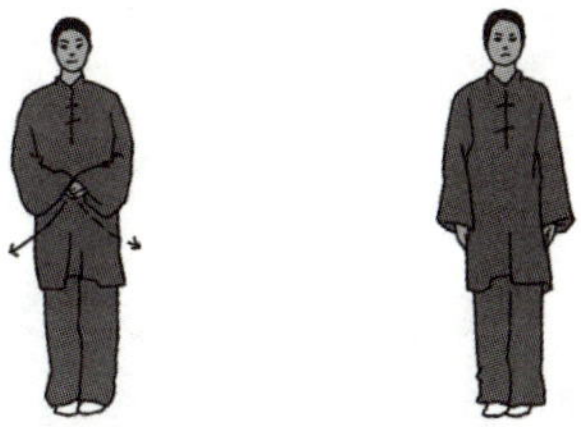

图 14-5-27 收势

📖 体育思政课堂

　　学习武术和健身气功，大学生不仅可以强身健体，还可以树立文化自信和民族自豪感，培养尊敬师长、讲礼貌、遵规则、守信用、见义勇为等优秀道德品质，磨炼意志品质，培养爱国主义情怀和团结协作精神。

💡 **思考与探究**

1. 试述五步拳的动作名称，并演练一套完整的五步拳套路。

2. 试述24式简化太极拳的动作名称，并演练一套完整的24式简化太极拳套路。

3. 试述初级长拳（第三路）的动作名称，并演练一套完整的初级长拳（第三路）套路。

4. 五禽戏的手型有哪些？

5. 试述八段锦的动作名称。

6. 结合自己的学练经历，谈一谈对中华优秀传统体育文化的深切体会。

第十五章 民族民间传统体育

本章导读

我国民族民间传统体育历史悠久，具有十分鲜明的特点和丰富多彩的形式，是中华文明的一个有机组成部分，是中华民族宝贵的文化遗产。许多优秀的民族民间传统体育项目不仅具有很高的健身价值和艺术价值，还具有丰富的娱乐、教育功能。

学习目标

1. 掌握一种跳绳技术。
2. 掌握板鞋竞速、踢毽球、跳竹竿的动作方法。
3. 加强对中华传统体育文化的认同感。

第一节　跳绳

一、跳绳概述

（一）跳绳的起源

跳绳在中国已有数千年的历史。唐代称跳绳为"透索"，宋代称"跳索"，明代称"跳白索"，清朝称"绳飞"，清末以后才称"跳绳"。跳绳原属于庭院类游戏，后发展成民间竞技运动。明代《帝京景物略》记载："二童子引索略地，如白光轮，一童子跳光中，曰跳白索。"这句话的意思是两个童子摇绳配合得很熟练，把长绳摇得犹如一轮白色光轮，在中间跳绳的孩童就好像在光轮中跳跃。这句话非常形象地将两人摇长绳、一人在中间跳绳的情景描述了出来。

（二）跳绳的锻炼价值

1. 生理方面

（1）跳绳可以锻炼多处脏器。跳绳能增强心血管系统、呼吸系统和神经系统的功能。研究证实，跳绳可以预防糖尿病、关节炎、肥胖症、骨质疏松症、高血压、肌肉萎缩、高脂血症等疾病。

（2）跳绳可以强化人体各器官的功能，尤其对改善肠胃功能、预防肠胃疾病有很好的作用。

（3）跳绳可以全面提高身体素质。跳绳看似简单，却是一种全身运动，可使上肢和下肢都得到锻炼，使力量素质、速度素质、灵敏素质、耐力素质等各项身体素质都得到提高。摇绳可练臂力，跳跃可练腰力，快摇快跳可练速度，多次连续跳可练耐力，花样跳绳、集体跳绳可练灵活性和协调性。因此，跳绳不仅是一种游戏，还是一种辅助训练的方法。

2. 心理方面

（1）跳绳有助于提高学生的注意力。注意力集中是学生有效学习的前提，注意力不够集中会影响学习效果。在花样跳绳中，学生往往要在每个动作的落地瞬间去判断下一个动作，这就需要注意力高度集中。经常进行跳绳练习，可以有效地提高学生集中注意力的能力。

（2）跳绳有助于培养人的合作意识和团队精神。在群体参与的跳绳运动中，学生既要知道自己该怎样跳才能成功，又要知道他人该怎样跳才能成功；不仅要自己跳成功，还要帮助、配合他人跳成功，知晓团队的整体目标。学生经常进行跳绳练习，可以培养团队精神和互助互爱、荣辱与共的集体主义精神。

二、跳绳基本技术

（一）握绳、摇绳与跳跃

1. 握绳

拇指与其余四指分开，握在绳把上，用力不可过大，手腕不宜过分紧张，以保证摇绳的灵活性。

2. 摇绳

（1）正摇：两手握绳把，两臂自然弯曲，将绳置于体后，手腕与臂部协调用力，将绳向上、向前抡起。当抡绳至头顶上方位置时，两臂不停顿，继续向下、向后抡绳，使绳绕身体周而复始地转动。开始时，以两肩为轴，两臂、两腕同时用力，手臂抡绳的动作幅度比较大。技术熟练后，手臂抡绳的动作幅度可逐渐减小，以两肘为轴，两前臂和两腕配合摇绳。技术十分熟练后，可仅以两腕的动作来摇绳。停绳时，在由后向前摇绳时，一脚向前伸，脚跟着地，脚尖抬起，将跳绳的中段停在脚掌下。

（2）反摇：将绳置于体前，两臂将绳由体前向上、向后摇动。当摇绳至脚下时，两臂不停顿；绳过脚后，两臂继续向上、向前摇绳，使绳绕身体周而复始地转动。

3. 跳跃

当绳摇至两脚下且刚触及地面时，两脚立即起跳。待绳通过脚下后，两脚便自然落地。两脚落地时，前脚掌先着地，避免全脚掌重重地砸落在地上。原因是前脚掌先着地可起到缓冲作用，避免膝关节、踝关节受伤，也可以避免大脑受到震荡。两脚跳起时，身体应自然放松，两腿稍屈。

（二）短绳跳

1. 单人跳

（1）双脚并跳。

双脚并跳如图 15-1-1 所示。

正面　　　　　　　　　　侧面

图 15-1-1　双脚并跳

准备：两手分别握绳把，将绳子置于身后，绳的中部约置于臀部与膝关节之间，上臂与前臂的夹角约为 120°。

开始：两腕同时用力并配合前臂发力，将绳由体后摇至体前。

当绳子触地时，两脚及时起跳；绳通过脚下后，两脚同时落地，两手继续摇绳。当绳从体后往体前摇转一周再次触地时，两脚及时跳起使绳通过。如此摇绳绕周身转一回环，以脚跳跃过绳一次为跳绳一次。

（2）双脚交替跳。

准备姿势与双脚并跳相同。跳绳时，左右脚轮流交替过绳。跳绳者好似在原地跑，两脚轮流蹬地跳。（图 15-1-2）

双脚交替跳

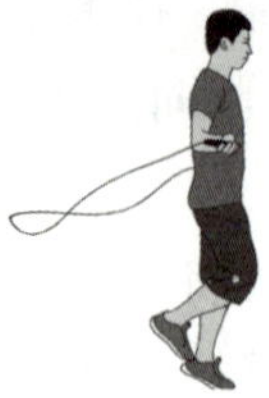

图 15-1-2 双脚交替跳

一步跑跳

（3）一步跑跳。

准备姿势与双脚并跳相同。开始跳之后，跳绳者像平时跑步一样向前跑，每跑一步就向前摇绳一圈并使绳从脚下通过。动作熟练后，跳绳者可进行快速跑、快速摇的练习。

固定交叉单摇跳

（4）固定交叉单摇跳。

固定交叉单摇跳俗称单凤花、编花跳。两臂向前摇绳，待绳遥至体前，两臂迅速在胸前交叉并固定，同时利用手腕的力量继续摇绳。（图 15-1-3）

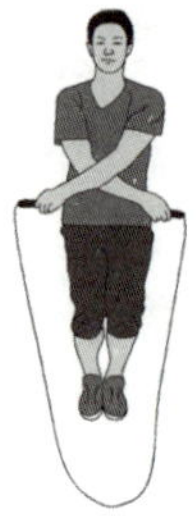

图 15-1-3 固定交叉单摇跳

交替交叉单摇跳

（5）交替交叉单摇跳。

交替交叉单摇跳俗称单摇龙花、活编花跳。正摇，两脚并跳。摇绳时，两臂稍分开；当绳摇至体前时，两臂迅速在体前交叉。待绳通过脚下后，两臂立即分开；当绳再次摇至体前时，两臂再交叉，依此连续跳。初学者可每隔一跳或几跳编花一次。（图 15-1-4）

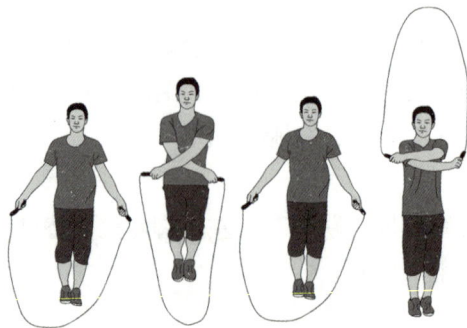

图 15-1-4 交替交叉单摇跳

（6）双脚轮换交替交叉单摇跳。

用双脚交替跳的方法进行交替交叉单摇跳。

2.带人跳

带人跳是指一人跳绳时，其他伙伴不用绳，而是随同带人者的节奏与带人者一同跳绳。跳绳时，带人者可一人带一人，也可一人带两人或多人一齐跳。带人跳时，虽然绳要稍长些，但带人跳仍属于短绳跳。

（1）一带一跳。

固定一带一跳：带人者将绳置于身后，被带者面对带人者而立，带人者摇绳；当绳摇到被带者脚下时，两人几乎同时起跳，先后过绳，连续如此跳绳。一般带人者身高稍高些，这样跳绳比较容易成功。

活上绳一带一跳：带人者先做正摇跳，被带者站在一旁观察带人者摇绳的节奏和时机；待带人者将绳摇至脚下并跳过之后，趁绳在其体后（前）的时机，被带者快速跑到带人者身前（后）；待绳摇至脚下时，两人齐跳过绳；绳过脚下数次后，被带者可从正在摇动的绳中跑出。

（2）一带二跳。

固定一带二跳：带人者前后各有一位被带者。开始跳绳前，带人者将绳置于站在其身后的被带者的身后，用正摇跳的方法，被带者随着带人者的节奏一齐跳绳。

活上绳一带二跳：带人者的前后各站一位被带者，带人者先自己做单摇跳，被带者观察带人者摇绳的节奏和时机。待带人者将绳摇至适当的位置时，两位被带者分别用正上绳和反上绳的方法同时快速跑到绳内，三人一齐连续跳。跳过数次后，被带者同时从正在摇动的绳中跑出。

（3）一带一钻绳洞跳。

一带一钻绳洞跳见右侧二维码。

（4）一带二钻绳洞跳。

一带二钻绳洞跳见右侧二维码。

（5）转带跳。

转带跳如图 15-1-5 所示。

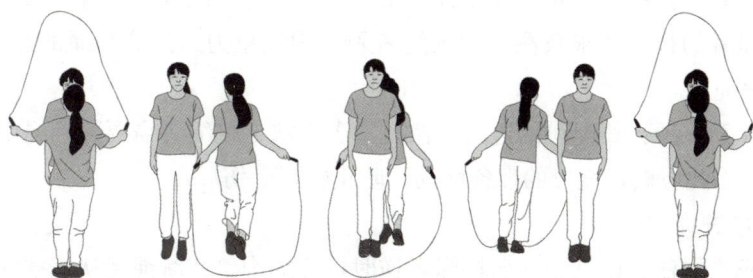

活上绳一带一跳

活上绳一带二跳

一带一钻绳洞跳

一带二钻绳洞跳

转带跳

图 15-1-5　转带跳

3.车轮跳

（1）基本车轮跳。

基本车轮跳如图 15-1-6 所示。

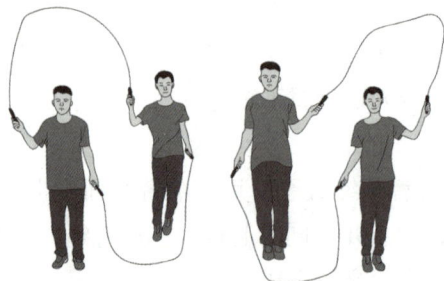

图 15-1-6　基本车轮跳

（2）换位半周车轮跳。

换位半周车轮跳如图 15-1-7 所示。

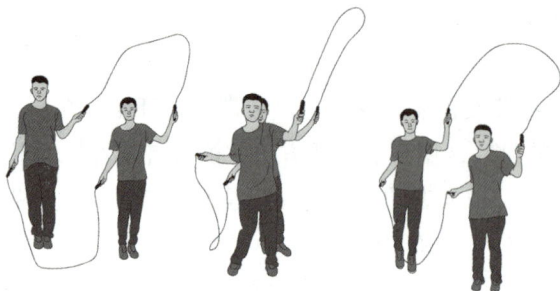

图 15-1-7　换位半周车轮跳

（三）长绳跳

1. 基本要求和注意事项

（1）基本要求：绳的长短依跳绳者的数量而定。摇绳者的身高要一致，动作要协调一致。在摇动的绳触及地面的一刹那，所有跳绳者必须同时起跳，使绳从脚下通过。

长绳跳是集体项目，要求跳绳者的动作协调统一，因此跳绳者要齐心协力。长绳跳对摇绳者的技术要求较高，即摇绳者须集中注意力，注意摇绳的速度、节奏，主动配合跳绳者。

（2）注意事项：长绳跳的进绳方法是活上绳法，跳绳者需要跨到绳中间，动作幅度较大，因此应做好充分的准备活动，防止脚踝受伤。

2. 基本进绳法

（1）正进绳法：以其中一名摇绳者逆时针摇绳为例，跳绳者从该摇绳者左侧进绳，即正进绳法。当绳触及地面后向远端上方飞起时，跳绳者跑步到绳中间；在绳从自己头上摇至再次触及地面的瞬间，跳绳者及时跳起过绳。

（2）反进绳法：以其中一名摇绳者逆时针摇绳为例，跳绳者从该摇绳者右侧进绳，即反进绳法。当摇绳至最高位置时，跳绳者跑进绳内；当摇绳至脚下时，跳绳者及时跳起过绳。采用反进绳法时，跳绳者就好像在追随摇动的绳子跑进一样。

3. 各种变换跳法

（1）长绳单人跳。

两名摇绳者持绳相对而立，跳绳者站在摇绳者的任意一侧做好进绳准备。当绳被摇到适当位置后，跳绳者进绳，并连续跳起过绳。

（2）依次进长绳集体跳。

所有跳绳者排队站在绳子一侧做好跳绳准备，摇绳者持绳站好。摇绳者将绳摇起时，所有跳绳者依次进绳，待全部进绳后再依次出绳。（图 15-1-8）

依次进长绳集体跳

图 15-1-8　依次进长绳集体跳

（3）平衡绳连续跳。

5 对摇绳者分别相对而立，将绳向同一方向摇（正摇或反摇）；跳绳者列队轮流连续跳过 5 条绳，再转身反进绳，连续跳过 5 条绳。摇绳者中间不允许摇空绳，跳绳者尽量不要在绳中间等待。

（4）跑"8"字跳。

两名摇绳者持绳相对站立，间距不小于 3.6 米。跳绳者贴近其中一名摇绳者的一侧站成一路纵队。开始跳时，跳绳者以"8"字路线以正进绳和反进绳（绕过另一名摇绳者，并从其一侧进绳）的方法进绳跳跃；首位跳绳者进绳后，后面的同伴紧随其依次进绳。跳绳者跑动的路线与摇绳者之间的连线夹角尽量要小。过绳的方法一般为两步进出法（一步进，一步出）。注意，步频要小，步幅要快，跳起高度要低，单脚落地，迅速出绳。

跑"8"字跳

（5）交替对摇绳连续跳。

交替对摇绳连续跳如图 15-1-9 所示。

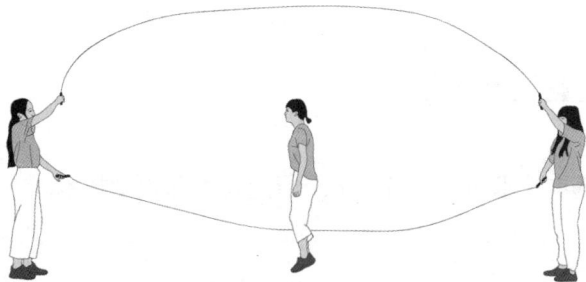

交替对摇绳连续跳

图 15-1-9　交替对摇绳连续跳

（6）长绳中跳短绳。

长绳中跳短绳如图 15-1-10 所示。

图 15-1-10　长绳中跳短绳

长绳中跳短绳

第二节　板鞋竞速

一、板鞋竞速概述

板鞋是广西壮族地区普遍使用的一种生活用具，即用两块木板制成的木板拖鞋，通常称为"木屐"。三人板鞋的起源年代无从考究，据说，明代时，倭寇侵扰我国沿海地区，壮族女英雄瓦氏夫人率兵出征江浙抗倭时，曾经以板鞋作为"秘密武器"，训练士兵之间的团结性及协作能力。她让三名士兵同穿一副长板鞋一起跑步，长期如此训练，士兵的身体素质大大提高，斗志昂扬，所向披靡，从而在战场上大败倭寇。后来，人们纷纷效仿瓦氏夫人的练兵方法，开展三人板鞋竞技活动，自娱自乐，相习成俗，流传至今。

板鞋竞速是由广西壮族自治区向全国少数民族传统体育运动会推出的竞技体育比赛项目，具有较强的民族性、对抗性、趣味性和观赏性。2005 年，国家民族事务委员会、国家体育总局批准将板鞋竞速项目列为全国少数民族传统体育运动会的正式比赛项目。

二、板鞋竞速基本技术

板鞋竞速的基本技术包括预备姿势、行走技术和跑动技术。

（一）预备姿势

两脚前后开立，与肩同宽，两眼平视前方，两手扶在同伴的肩上或腰部，做好踏步准备。（图 15-2-1）

图 15-2-1　预备姿势

（二）行走技术

1. 原地踏步—向前走—快速跑

【动作要领】当同伴都做好准备以后，为使步调整齐一致，可由一人或一起喊口令"一、二、一"或"左、右、左"并原地踏步，口令与步调要一致。熟练后，自然向前走（图 15-2-2），再慢慢过渡到自然跑、快速跑。

【易犯错误】口令与步调不一致，发力不统一。

【纠正方法】由一人或一起喊口令"一、二、一"或"左、右、左"并原地踏步，待口令与步调一致后再迈步前行。

2. 弯道走

【动作要领】弯道走时，运动员必须改变身体姿势及摆臂和脚蹬地的方向。向左进弯道时，身体应向左倾斜，右肩高于左肩；右臂摆动幅度大且稍向外，左臂摆动幅度小且靠近体侧；右脚前抬时内扣，后蹬时用前脚掌的内侧扣紧板鞋；左脚稍向外，以脚外侧用力；右脚步幅稍大于左脚步幅（图 15-2-3）。转弯后，身体逐渐过渡到正常姿势，快速向前走。

【易犯错误】左右臂摆动幅度相同，身体未向左倾斜。

【纠正方法】身体向左倾斜，右肩高于左肩；右臂摆动幅度大且稍向外，左臂摆动幅度小且靠近体侧；左脚稍向外，以脚外侧用力；右脚步幅稍大于左脚步幅。

图 15-2-2　向前走　　　　图 15-2-3　弯道走

（三）跑动技术

完整的跑动技术包括起跑、起跑后的加速跑、途中跑、弯道跑、终点跑五个部分。

1. 起跑

板鞋竞速的起跑分"各就位"和鸣枪两个环节。

【动作要领】"各就位"：当发令员发出"各就位"口令时，运动员将板鞋置于跑道起跑线后。运动员共同套好板鞋，两脚前后开立，间距与肩同宽，身体稍前倾，身体重心降低并稍前移，注意力集中，两眼平视前方。鸣枪：当听到发令枪响后，运动员后脚迅速向前上方提膝前迈，向前跑出。（图 15-2-4）

图 15-2-4　起跑

【易犯错误】三人发力不一致，导致起跑失败。

【纠正方法】强调注意力集中。

2. 起跑后的加速跑

起跑后的加速跑是指从向前迈出的板鞋着地，到进入途中跑之前的这一阶段。其任务是使运动员在较短时间内尽快达到最快速度，迅速转入途中跑。

【动作要领】起跑后向前迈出的第一步不宜过大，身体重心迅速前移，两臂积极摆动，身体保持协调、平衡，步长逐渐加大，步频逐渐加快。（图 15-2-5）

图 15-2-5　起跑后的加速跑

【易犯错误】起跑的第一步过大，身体抬起过快，造成跳窜。

【纠正方法】身体重心降低，步长逐渐加大，步频逐渐加快，两臂积极摆动，身体保持平衡。

3. 途中跑

途中跑是板鞋竞速全程跑中距离最长、速度最快的一段。其任务是使运动员继续保持高速跑。

起跑

起跑后的加速跑

途中跑

【动作要领】途中跑是一个不断重复的周期性技术。途中跑技术包括两腿动作、摆臂动作、头和身体姿势。因为在板鞋竞速中，三人须同穿一对板鞋共同完成动作，所以三人的动作要协调一致。但凡有一人动作不一致，所有人就会立刻失去平衡，从而导致脱板或摔倒。因此，三人要注意腿部动作与摆臂动作的协调配合。摆动腿应尽量高抬，支撑腿要用力后蹬；两臂积极摆动，配合腿部动作；尽量缩短腾空时间，减小身体重心的起伏幅度，使身体保持稳定。上体适当前倾。（图15-2-6）

图 15-2-6　途中跑

【注意事项】板鞋竞速运动的强度较大，后程的耐力是保持高速跑完全程的不可忽视的重要因素；保持稳定的步频和步长，避免后程因体力不足而失去对板鞋的控制，这一点也非常重要。

【易犯错误】三人动作不一致，从而失去对板鞋的控制。

【纠正方法】三人通过口令使腿部动作与摆臂动作协调配合。上体适当前倾，尽量缩短腾空时间，减小身体重心的起伏幅度，使身体保持稳定。

4. 弯道跑

【动作要领】向左跑进弯道时，身体应向左倾斜，右肩高于左肩；右臂摆动幅度大且稍向外，左臂摆动幅度小且靠近体侧；右脚前抬时内扣，后蹬时用前脚掌的内侧扣紧板鞋；左脚稍向外，以脚外侧用力；右脚步幅稍大于左脚步幅；转弯后，身体逐渐过渡到正常姿势，快速向前跑。（图15-2-7）

图 15-2-7　弯道跑

【易犯错误】左右臂摆动幅度相同，身体未向左倾斜。

【纠正方法】身体向左倾斜，右肩高于左肩；右臂摆动幅度大且稍向外，左臂摆动幅度小且靠近体侧；左脚稍向外，以脚外侧用力；右脚步幅稍大于左脚步幅。

5. 终点跑

终点跑的任务是使运动员尽量保持途中跑的高速度跑过终点，争取好名次。

【动作要领】运动员撞线时要注意控制好身体位置，以防跌倒；应基本保持途中跑的姿势，到达终点后应逐渐降低速度停下来，以保证自身安全。（图 15-2-8 ）

图 15-2-8　终点跑

【易犯错误】手臂横向摆动幅度过大，未能保持途中跑的高速度跑过终点；撞线时，身体前倾幅度过大，易跌倒。

【纠正方法】手臂前后摆动，保持途中跑的姿势。撞线时，注意控制好身体位置，以防跌倒。

三、板鞋竞速基本战术

由于板鞋竞速运动强度大，队员在比赛中同样也有体力分配的问题，加上比赛赛次较多，因此合理分配力量对于在各赛次获得好名次、好成绩十分重要。

在战术上，各队主要力争在每一赛次中取得好名次；一旦在小组赛中取得较好的比赛名次，就应养精蓄锐，为下一赛次做准备；在决赛时全力以赴，赛出自己的最好成绩。在具体比赛中，当运动员水平比较接近时，运动员应充分发挥自己的特长，采用以己之长克彼之短的战术，以取得决赛的胜利。

第三节　毽球

一、毽球概述

踢毽球又称踢毽子，起源于汉代，至今已有 2000 多年的历史。毽球运动是一项老少皆宜的健身运动，可以增强人的体质，提高人的免疫力。踢毽球时，抬腿、弹跳、屈身、转体等动作使身体的各部位都能得到很好的锻炼，能有效地提高腿部关节的柔韧性和身体的灵活性。此外，踢毽球还可使人的注意力更为集中，提高人的灵敏素质和反应能力，预防骨质疏松，刺激大脑皮质兴奋，发展智力等。

二、毽球基本技术

（一）发球技术

1. 脚背正面发球

面对球网，两脚前后自然开立，左脚在前。右手持球并将球向右脚前上方抛起，同时右腿向前摆动，伸膝、绷脚背，加速伸膝，击球过网。发球时，身体重心应顺势向前跟进，右脚脚背要绷紧、绷直，右腿以大腿带动小腿向前形成鞭打动作，在球离地面约 25 厘米处用脚背正面将球踢出。（图 15-3-1）

2. 脚内侧发球

面对球网，两脚自然开立，旋髋，送髋，用脚内侧踢球。摆动腿屈膝外展，使脚内侧正对踢球方向。在踢球环节，发球人须转动髋关节，使髋关节外旋，并向前上方送髋，用脚内侧将毽球踢出。（图 15-3-2）

3. 脚外侧发球

侧身对网，上步移动，摆动腿向外侧高抬，大腿带动小腿侧摆，脚背绷直，向内侧画弧线，然后用脚背外侧向正前方发力扫踢，将球踢出。（图 15-3-3）

脚背正面发球

脚内侧发球

图 15-3-1　脚背正面发球　　　图 15-3-2　脚内侧发球　　　图 15-3-3　脚外侧发球

（二）踢球技术

1. 脚背内侧踢球

摆动腿膝关节外展，大腿向外转动并稍有上摆，动作幅度不要过大；同侧髋关节和膝关节放松，小腿向上摆。踢毽球时，摆动脚踝关节发力，使脚放平，用脚背内侧部位踢球。脚背内侧踢球技术主要用于传接球。要想成为一名出色的毽球运动员，无论是一传手、二传手还是攻球手，都必须熟练、稳定地掌握脚背内侧踢球技术。（图 15-3-4）

2. 脚背外侧踢球

稍侧身，摆动腿向体侧甩踢小腿，勾脚尖，用脚背外侧踢球。要想获得较低的托球点，支撑腿应适当弯曲，身体重心应在支撑腿上。（图 15-3-5）

3. 脚背正面踢球

用脚背正面踢球时，注意绷脚尖和抖动踝关节发力击球。脚背正面踢球是难度较大的一种基本技术，要求动作不仅要快，还要有一定的准确度。抖动踝关节发力时，击球节奏过快或过慢都会影响踢球动作的完成质量。（图 15-3-6）

图 15-3-4 脚背内侧踢球　　　图 15-3-5 脚背外侧踢球　　　图 15-3-6 脚背正面踢球

（三）防守技术

1. 触防

触防是三名队员根据对方的攻球情况在前边单人拦网的同时，侧边两名防守队员判断对方扣球的路线，用膝关节以上的身体部位防守对方的攻球的一种技术。

2. 踢防

踢防是当对方将球攻击过网后，防守队员利用脚的各个部位将球击起，以便组织进攻的一种技术。踢防主要有内踢、外踢和挑踢。

（1）内踢：球的落点在身体前方，运动员快速移动到位，在向内侧横向摆动小腿的同时，脚踝向内侧端平，完成踢球动作。

（2）外踢：在腰和髋关节的带动下，向横向外侧或后外侧摆动小腿踢球。踢球时，脚侧面摆平，完成踢球动作。

（3）挑踢：看准来球，在踢球的瞬间，依靠髋关节、膝关节、踝关节的带动，抖动踝关节，上挑脚尖（上挑角度要适当），完成踢球动作。

3. 跑防

跑防是本方在对方的攻球落在本方较大的空当区域且球速又不是太快的情况下使用的一种跑动防守技术。跑防时，防守者首先要有必胜的信心，敢于去追任何一个有难度的球；其次要根据来球的具体情况，采用准确的防守技术起球。要想提高跑防效果，防守者就必须做到判断准确、起动迅速、跑动积极、起球稳重。防守技术的练习方法如下。

（1）两人一组，做互打防、拦球练习，计时或计数交换进行。

（2）三人一组，做一打二防练习，计时或计数交换进行。

（3）两人隔网做互打防、打拦练习，计时或计数交换进行。

（4）两人做互打多球练习，用单一防守技术防守不同的来球，反复进行。

（5）个人对墙或对网踢球，做防守起球练习。

（6）两人隔网做多攻与挡、防对抗练习。

4. 拦网

拦网主要有单人拦网和双人拦网两种。

（1）单人拦网。

面向球网，两脚平行开立，间距与肩同宽。两膝微屈，身体重心下降，自然收腹，上体稍前倾，两臂自然弯曲并置于体侧，目视来球，准备起跳。当对方攻球（倒勾、蹬踏）时，本方队员两脚用力蹬地起跳，两臂收拢并自然垂于体侧，提腰、收腹、挺胸堵击球。拦网后，身体自然下落，两脚以前脚掌先着地，两腿屈膝缓冲。（图15-3-7）

（2）双人拦网。

盯住对方的击球点，本方两人在网前以滑步选准位。起跳时机是重点，拦正挡侧是难点，将球拦落在对方场区。（图15-3-8）

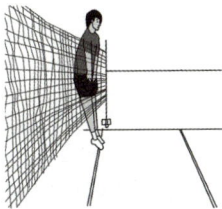

图 15-3-7　单人拦网　　　　　　图 15-3-8　双人拦网

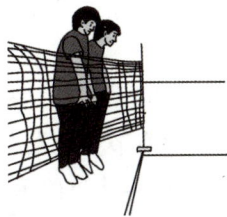

第四节　跳竹竿

一、跳竹竿概述

跳竹竿盛行于我国的黎族、畲族、京族、壮族、瑶族、苗族、佤族等民族群体中，其中最具代表性的是黎族的竹竿舞。

跳竹竿不受年龄、场地、人数等条件的限制。人们经常参加这项活动，可以达到强身健体的目的。跳竹竿比赛的形式很多，如表演赛、邀请赛、友谊赛、选拔赛、教学比赛等。比赛以集体协作为基础，参与者被分为打竿者和跳竿者。跳竿者可以是单人、双人、3人或6人及以上。

跳竹竿通过打竿者与跳竿者的默契配合，在以游戏的形式进行民族文化教育和传承的同时，可以提高学生的灵敏素质、协调素质等身体素质，增强学生的节奏感和韵律感，培养学生团结协作的精神。

二、跳竹竿基本技术

跳竹竿的基本技术分为打竿和跳竿两个部分。

（一）打竿

打竿队员在表演时分成两排，面对面平行地站（或蹲或坐）于粗竹竿的两端，相对的两人以同侧手分别持两根细竹竿的一端，队长或打竿队员之一用口令或哨子指挥，全体打竿队员整齐地按一定的节拍使竹竿相碰，发出铿锵清脆的响声。

1. 节拍

打竿节拍可分为 2 拍、3 拍、4 拍、7 拍等。

2. 方法

相对的两名打竿队员共持两根细竹竿，通过同时向下敲击地面上的粗竹竿及开合竹竿等动作，使竹竿有节奏地发出铿锵清脆的声音。

（1）平碰法：打竿队员两手各持两根细竹竿的一端，间距与肩同宽，有节奏地使两根竹竿在胸前敲击一次或两次。

（2）提敲法：打竿队员两手各持两根细竹竿的一端，在竹竿相合或分开之后，一手持细竹竿向下敲击粗竹竿，提敲的次数根据节奏而定。

3. 节奏

打竿队员运用各种打竿方法，使竹竿相碰发出各种不同的声音，从而打出不同的节奏。

（1）2 拍节奏：① 打竿队员两手持竿合敲 1 拍，然后分开向下敲 1 拍，依次重复进行；② 两手合敲可以是两根细竹竿互碰或两根细竹竿向下敲击粗竹竿；③ 分开向下敲击 1 拍后，左手再向下敲击 1 拍，同时右手抓竿上提 0.5 米。

（2）3 拍节奏：① 分开敲 2 拍，合敲 1 拍，依次重复进行；② 分开敲 1 拍，合敲 2 拍，依次重复进行；③ 分开敲 1 拍，上提合敲 2 拍，依次重复进行；④ 合敲 2 拍，分开上提 1 拍，依次重复进行。

（3）4 拍节奏：① 分开敲 2 拍，合敲 2 拍，依次重复进行；② 分开敲 3 拍，合敲 1 拍，依次重复进行，反之亦然；③ 合敲 1 拍，间或上提 1.5 米左右再碰击 1 拍，翻身携竿转体 2 拍，依次重复进行。

（4）7 拍节奏：① 第 1、第 3、第 5、第 6 拍分开敲，第 2、4、7 拍合敲，依次重复进行；② 第 1 拍分开下打，第 2 拍上提 0.5 米再合敲，第 3 拍分开敲，第 4 拍站起上提 1.5 米再合敲，第 5、第 6 拍翻身转体，第 7 拍在等高处合敲，依次重复进行。

4. 打竿姿势

（1）盘腿坐：打竿者两腿盘坐在地上，上体直立，两手握竹竿。

（2）单腿跪膝：打竿者单膝跪立在地上，上体直立，两手握竹竿。

（3）站立：打竿者两腿左右开立，上体正直，两手握竹竿。

（二）跳竿

跳竿者通过跳竿动作，再结合上肢动作，按不同的节奏在不断开合的细竹竿空隙中左跨右跳；时而腾空，时而停在细竹竿间；既不能踩竿，也不能被细竹竿夹住，否则表演失败。若要跳得轻松欢快，则跳竿者应以前脚掌着地为佳。

1. 2 拍跳法

（1）单腿跳进：左脚前跳1拍，右脚越竿前跳1拍。

（2）单腿进退：左脚前跳1拍，右脚越竿前跳1拍；左脚越竿前跳1拍，右脚越竿后跳1拍。

（3）转体180°跳进：左脚跳进1拍，右脚越竿跳进，同时左转180°；右脚跳进1拍，左脚越竿跳进，同时右转180°。

2. 3 拍跳法

（1）交换腿跳（以二合一开为例）：左脚跳进1拍，右脚原地跳1拍；左脚越竿跳进1拍，右脚越竿跳进1拍；左脚原地跳1拍，右脚越竿跳进1拍。

（2）单脚连跳（以一合二开为例）：左脚跳进1拍，右脚越竿跳进1拍，右脚原地再跳1拍。

（3）单双脚交换跳（以一合二开为例）：左脚跳进1拍，双脚越竿原地跳进1拍，双脚越竿原地跳1拍。

（4）分腿跳（以二合一开为例）：双脚跳进1拍，分腿原地跳1拍，左脚越竿跳进1拍。

3. 4 拍跳法

（1）踢腿跳：双脚跳进1拍，右腿原地踢腿跳1拍，双脚越竿跳进1拍，左腿原地踢腿跳1拍。

（2）脚跟点地跳：双脚跳进1拍，右脚原地跳1拍，同时右脚脚跟右前点地，上体右倾；双脚越竿跳进1拍，左脚原地跳1拍，同时左脚脚跟左前点地，上体左倾。

4. 7 拍跳法

以"开合—合开—开开合"为例：左脚跳进1拍，右脚越竿跳进1拍，左脚跳进1拍，右脚越竿后跳1拍，左脚原地跳1拍，同时右脚脚尖越竿点地收回，右脚越竿后跳1拍，右脚原地跳1拍。

跳竹竿的方法不止以上几种，还可设计出多种动作，再加上上肢的摆、绕、拨等动作，表演形式灵活多样。

5. 集体跳法

集体跳法是在个人动作基础上演变而来的，在动作上要求队员整齐一致。下面介绍几种集体跳的形式供参考。

（1）纵向排列式。

各队队员成一路纵队排好，然后队员从后台方向向前台方向一个接一个地整齐跳出，出竿亮相后转身在竿外排回队尾。（图 15-4-1）

（2）并排式。

队员以2人、3人、4人等形式手牵着手并排同时跳进。在跳的过程中，队员牵着的手可向前摆，也可举在头上左右摇摆。（图 15-4-2）

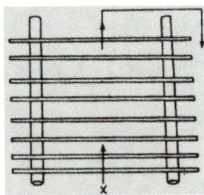

图 15-4-1　纵向排列式　　　　　　图 15-4-2　并排式

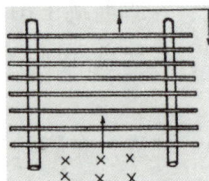

（3）双人变换式：以4拍（开开合合）节奏为例。两人面对面，两手相牵，侧对竹竿做好准备。

具体方法：① 内侧腿跳进的同时，两手牵着举起，此时外侧腿向前小幅度踢腿，头转向观众，为1拍；② 外侧腿落地跳的同时，两手牵着下压，内侧腿后踢，头低下；③ 内侧腿越竿跳进的同时，两手牵着上举，一名队员右（左）转90°，另一名队员方向不变；④ 外侧腿落地跳的同时，转体的队员继续右（左）转90°，另一名队员方向不变，两名队员成面对背的位置关系；⑤ 内侧腿越竿跳进的同时，转体队员左（右）转90°，另一名队员方向不变；⑥ 外侧腿落地跳的同时，转体队员继续左（右）转体90°，另一名队员方向不变，两名队员成面对面的位置关系；⑦～⑧的跳法同⑤～⑥。

第五节　射箭

一、射箭概述

射箭运动指借助弓的弹力将箭射出，在一定的距离内较量精准度的体育运动。

射箭运动的发展几乎伴随着人类历史的发展。早在远古的渔猎时代，奔跑、跳跃、攀登、射箭等就是人们必不可少的生存技能。射箭兼具礼仪性、军事性等多种功能于一体。周朝时，射箭就是官学的学生们必须掌握的"君子六艺"之一。从唐代开始，射箭技艺又被作为选拔、衡量才武兼备之士的重要标准之一。对于射箭之道，《礼记·射义》是这样描述的："故射者，进退周还必中礼，内志正，外体直，然后持弓矢审固；持弓矢审固，然后可以言中，此可以观德行矣。""射求正诸己，己正然后发，发而不中，则不怨胜己者，反求诸己而已矣。"射箭运动可以培养学生传承中华优秀传统文化礼仪，提高专注力，改善视力，增强上肢力量等。

二、射箭的基本技术

（一）站立

射箭时，两脚分跨在起射线上，两脚间距与肩同宽或稍宽于肩。站立姿势有以下三种：平行式（侧立式）、暴露式（开放式）和隐蔽式。运动员要找到最适合自己的站立姿势。

射箭完整动作

（二）搭箭

搭箭的方法多种多样，这里主要介绍以下两种方法：① 先将箭尾槽插入弓弦的箭巢部位，并将箭竿置于箭台上，然后把箭竿压入信号片下；② 先将箭竿压入信号片下，然后将箭竿置于箭台上，最后将箭尾槽插入弓弦的箭巢处。

注意：务必使主羽与瞄准窗右侧相垂直。

（三）推弓

推弓的位置在弓的中心点，推弓点及推弓手施加到这一点上的压力对撒放时弓的运动方向将产生巨大影响。推弓常见的手法有高推法、中推法、低推法。所有推弓手法的共同特点是用力点十分清晰，不该用力之处不用力；推弓的45°角摆得恰到好处；整个持弓臂用力十分流畅。

（四）勾弦

勾弦动作由食指、中指、无名指完成。拇指应自然弯曲指向掌心，小指可自然弯曲或自然伸直靠在无名指上，以防干扰勾弦动作。手腕要放松，并与手背连成一条直线。

（五）转头

保持身体姿势不变，头部自然转向靶面。在选择头部最佳位置时，运动员除要考虑自己的面部特点（如鼻梁高低、下颌长短等）外，还要注意：① 转头后眼睛自然平视箭靶；② 颈部肌肉要自然放松，否则会对背部和肩带肌肉用力产生不良影响。

（六）举弓

左手持弓，右手勾弦，头部自然转向靶面，眼睛平视前方。两臂举起，高度一般以使拉弓臂前臂在眼睛的水平线上为宜。弓与地面垂直，箭要水平并与拉弓臂的前臂连成一条直线，两肩自然下沉，调整呼吸，使准星对准黄色区域或黄色区域垂直线上方某一个固定的位置。举弓是开弓前的预备动作，其动作质量将影响后续动作。

（七）开弓

开弓是借助持弓臂的伸展和拉弓臂肩带（肩胛骨）内收的力量将弓拉开，持弓臂对准靶心直推，拉弓臂在持弓臂的延长线上直拉。开弓的具体方法：在开弓过程中，眼睛不要离开准星，以检查准星是否偏离黄色区域的垂直线或是否已接近黄色区域，以使弓弦到位的同时，准星也进入黄心区域。

（八）靠弦

弓弦应位于面部的稍外侧而不是下颌的正中间，此时弦正好通过鼻子的中间。如果弦的位置太偏右，远离鼻子的中间，弦在瞄准视窗范围内可见的直线位置就会偏向外侧（这将要求头部做补偿动作）。因此，当满弓时，弦轻靠在下颌侧面，有助于形成一条水平面上的"拉力线"，对做高质量的撒放动作有很大帮助。

（九）瞄准

运动员通过瞄准器的准星，使视线的焦点聚集在靶面上（黄色区域）。瞄准的要求：① 目光聚焦靶心，注意指向身体内部；② 眼睛看清靶心，但不苛求瞄准精度；③ 感到紧张时，可适当扩大瞄准区域。瞄准应在弓的平面上进行，但仅靠准星这一点并不能确定平面在空间的位置，可根据弓、弦的垂直位置来确定弓的平面。利用弓弦的瞄准可分为弦内瞄准（通过弓弦的右侧）和弦外瞄准（通过弓弦的左侧）两种，但不论采用哪种方法，都应在瞄准的全过程中保持姿势不变。

（十）继续用力

弓弦到位的同时，箭头也到达预期的准确位置，开弓动作即完成。这时拉弓用力必须完成两个转移，即由前向后转移和由外向内转移。这两个转移完成以后即进入继续用力阶段，这时的用力必须是对称的，基本形成了一种"内力"运动，从此刻开始，人们就无法再观察到弓弦的移动了。

（十一）撒放

推弓和拉弓所产生的两个相反的力要对称、协调，以勾弦点为中心左右均匀分开，持弓臂随箭射出的方向沿直线向前运动，勾弦手沿箭的延伸线正直向后运动，动作自然、协调、对称。

（十二）动作暂留

撒放与动作暂留是一个不可分割的整体。撒放后保持动作姿势很重要，这里的动作姿势不仅包括站位姿势，还包括身体结构、视觉、心理、呼吸等的暂留。动作暂留不是可有可无的，而是一个非常重要的技术环节，有利于射手较好地完成撒放动作，也有利射手继续用力。

（十三）收势

收势是指一支箭起射过程全部结束后，运动员将弓放下，使身体恢复到站立姿势的动作过程。在收势时，运动员可做两次深呼吸，全身放松，缓解在比赛过程中产生的紧张情绪。

📖 **体育思政课堂**

　　跳绳、板鞋竞速、毽球、跳竹竿等民族民间传统体育运动的发展，对增强民族自信心、增强民族传统体育文化认同感、增强民族归属感和民族凝聚力都具有积极的意义。大学生经常参加民族民间传统体育运动，不仅可以强身健体、磨炼意志，还可以提高综合素养，有利于继承和弘扬中华优秀传统文化。

《中华人民共和国体育法》第八条

💡 **思考与探究**

1. 简述跳长绳的基本要求和注意事项。
2. 简述板鞋竞速各环节的易犯错误和纠正方法。
3. 列举毽球的防守技术。
4. 结合自己的学练经历，体会跳竹竿中打竿和跳竿动作的节奏。
5. 简述射箭技术动作的先后顺序。
6. 结合自己的学练经历，谈一谈对中华优秀传统体育文化的深切体会。

第十六章 健美操

本章导读

　　健美操是一项集健美和健身于一体的运动，有着鲜明的节奏感和韵律感。健美操融体操、舞蹈、音乐为一体，以有氧练习为基础，有利于增强身体的协调性和灵活性，有益于身体健康。长期进行健美操运动，可以使人保持优美的形体，促进人的身心健康。

学习目标

1. 了解健美操的相关知识与竞赛规则。
2. 掌握健美操常用技术。
3. 增进健康，改善体态和精神状态。
4. 培养团队协作能力和集体主义精神。

第一节　了解健美操

一、健美操的诞生与发展

　　20世纪60年代初，是健美操的萌芽时期。20世纪80年代初，随着遍及全球的健身热和娱乐体育的发展，健美操风靡世界。在第26届世界大学生运动会上，中国队获得了混合双人操、有氧踏板、有氧舞蹈、集体操等4个单项冠军和团体冠军，夺得6枚金牌中的5枚，取得了历史性的突破。

二、认识设备及场地

（一）服装

运动员着装必须符合一名健美操运动员的项目特质。运动员着装应给人留下整洁、合体的总体印象。只有女运动员才能化妆，且必须是淡妆。禁止佩戴松散的、多余的配饰。禁止佩戴珠宝等首饰。

（二）赛台

赛台高 80 ～ 140 厘米，正后方立有背景板。赛台面积不得小于 14 米 × 14 米。

（三）比赛地板和比赛场地

比赛地板必须是 12 米 × 12 米，并清楚地标出成年组所有项目、年龄组部分项目 10 米 × 10 米比赛场地（少年组、国家预备组部分项目比赛场地为 7 米 × 7 米）。标记带是场地的一部分。

（四）裁判席

裁判组位于赛台正前方，视线裁判坐在赛台的斜对角，高级裁判组坐在裁判组后方的高台上。

三、健美操的分类

健美操的分类见表 16-1-1。

表 16-1-1　健美操的分类

分类			内容
健身健美操	徒手健美操	一般健美操	传统有氧健美操
		不同风格健美操	拉丁操、搏击操、街舞健身操
	表演性健美操	器械健美操	踏板操、哑铃操、橡皮筋操、健身球操
		特殊场地健美操	水中健美操、固定器械健美操
竞技健美操	自编竞技健美操		男子单人操、女子单人操、混合双人操、三人操、集体五人操
	规定竞技等级健美操		成年组、青少年组

第二节　跟我学健美操

一、健美操基本技术

（一）基本步法

1.无冲击力动作

两脚始终接触地面。（图16-2-1至图16-2-4）

图16-2-1　弹动　　图16-2-2　半蹲　　　　图16-2-3　弓步　　图16-2-4　提踵

2.低冲击力动作

（1）踏步类动作。

有一只脚始终接触地面。（图16-2-5至图16-2-9）

图16-2-5　踏步　　　图16-2-6　走步　　　　图16-2-7　一字步

图16-2-8　V字步 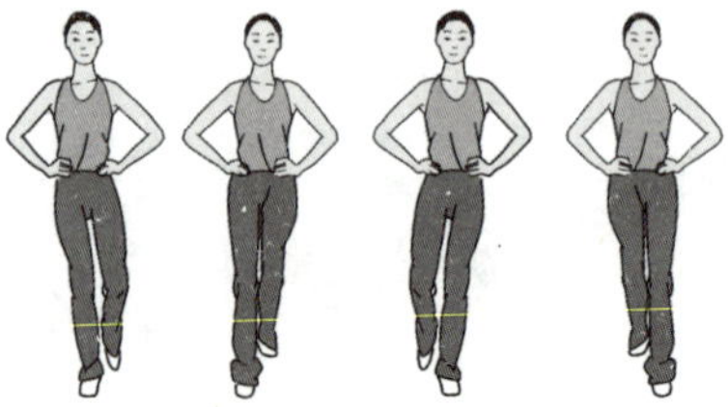　　　　　　图16-2-9　漫步

（2）点地类动作。

有一只脚始终接触地面。（图 16-2-10 至图 16-2-13）

图 16-2-10　脚尖前点地　　　　　图 16-2-11　脚跟前点地

图 16-2-12　脚尖侧点地　　　　　图 16-2-13　脚尖后点地

（3）迈步类动作。

有一只脚始终接触地面。（图 16-2-14 至图 16-2-19）

图 16-2-14　并步　　　　　　　图 16-2-15　迈步点地

图 16-2-16　迈步后屈腿　　　　　图 16-2-17　迈步吸腿

图 16-2-18　迈步弹踢　　　　　　图 16-2-19　侧交叉步

3.高冲击力动作

两脚同时离地，有腾空的动作。（图16-2-20至图16-2-32）

图16-2-20 并步跳　　图16-2-21 迈步吸腿跳　　图16-2-22 迈步后屈腿跳

图16-2-23 并腿纵跳　　　　图16-2-24 开合跳

图16-2-25 并腿滑雪跳　　图16-2-26 分腿半蹲跳　　图16-2-27 弓步跳

图16-2-28 吸腿跳　　图16-2-29 后屈腿跳　　图16-2-30 弹踢腿跳

图16-2-31 钟摆跳　　　　图16-2-32 后踢腿跑

（二）上肢基本动作

1. 自然摆动

手臂屈肘前后摆动，可以同时或依次摆动。（图 16-2-33）

2. 臂屈伸

上臂固定，肘屈伸。屈臂时，肱二头肌收缩；伸臂时，肱三头肌收缩。（图 16-2-34）

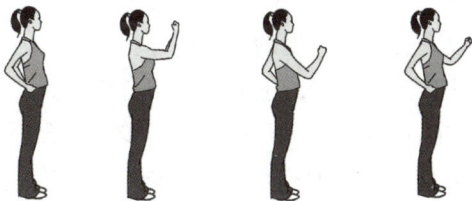

图 16-2-33　自然摆动　　　　　　　图 16-2-34　臂屈伸

3. 直臂上摆

臂由下摆至前平举或侧平举。（图 16-2-35）

4. 冲拳

手握拳由腰间冲至某位置。（图 16-2-36）

图 16-2-35　直臂上摆　　　　　　　图 16-2-36　冲拳

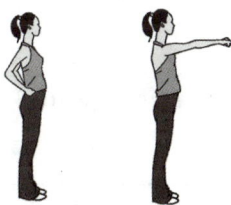

5. 屈臂提拉

臂由下摆至胸前平屈。（图 16-2-37）

6. 推

手掌由肩侧推至某位置。（图 16-2-38）

图 16-2-37　屈臂提拉　　　　　　　图 16-2-38　推

二、健美操基本动作的变化规律

健美操基本动作的变化规律有如下几点。

（1）改变身体的方向，如转体90°或180°的开合跳，不同方向的连续踏步或带转体的踏步等。

（2）改变出脚的方向，如前后弓步跳与左右弓步跳、V字步与A字步等。

（3）改变动作速度或强度，如节奏改变、不同高度的踢腿跳等。

（4）上下肢动作相互组合，如相同的步法与不同的上肢动作组合等。

（5）不同步法相互组合，如吸腿跳与踢腿跳组合、开合跳与弓步跳组合等。

（6）复合变化。例如，在改变身体方向的同时改变出脚的方向、在改变速度的同时改变方向等。

第三节 健美操分级训练

健美操分级训练见表16-3-1。

表 16-3-1 健美操分级训练

项目	初级	中级	高级
练习时间	30～40分钟	50～70分钟	70～90分钟
锻炼频率	3次/周	3或4次/周	3或4次/周
练习结构	热身—有氧—拉伸	热身—有氧—拉伸	热身—有氧—局部—拉伸
动作设计	以基本动作为主，1个动作组合（32拍组成）不超过4个动作，不同的动作组合不超过4组	低冲击力与高冲击力动作组成32拍组合，1个组合不超过6个动作，其中高冲击力的动作不要过多；增加一些个性化风格的动作，但不能过于复杂	动作更加多样化，方向路线更复杂，将高冲击力与低冲击力相结合的动作或以高冲击力为主的动作组成32拍组合，每个组合可超过6个动作
变化要素	可适当加入前后左右的移动路线和90°的方向变化	可适当加入L形、Z形等路线变化；转体的度数可增加至180°	在1个动作上同时添加多个变化要素
音乐速度	130～134拍/分为宜	134～148拍/分为宜	148～154拍/分为宜

第三套大众健美操
一级－完整套路

第三套大众健美操
二级－完整套路

第三套大众健美操
三级－完整套路

第四节　竞技健美操竞赛规则

一、总则简介

竞技健美操比赛规则总则简介见表 16-4-1。

表 16-4-1　竞技健美操比赛规则总则简介

规则项	内容
年龄	参加国际体操联合会成年组比赛的运动员，参赛当年必须年满 18 周岁
比赛项目	（1）竞技健美操：男子单人操、女子单人操、混合双人操、三人操、五人操。 （2）有氧舞蹈、有氧踏板
成套时间	男单/女单：1 分 20 秒（±5 秒）。混双/三人/五人/有氧舞蹈/有氧踏板：1 分 25 秒（±5 秒）
成套内容	成套动作必须把下列内容与音乐结合起来：操化动作、过渡动作/连接动作、难度动作/技巧动作、动力性配合/团队协作（混双/三人/五人/有氧舞蹈/有氧踏板）
音乐	（1）成套动作必须在音乐配合下完整地表演出来。 （2）任何适于健美操运动的音乐风格均可使用
裁判组的组成	（1）高级裁判组由国际体操联合会技术委员会主席与成员构成。 （2）世界锦标赛和世界运动会裁判组有 6 名艺术裁判、6 名完成裁判、2 名难度裁判、2 名视线裁判、1 名计时裁判、1 名裁判长，共计 18 人

二、部分评分标准

竞技健美操的部分评分标准见表 16-4-2。

表 16-4-2 竞技健美操的部分评分标准

裁判	评分标准
艺术裁判	音乐（最高 2 分）、操化内容（最高 2 分）、主体内容（最高 2 分）、成套艺术性（最高 2 分）、艺术表现（最高 2 分）

裁判	评分标准
完成裁判	（1）小错误（每次减 0.1 分）：轻微偏离完美的完成。 （2）中错误（每次减 0.3 分）：明显偏离完美的完成。 （3）大错误（每次减 0.5 分）：错误技术/触地/1 次。 （4）摔倒/多次触地（每次减 1.0 分）：无控制的掉落或摔倒在地上/多次触地
难度裁判	（1）记录成套动作（所有难度动作/技巧动作）。 （2）根据规则计算难度动作数量和难度连接的使用情况并给予加分。 （3）进行难度减分
视线裁判	（1）身体任何部分接触到标志带以外的场地将被减分。 （2）肢体在空中出界将不被减分。 （3）运动员出界时，视线裁判举红旗示意

三、比赛程序与计分方法

竞技健美操的比赛程序与计分方法见表 16-4-3。

表 16-4-3　竞技健美操的比赛程序与计分方法

项目	细则
比赛程序	比赛分为预赛和决赛两种，凡参赛队均须参加预赛。所有项目排名前八的运动员/队参加决赛
计分方法	如果在预赛或决赛中任何位置出现名次并列，将根据以下标准进行排名：完成分的最高总分、艺术分的最高总分、难度分的最高总分。如果分数依然相同，则名次并列

📖 **体育思政课堂**

大学生在练习健美操的过程中可以感受到团队精神与规则意识，有利于陶冶情操、美化心灵，提升气质和修养，从而提高个人的艺术修养和培养良好的思想品德，真正做到"我运动，我健康，我快乐"。

💡 **思考与探究**

1. 简述健美操的分类。
2. 健美操的基本步法有哪些？
3. 结合自己的学练经历，谈一谈健美操对改善精神状态方面所起到的作用。

第十七章

健美运动

本章导读

健美运动与人的形体美密切相关，是形体美的基础。对称的造型、均衡的比例、流畅的线条、强健的骨骼、匀称的四肢、丰满的躯体、坚实的肌肉、健康的肤色，是人体形体美不可缺少的条件。进行健美运动是人们塑造健美体型的重要手段和途径。

学习目标

1. 了解健美运动的相关知识和竞赛规则。
2. 掌握健美运动基本锻炼方法。
3. 增强力量、塑造形体，提高自我认同感。
4. 树立健康的生活理念，培养做事持之以恒、不轻言放弃的优良品质。

第一节　了解健美运动

一、近代健美运动的兴起

健美运动是 19 世纪末在欧洲兴起的，由德国的尤金·山道首创，他于 1901 年 9 月在英国组织了世界上第 1 次健美比赛。尤金·山道对健美运动的发展起到了很大的推动作用，被人称为"健美运动的鼻祖"。第二次世界大战结束后，加拿大人韦德兄弟创建了国际健美联合会。1969 年，国际健美联合会加入国际单项体育联合会总会。

随着运动健身理念的深入人心，近年来，健美运动在我国受到越来越多的关注。同时，我国出现了多位优秀的健美运动员，如 2017 年奥林匹亚先生大赛第 14

名获得者吴龙、2017 年阿诺德传统赛业余组女子形体 167 厘米以下级冠军和全场冠军牟丛等。

二、健美运动员的着装

（1）男运动员必须穿规定式样的比赛三角裤。

（2）女运动员必须穿单色不耀眼的、能完全显露出腹部和背部肌肉的分体式比基尼赛服。赛服不能带有花纹图案、商标和任何附加的装饰品，也不能带有金银闪色。

（3）运动员的号码牌须牢固地挂在或缝在比赛裤的左前侧。

（4）运动员在比赛中不准穿鞋、袜，不准戴手表、戒指、手镯、脚镯、项链、耳环、假发等装饰品；不准吃糖和吸烟；身上不准贴胶布或裹绷带；身上不准有人工刺花。女运动员的头发披下时不能超过肩部。

第二节　塑造健美体型

一、肌肉锻炼方法

（一）腿部肌肉锻炼法

1. 负重深蹲

在动作过程中，始终抬头、挺胸、紧腰，使杠铃垂直上下。（图 17-2-1）

2. 跨举

下蹲和起立时，腰背要挺直，两臂伸直，不得屈臂和耸肩。（图 17-2-2）

负重深蹲

图 17-2-1　负重深蹲

图 17-2-2　跨举

3. 俯卧腿弯举

做俯卧腿弯举时，腹部要始终紧贴凳面，臀部不能翘起，意念集中在股二头肌上。（图17-2-3）

4. 站姿腿弯举

动作不可太快，待股二头肌极力收缩后，稍停，再缓缓放下，意念始终集中在股二头肌上。（图17-2-4）

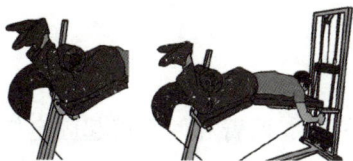

图 17-2-3　俯卧腿弯举　　　　　图 17-2-4　站姿腿弯举

5. 站姿提踵

做动作时，身体重心要保持稳定，下降时，脚跟要低于垫木面。（图17-2-5）

6. 坐姿提踵

杠铃横杠的位置要正对脚跟，脚跟下降时，要低于垫木面。（图17-2-6）

站姿提踵

图 17-2-5　站姿提踵　　　　　图 17-2-6　坐姿提踵

（二）胸部肌肉锻炼法

1. 杠铃平卧推举

要求上推路线垂直于地面。（图17-2-7）

2. 仰卧飞鸟

肩、肘、腕始终在同一垂直面内。（图17-2-8）

杠铃平卧推举

仰卧飞鸟

图 17-2-7　杠铃平卧推举

图 17-2-8　仰卧飞鸟

（三）背部肌肉锻炼法

1. 直立耸肩

在动作过程中，两臂不得发力上提杠铃，两臂和两手仅起固定杠铃的作用，耸肩时，不得弯腰、弯背。（图 17-2-9）

2. 单杠引体向上

在动作过程中，身体不能摆动，向上拉时不能借用蹬腿的力量。（图 17-2-10）

图 17-2-9　直立耸肩

图 17-2-10　单杠引体向上

（四）肩部肌肉锻炼法

1. 颈前推举

上体保持正直，不得借助腰腿力量。（图 17-2-11）

2. 颈后推举

两肘始终保持外展，两臂向上推杠铃。（图 17-2-12）

图 17-2-11　颈前推举

图 17-2-12　颈后推举

（五）臂部肌肉锻炼法

1. 上臂肌群的锻炼方法

（1）杠铃弯举。

弯臂时，上体切忌前后摆动，意念集中在肱肌、肱二头肌上。（图 17-2-13）

（2）反握引体向上。

在上拉过程中，不得借助腰腹的振摆来做动作。（图 17-2-14）

图 17-2-13　杠铃弯举　　　　　图 17-2-14　反握引体向上

2. 前臂肌群的锻炼方法

下面以反握腕弯举为例介绍前臂肌群的锻炼方法。

手腕屈曲时，要尽量收缩前臂肌。（图 17-2-15）

图 17-2-15　反握腕弯举

（六）腹部肌肉锻炼法

1. 单杠悬垂举腿

不得借助身体摆动的助力，意念集中在下腹部。（图 17-2-16）

2. 仰卧起坐

上体前屈时，动作要慢，不得后仰助力，意念集中在腹直肌上。（图 17-2-17）

仰卧起坐

图 17-2-16　单杠悬垂举腿

图 17-2-17　仰卧起坐

二、健美训练法则

（一）超负荷训练法则

运动员对某一负荷基本适应后，须适时、适量地增大负荷，使自身身体所能承受的负荷超过之前的负荷，这样运动能力才能不断增强。

【要求】增加训练相关变项的负荷及次数；不断调整运动强度、训练次数、训练组数。

（二）渐进训练法则

身体适应能力随着渐增的负荷而增强，肌肉所表现出的抗负荷能力也随之增强。

【要求】逐渐增加训练强度、训练次数、训练组数。

（三）强化恢复训练法则

运动员应采用各种科学的恢复手段和方法，尽快消除运动员机体的疲劳，以产生最大的超量恢复效果。

【要求】积极性恢复与消极性恢复相结合、即刻恢复与滞后恢复相结合、针对性恢复与综合性恢复相结合。

（四）极点训练法则

刻意保持肌肉的收缩，使动作在维持肌肉收缩的位置保持 1～2 秒的静止状态。

【要求】使肌肉充分收缩，肌肉保持紧张工作的状态。

（五）金字塔训练法则

金字塔训练法则，即先用自己一次能举起的最大重量的 60% 做 15 次，随后增加负荷重量（试举重量），减少练习次数（试举次数），直到能用自己能举起的最大重量的 80% 做 5 或 6 次为止。

【要求】变换负荷重量与练习次数，加深肌肉的刺激深度。

（六）集中训练法则

集中训练原则指进行某部位肌肉训练时，选择几个动作进行练习，使肌肉达到"饱满""发胀"的状态。

【要求】从不同的方位、角度，以不同的动作路线和用力方式进行间歇性的集中刺激。

第三节　健美竞赛规则

一、比赛分组

健美比赛分组规则见表 17-3-1。

表 17-3-1　健美比赛分组规则

分组标准	内容
按性别分组	健美竞赛按性别可分为男子个人、女子个人、男女混合双人，还可增设男子集体造型和女子双人的表演赛
按年龄分组	健美按年龄可分为少年组[18～19周岁（以生日为准）]、青年组（21周岁以下）、成年组（21周岁以上）、元老组（男子40周岁以上，女子35周岁以上）

二、体重分级

健美比赛体重分级见表 17-3-2。

表 17-3-2　健美比赛体重分级

组别	体重分级内容
男子成年组	（1）羽量级：体重在 60 千克以下（含 60 千克）。 （2）雏量级：体重在 60.01 ～ 65 千克。 （3）轻量级：体重在 65.01 ～ 70 千克。 （4）轻中量级：体重在 70.01 ～ 75 千克。 （5）次中量级：体重在 75.01 ～ 80 千克。 （6）中量级：体重在 80.01 ～ 85 千克。 （7）轻重量级：体重在 85.01 ～ 90 千克。 （8）重量级：体重在 90 千克以上
女子成年组	（1）羽量级：体重在 46 千克以下（含 46 千克）。 （2）雏量级：体重在 46.01 ～ 49 千克。 （3）轻量级：体重在 49.01 ～ 52 千克。 （4）次中量级：体重在 52.01 ～ 55 千克。 （5）中量级：体重在 55.01 ～ 58 千克。 （6）重量级：体重在 58 千克以上
男女混合双人和元老组	不分体重级别

三、比赛时间

规定动作的竞赛时间一般控制在 60 秒左右。

自选动作的竞赛时间规定男子个人为 60 秒，女子个人为 90 秒，男女混双为 120 秒。

四、计分方法及名次评定

健美竞赛计分方法及名次评定见表 17-3-3。

表 17-3-3　健美竞赛计分方法及名次评定

规则项	内容
预赛（淘汰赛）的评选方法	预赛采取不评分方法，只根据规定人数挑选
复赛（半决赛）的评分方法	经两轮复赛，并通过"比较"评分评出每个参赛运动员的名次分、把他（她）们中间最好的排为第 1（即"1"分），次于第 1 的列为第 2（即"2"分），一直排到最后一位

续表

规则项	内容
决赛的评分方法	裁判员根据预赛和复赛两个赛程的综合观察结果，对参加决赛的 6 名运动员，分别评出 1 ～ 6 名的名次分。计算方法同复赛
决赛的总分计算方法	把参赛运动员的复赛得分和决赛得分相加即为该运动员的决赛总分。分值小者名次列前

📖 **体育思政课堂**

　　美育既是审美教育、情操教育、心灵教育，也是丰富想象力和培养创新意识的教育，能提升审美素养、陶冶情操、温润心灵、激发创新创造活力。健美运动能使大学生的肌肉变得发达、结实、健硕、匀称、有力；有利于塑造健美的形体，从而提升大学生的自信心，培养正确的审美素养。

💡 **思考与探究**

　　1. 根据教师给出的器械训练视频，讲解动作规格和技术要领。

　　2. 结合自己的学练经历，谈一谈顽强的意志品质在健美锻炼中的作用。

第十八章 体育舞蹈

本章导读

　　体育舞蹈是一项相对较新兴的体育运动项目，是体育与舞蹈的结合，具有运动与艺术的双重性。同时，它又是人们交流思想、抒发情感、相互沟通的一种重要形式。体育舞蹈给观赏者以美的享受、美的体验，可以进一步提升其审美情趣和艺术修养。

学习目标

　　1. 了解体育舞蹈的相关知识。
　　2. 掌握部分体育舞蹈的基本步法。
　　3. 提高耐力、灵敏性等身体素质和心理健康水平。
　　4. 提高合作意识和审美能力，丰富精神文化生活。

第一节　了解体育舞蹈

一、体育舞蹈的诞生及发展

　　早期，欧洲一些国家将一些民间舞蹈加以提炼和规范，形成了流行于宫廷的宫廷舞。后来，宫廷舞也进入了平民社会，成为流传广泛的社交舞，又称交谊舞，具有了健身、社交和娱乐的性质。1904 年，英国皇家舞蹈教师协会在英国成立，其对交谊舞的各种舞姿、舞步、跳法等进行规范、整理和加工，制定了交谊舞的理论、技巧、音乐、服装等统一标准，并将"国际标准舞"的命名公布于世。国际标准舞即为体育舞蹈。20 世纪 50 年代，英国皇家舞蹈教师协会又将拉丁舞纳入体育舞蹈的范畴。从此，体育舞蹈就有了标准舞和拉丁舞两大系列，共有 10 种舞。1992 年，体育舞蹈被列为奥运会表演项目。2010 年，在广州亚运会中，体育舞蹈成为亚运会正式比赛项目。

二、认识场地和着装

（一）比赛场地

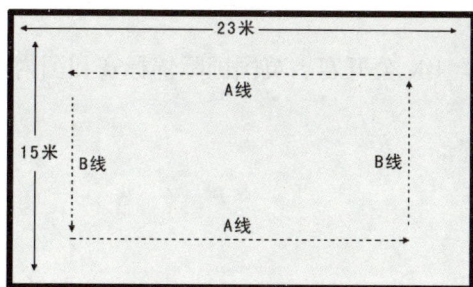

图 18-1-1　比赛场地

体育舞蹈比赛场地设在室内。场地为长方形，边线长 23 米，端线长 15 米。（图 18-1-1）

（二）运动员着装

比赛服装规定：标准舞男选手穿燕尾服，女选手穿不超过脚踝的长裙；拉丁舞服装具有一定的拉丁美洲风格，男女选手服装必须搭配协调，男选手穿紧身裤或萝卜裤，女选手穿露背短裙；专业选手背后号码布为黑底白字，业余选手背后号码布为白底黑字。

男选手的发型可选择分头，前不掩耳，后不过领，不能留长发、长须；女选手为短发或长发盘髻，可加头饰，不可披长发。

三、角度和方位

（一）角度

角度，即用度数加以表示的脚或身体转动的幅度大小。角度通常以 45° 为一个增减单位。（图 18-1-2）

（二）方位

方位指一个舞步开始或结束时，脚或身体所面对或背对的方向。方位用于指示舞步运行的方向。（图 18-1-3）

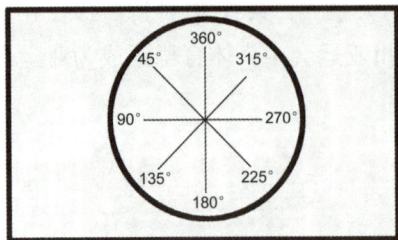

图 18-1-2 角度

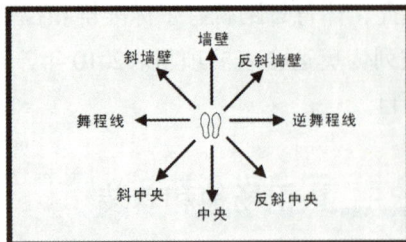

图 18-1-3 方位

四、著名赛事介绍

著名体育舞蹈赛事

著名体育舞蹈赛事包括英国黑池舞蹈节、UK 公开赛、英国国际锦标赛和国内体育舞蹈赛事。

第二节　跟我学华尔兹

一、抱握姿势及体位

（一）闭式舞姿

男士抱握姿势：左手与女士右手手掌相对互握，虎口向上，前臂与上臂的夹角约为 130°；右手五指并拢，置于女士左侧肩胛骨下端，右臂前臂与女士左臂上臂、右臂上臂与女士左臂前臂轻轻接触。[图 18-2-1(a)]

女士抱握姿势：右手与男士左手手掌相对互握，左手置于男士右肩三角肌处。[图 18-2-1(b)]

(a)   (b)

图 18-2-1　闭式舞姿

（二）半开式舞姿

在闭式舞姿的基础上，男女舞伴上身均向外展开大半部分，面向前方，目视相握的手，但男士右侧髋部与女士左侧髋部同闭式舞姿一样，仍轻轻接触。（图18-2-2）

图 18-2-2　半开式舞姿

二、基本舞步

（一）前直步

两腿松膝，降低身体重心，右脚支撑，左脚前出。（图18-2-3）

图 18-2-3　前直步

（二）后直步

两腿松膝，降低身体重心，右腿支撑，左腿后出。（图18-2-4）

图 18-2-4　后直步

（三）左转前三步

两腿松膝，降低身体重心，右腿支撑，反身，左腿前出。（图18-2-5）

图 18-2-5　左转前三步

（四）右转前三步

两腿松膝，降低身体重心，左腿支撑，反身，右腿前出。（图 18-2-6）

图 18-2-6　右转前三步

（五）左转后三步

两腿松膝，降低身体重心，左腿支撑，反身，右腿后出。（图 18-2-7）

图 18-2-7　左转后三步

（六）右旋转步

男士：两腿松膝，降低身体重心，右腿支撑，反身，左腿后出。女士：两腿松膝，降低身体重心，左腿支撑，反身，右腿前出。（图 18-2-8）

图 18-2-8　右旋转步

（七）后插步

男士：两腿松膝，降低身体重心，右腿支撑，左腿前出。女士：两腿松膝，降低身体重心，左腿支撑，右腿后出。（图18-2-9）

图 18-2-9 后插步

第三节 跟我学恰恰恰

校园恰恰恰
完整示范

校园恰恰恰
动作分解

一、基本动作介绍

（一）时间步

时间步有三步，跳这三步时，要把第一步、第二步跳得紧凑些，因为这两步各只占1/2拍，第三步占1拍，做法是一脚伸膝发力，另一脚向侧方跨出。（图18-3-1）

图 18-3-1 时间步

（二）向后锁步

直立，两臂微屈侧平举，一腿伸膝发力，另一腿向后退一步。（图18-3-2）

图 18-3-2　向后锁步

（三）追步

开立姿势。右脚向左侧横出半步，右腿屈膝，半掌；左脚并右脚，左腿屈膝，半掌，右脚脚跟放下；左脚蹬地，右脚向侧跨一步。（图 18-3-3）

图 18-3-3　追步

二、步法组合

恰恰恰舞曲节奏为 $\frac{4}{4}$ 拍，音乐速度为 31 小节每分左右，基本节奏为二、三、四、一。二拍、三拍为单步，一拍走一步，四拍、一拍为恰恰步，两拍走三步。恰恰恰富于乐趣，节奏轻快，动作活泼。舞动中应强调身体重心下沉，胯部动作与伦巴相同，但要有力度，准确把握节奏，这样才能表现出恰恰恰的舞蹈风格。

恰恰恰步法组合如图 18-3-4 所示。

图 18-3-4　恰恰恰步法组合

图 18-3-4 恰恰恰步法组合（续）

图 18-3-4　恰恰恰步法组合（续）

体育思政课堂

　　体育舞蹈是一项双人或多人配合的活动，需要舞伴之间各自分工，相互配合，在任务完成的过程中，学生能深刻体会到成员之间相互协作、团结互助的情感，从而提升学生的集体荣誉感，培养学生的团结协作精神；体育舞蹈强调团结协作，同时也需要竞争，通过引入竞赛机制，营造竞赛氛围，可以让学生形成竞争意识，促进其技能训练，增强规则意识。

思考与探究

　　1. 华尔兹的抱握姿势是怎样的？

　　2. 简述恰恰恰的步法组合。

　　3. 根据教师给出的体育舞蹈比赛视频，评价选手的技术水平。

第十九章
形体训练

本章导读

　　形体训练是一个优美、高雅的健身项目。通过舒展优美的基础形体练习，人们可塑造优美的体态，培养高雅的气质，纠正不正确的姿态。形体训练适合的人群非常广泛，尤其受到广大女性朋友的喜爱。

学习目标

　　1. 了解形体训练的相关知识。
　　2. 掌握基础形体训练的方法。
　　3. 掌握常见身体发展不平衡问题的矫正方法。
　　4. 塑造健康体格、健美姿态，提高气质、审美能力和心理素质。
　　5. 培养优良的意志品质。

第一节　了解形体训练

一、形体训练概述

　　形体训练起源于芭蕾舞、体操等的基本功训练。形体训练的内容有基本站立姿势、手位、脚位、扶把等一系列基本功的练习。

　　练习者通过形体训练，可以练就良好的形体姿态。人的形象美需要人的外在表现与内在修养的和谐统一。形体训练利用了芭蕾舞、体操等的动作，不仅可以塑造人体的优雅姿态，还可以使训练者接受艺术熏陶，有助于培养练习者的优雅气质和高雅风度，使人的精神和形体之美达到统一。

二、衡量形体美的基本标准

（一）坐姿标准

上体正直；两肩自然下垂，高度相同；颈部挺直，微前倾；两膝自然弯曲，大腿保持水平，两脚脚掌均匀着地。

（二）站姿标准

名词解析

> 形体美在内容上包含外表美和内在美。外表美主要是指由生理解剖特点所造就的身体之美，包含了人的整体指数合理和人体各部位之间的比例关系恰当；内在美是借助形体将人的思想、气质、情操、风度等深层次的本质的东西表现出来，是一种高素质的展示。

上体正直，挺胸收腹；两肩平行于地面，稍向后展开；两臂自然下垂，平抬头；颈部挺直，微前倾；两膝伸直，两脚脚掌均匀着地。

（三）行姿标准

一腿自然弯曲，向正前方抬起，落脚要正，膝关节伸直；后腿绷直，前脚掌蹬地使身体重心前移；两臂前后摆动；上体动作同站姿标准。

第二节　塑造优雅形体

一、基础形体训练

（一）形体美感基市训练

1.站立姿势的基本练习

（1）站姿。

气上提，肩下沉，臀部肌肉收紧。颈部要向上用力，挺胸，收腹，立腰，眼睛

平视。（图 19-2-1）

（2）立姿。

两脚脚跟尽量提高，膝关节伸直。身体重心要稳，身体不能前后晃动。颈部伸直，收腹，立腰。（图 19-2-2）

图 19-2-1　站姿 　　　　　　图 19-2-2 立姿

2. 手位练习

手位练习如图 19-2-3 所示。

一位　　二位　　三位　　四位　　五位　　六位　　七位

图 19-2-3　手位练习

一位：两臂于体前成弧形，两手相距一个拳头，掌心向内，指尖相对。

二位：两臂前举至横膈膜的位置，手臂成弧形，掌心向内，指尖相对。

三位：两臂成弧形上举至头上方，稍抬下颌，掌心向下，指尖相对。

四位：两臂成弧形，一臂保持在三位位置，掌心向下；另一臂由三位下落至二位，掌心向内。

五位：一臂仍保持在三位位置，掌心向下；另一臂由二位向侧打开至侧平举，掌心向前。

六位：侧平举的手臂不动，另一臂由三位下落至二位。

七位：两臂成弧形侧平举，掌心向前。

3. 脚位练习

脚位练习如图 19-2-4 所示。

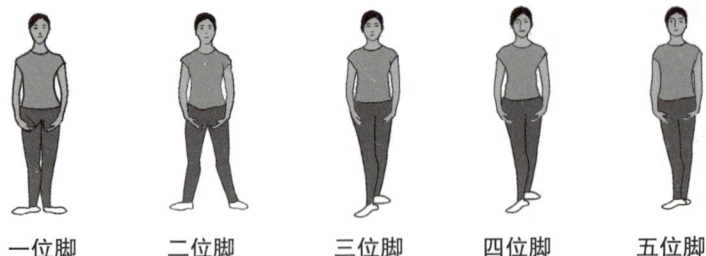

一位脚　　　二位脚　　　三位脚　　　四位脚　　　五位脚

图 19-2-4　脚位练习

一位脚：脚跟并拢，两脚脚尖均向外打开 90°，两脚成一条直线。

二位脚：在一位脚的基础上，一脚向旁移出，两脚保持在一条直线上，两脚脚跟左右相距约一脚的距离。

三位脚：两脚外开，一脚脚跟紧贴另一脚内侧中间。

四位脚：两脚由三位脚前后分开，两脚前后相距约一脚的距离，一脚脚跟与另一脚脚尖前后成一条线。

五位脚：两脚外开，平行相叠，一脚脚跟紧贴另一脚脚尖。

（二）扶把基本训练

1. 蹲

（1）两膝保持外开，两腿均匀向下半蹲，脚跟不离地面，随后以脚踝和膝关节的力量将身体均匀推起，使身体恢复直立。（图 19-2-5 和图 19-2-6）

（2）做全蹲时，脚跟缓慢地略微抬起，两腿继续下蹲，随着脚跟徐徐着地，身体缓缓起立，恢复直立。（图 19-2-7 和图 19-2-8）

扶把练习——蹲

扶把练习——
一位擦地

扶把练习——
五位擦地

图 19-2-5　预备姿势　　图 19-2-6　半蹲　　图 19-2-7　全蹲　　图 19-2-8　收

2. 擦地

（1）预备姿势为一位脚或五位脚（图 19-2-9 和图 19-2-10），主力腿直立，动力腿向前、向侧或向后擦出（图 19-2-11 至图 19-2-13），动力腿要用力伸直，髋部要正。

（2）擦地与收回时，均以脚尖带动脚掌，脚尖始终不离地面，同时身体保持正确的姿势。

图 19-2-9　一位脚　　　图 19-2-10　五位脚　　　图 19-2-11　前擦地

图 19-2-12　侧擦地　　　图 19-2-13　后擦地

3. 画半圆

预备姿势为一位脚（图 19-2-14）。主力腿保持固定不动，动力腿以脚跟向前顶的力量带动小腿绷脚向前、向侧或向后画半圆。（图 19-2-15 至图 19-2-17）

图 19-2-14　一位脚　　　图 19-2-15　向前画半圆

图 19-2-16　向侧画半圆　　　图 19-2-17　向后画半圆

4. 屈伸

预备姿势为一位脚（图 19-2-18）。动力腿回收，先做巴塞吸腿，再向前、向侧或向后将腿伸直（图 19-2-19 至图 19-2-22），略停片刻后缓缓落下，经点地收回至一位脚。

图 19-2-18　一位脚　　　图 19-2-19　巴塞吸腿　　　图 19-2-20　前屈伸

图 19-2-21　侧屈伸　　　图 19-2-22　后屈伸

5. 吸腿弹腿

预备姿势为一位脚（图 19-2-23）。动力腿借助小腿的力量向外打，做吸腿动作（图 19-2-24），然后向前或向侧弹腿（图 19-2-25 和图 19-2-26）。弹腿时，动力腿扑打主力腿脚踝。

图 19-2-23　一位脚　图 19-2-24　吸腿　图 19-2-25　向前弹腿　图 19-2-26　向侧弹腿

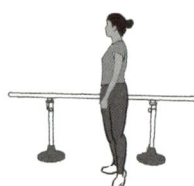

6. 小踢腿、大踢腿

（1）小踢腿。

预备姿势为一位脚（图 19-2-27）。动力腿经擦地绷脚向前、向侧或向后踢出（图 19-2-28 至图 19-2-30），瞬间停住；脚落下时，脚尖先触地，擦地收回。

扶把练习——
小踢腿

图 19-2-27　一位脚　图 19-2-28　向前小踢腿　图 19-2-29　向侧小踢腿　图 19-2-30　向后小踢腿

（2）大踢腿。

预备姿势为一位脚（图 19-2-31）。动力腿向前、向侧或向后踢起至两腿成 90°以上夹角（图 19-2-32 至图 19-2-34）；脚下落时，脚尖先点地，迅速恢复至原位。

图 19-2-31　一位脚　　　图 19-2-32　向前大踢腿

图 19-2-33　向侧大踢腿　　　图 19-2-34　向后大踢腿

7. 压腿

（1）将一侧脚踝置于把杆上，保持抬头、立腰、立背、髋正，两腿伸直（图 19-2-35 至图 19-2-37）。

（2）压腿时，两腿都要尽量伸直。

图 19-2-35　压正腿　　　图 19-2-36　压侧腿　　　图 19-2-37　压后腿

8. 下腰

预备姿势为一位脚（图 19-2-38）。下腰时，肩、胸、腰依次向体前、体后或体侧屈（图 19-2-39 至图 19-2-41），头颈要自然。起立时，腰、胸、肩依次抬起。

扶把练习——
压正腿

扶把练习——
压侧腿

扶把练习——
压后腿

图 19-2-38　一位脚　　图 19-2-39　体前屈　　图 19-2-40　体后屈　　图 19-2-41　体侧屈

二、常见身体发展不平衡问题的矫正方法

常见身体发展不平衡问题的矫正方法见表 19-2-1。

表 19-2-1　常见身体发展不平衡问题的矫正方法

问题	矫正方法
两肩高低不一	（1）上身直立，两脚开立，间距与肩同宽，两手持哑铃垂于体侧，然后吸气，同时两臂做侧上举，放下还原时呼气。 （2）两脚开立，与肩同宽，偏低一侧手持哑铃做单侧耸肩，另一侧手叉腰，意念集中。 （3）两脚开立，偏低一侧手臂做哑铃正推举，意念要集中
溜肩	（1）侧平举：两脚开立，两臂下垂，两手握拳，拳眼向前，或者手持重物，然后两臂侧平举，保持手臂与肩平。 （2）俯卧撑：要求俯撑时肘外展，并保持两肘与肩在同一水平线上。 （3）屈臂提肘：两腿开立，两手于体侧持哑铃或其他重物，然后上体前屈，两臂屈肘上拉至上臂与地面平行，肘外展，保持几秒再还原
驼背	（1）爬行运动：两手和两脚脚尖着地，像婴儿一样在地上爬行。距离由短到长，速度由慢到快。 （2）太极拳：要求以腰为轴带动四肢，腰部始终保持自然舒适的竖直状态，这对驼背有很好的矫正作用。 （3）挺胸转体：自然站立，两手叉腰，抬头挺胸，身体先向左转，后向右转，反复做。 （4）仰卧拱桥：仰卧在床上，以头和脚为支撑点，身体像桥一样拱起来
脊柱侧弯	（1）两脚开立，两腿伸直，一手叉腰，一臂侧上举，向叉腰一侧做体侧屈运动。 （2）手扶肋木体侧屈：身体侧对肋木站立，用胸椎侧凸面方向的手扶肋木，另一手上举，向肋木做体侧屈运动。练习时，必须抬头、挺胸、收腹，上体不能前倾。 （3）两手握杠或肋木悬垂：两手距离约与肩同宽，两臂伸直，肩关节用力向上拉，使头位升高，然后肩关节放松下沉

续表

问题	矫正方法
X形腿	（1）坐于地面，左腿于体前伸直，右腿屈膝外展，右脚脚掌贴于左腿的膝关节内侧，左手扶右脚脚跟，右手扶右膝内侧，用力将右膝向下压，压到最大限度，再慢慢放开还原。 （2）坐在椅子上，两臂后撑，两踝处夹紧一件软的物体，脚跟着地，脚尽量前伸，控制几秒，还原放松。 （3）坐于地面，两臂于身后支撑，用橡皮圈套住两脚脚踝，两腿伸直抬起，两脚用力向左右处开，动作要慢，然后还原
八字脚	（1）平时走路和跑步，随时注意检查自己的膝盖和脚尖是否正对前方或在一条直线上，也可以画一条直线，来回练习。 （2）两脚交换用脚内侧连续向上盘踢毽子，或者用脚外侧拐踢毽子。矫正外八字脚用两脚外侧踢，矫正内八字脚用两脚内侧踢

📖 **体育思政课堂**

　　系统的形体训练，可以帮助参与者塑造良好的形体，使参与者的举止得体，坐、立、行落落大方，展现蓬勃向上的青春活力和积极向上的精神面貌。大学生参加形体训练，能够改善体型，提升气质，增强自信心，改善精神面貌，有利于以强大的精神力量助力全民健身。

💡 **思考与探究**

　　1.简述形体训练的基本坐姿、站姿和行姿。

　　2.简述形体训练的手位练习和脚位练习。

　　3.经过形体训练之后，自己的身体姿态、审美能力和心理素质有哪些提升？

第二十章

跆拳道

本章导读

　　跆拳道是现代奥运会的正式比赛项目之一，是一项使用手脚进行格斗和对抗的运动。人们进行跆拳道学习和训练，不仅可以掌握最基本的运动技术技能，还可以学习和了解跆拳道运动中的礼仪，培养武道精神。

学习目标

1. 了解跆拳道的相关知识和竞赛规则。
2. 掌握跆拳道的基本技术。
3. 强身健体，培养过硬的心理素质。
4. 培养勇于挑战、顽强拼搏、吃苦耐劳的意志品质。

第一节　了解跆拳道

一、跆拳道概述

　　跆拳道起源于朝鲜半岛，是一种手脚并用的传统搏击格斗术，以其变幻莫测、优美潇洒的腿法著称于世。同时，跆拳道也是一项紧张激烈、惊险刺激的以腿法对抗为主要形式的现代竞技运动，更是一种强健体魄、磨炼意志品质的高尚武道文化。1992 年，中国跆拳道协会筹备小组成立，这标志着中国跆拳道运动的正式开始。在 2016 年里约热内卢奥运会上，中国选手赵帅、郑姝音获得两枚跆拳道金牌。在 2020 年东京奥运会上，中国选手赵帅获得跆拳道男子 68 公斤级铜牌。

二、认识装备及场地

（一）跆拳道装备

（1）道服。

（2）腰带：黑带、红带、蓝带、绿带、黄带、白带。

（3）护具：头盔、护甲、护臂、护脚、拳套、护阴及护裆、护齿。

（4）踢靶：防御靶、速度靶、龟形靶、四方靶。

（二）比赛场地

（1）比赛场地应为平整、无障碍物的场地，由竞赛区域与安全区域构成。竞赛场地（竞赛区和安全区）应不小于 10 米 × 10 米，不大于 12 米 × 12 米。

（2）比赛场地应铺设有弹性的防滑垫。必要时，比赛场地可根据实际需要置于高出地面 0.6 ～ 1 米的平台上。为保证运动员的安全，边界线外缘部分应以低于 30° 的坡度向下倾斜。

三、级别与段位

跆拳道有着严格的技术水平等级制度和晋级升段考核要求。跆拳道练习者的水平，以"级""品""段"来划分。

腰带的颜色代表着练习者的水平。从低到高依次为白带（10 级）、白黄带（9 级）、黄带（8 级）、黄绿带（7 级）、绿带（6 级）、绿蓝带（5 级）、蓝带（4 级）、蓝红带（3 级）、红带（2 级）、红黑带（1 级或一品、二品、三品）、黑带（一段至九段）。

四、著名赛事介绍

著名跆拳道赛事包括奥运会跆拳道比赛、世界跆拳道锦标赛和跆拳道世界杯赛。

著名跆拳道赛事

第二节　跟我学跆拳道

一、跆拳道基本技术

（一）跆拳道的实战姿势和基本步型步法

1. 标准实战姿势

两脚前后开立，左脚在前，右脚在后，两脚间距与肩同宽，前脚脚尖向右转45°，后脚脚跟抬起，膝关节微屈。上身向右转45°，两手握拳，头部正直，目视正前方。（图20-2-1）

图 20-2-1　标准实战姿势

2. 跆拳道的基本步型

（1）并步：两脚并拢，身体直立，两脚内侧贴紧并拢。（图20-2-2）

（2）开立步：亦称自然站立。（图20-2-3）

（3）准备势：两脚分开，与肩同宽，两脚脚尖微外展，两手握拳抱于腹前，拳面相对，拳心向内。（图20-2-4）

（4）马步：亦称骑马式站立，两脚左右开立，略宽于肩，挺胸立腰，上体正直。（图20-2-5）

（5）侧马步：亦称半月立，以马步站法为基础。（图20-2-6）

（6）弓步：亦称前屈立步，两脚前后开立，相距约一步半的距离。（图20-2-7）

图 20-2-2　并步　　　图 20-2-3　开立步　　　图 20-2-4　准备势

图 20-2-5　马步　　　　图 20-2-6　侧马步　　　　图 20-2-7　弓步

（7）前行步：亦称高前屈立，两脚前后开立，姿势和平时向前走路时相似。（图 20-2-8）

（8）三七步：亦称后屈立，两脚前后相距一步，后脚脚尖外展约 90°，两膝微屈。（图 20-2-9）

（9）虚步：亦称猫足立，身体姿势和三七步相似，只是前脚脚尖点地，脚跟提起。（图 20-2-10）

（10）独立步：亦称鹤立步，一腿直膝站立，脚尖外展约 90°；另一腿屈膝上提。（图 20-2-11）

（11）交叉步：亦称交叉立。（图 20-2-12）

图 20-2-8　前行步　　　图 20-2-9　三七步　　　图 20-2-10　虚步

图 20-2-11　独立步　　　图 20-2-12　交叉步

3. 跆拳道的基本步法及其技术要领

跆拳道的基本步法及其技术要领见表 20-2-1。

表 20-2-1　跆拳道的基本步法及其技术要领

基本步法	技术要领
前进步	（1）由标准实战姿势开始，两脚成斜马步，两手握拳置于胸前。 （2）前进时，后脚蹬地向前迈步，身体侧转成另一侧斜马步，可连续进行。 （3）前滑步和前跃步都属于前进步，是主动进攻时采用的步法
后退步	由标准实战姿势开始，前脚掌用力蹬地，后脚先退后一步，前脚随即后退，两脚及身体仍保持原来的姿势
后撤步	由标准实战姿势开始，以后脚前脚掌为轴，前脚抬起，经后脚内侧向后撤一步，形成和原来相反的实战姿势
侧移步	由标准实战姿势开始，两脚前脚掌同时向左侧或右侧蹬地、移动，离开原来的位置
跳换步	由标准实战姿势开始，两脚同时蹬地使身体腾空，空中两脚前后交换，同时转体；落地时，身体姿势成另一侧的准备姿势
弧形步	由标准实战姿势开始，前脚的前脚掌原地蹍地面，后脚同时向左（右）蹬地后向右（左）跨移一脚，成为和原来的准备姿势不同方向的准备姿势
前（后）垫步	由标准实战姿势开始，后（前）脚向前（后）脚并拢的同时，前（后）脚蹬地向前（后）迈（退）步，仍成原来的实战姿势
前冲步	由标准实战姿势开始，后脚向前迈进一步，身体姿势同时转正，随即前脚向前冲一步，仍成原来的实战姿势

（二）跆拳道的腿法

前踢

（1）前踢：由左势实战姿势开始，右脚向后蹬地，右腿顺势屈膝提起，左脚以前脚掌为轴外旋约90°，右腿迅速伸膝向前上踢击。（图 20-2-13）

（2）横踢：由左势实战姿势开始，右脚蹬地，身体重心移至左脚，右腿屈膝上提，左脚以前脚掌为轴外旋180°，右小腿快速向右前横踢。（图 20-2-14）

图 20-2-13　前踢　　　　　　　图 20-2-14　横踢

（3）后踢：由左势实战姿势开始，左脚以前脚掌为轴内旋约90°，上身随之旋转，身体重心移到左脚，右腿屈膝收腿，直线踢出，身体重心前移。（图20-2-15）

（4）下劈：由左势实战姿势开始，右脚蹬地，右腿顺势屈膝上提，身体重心移至左脚，在腿部到达最高点后，右胯带动右腿迅速向下劈。（图20-2-16）

图 20-2-15　后踢

图 20-2-16　下劈

（5）推踢：由左势实战姿势开始，右脚蹬地，身体重心前移，右腿以髋关节为轴提膝前蹬。（图20-2-17）

（6）后旋踢：由左势实战姿势开始，两脚均以前脚掌为轴内旋约180°，上体右转约90°，右腿向右后旋摆鞭打。（图20-2-18）

图 20-2-17　推踢

图 20-2-18　后旋踢

（三）跆拳道变化组合腿法

跆拳道变化组合腿法如图20-2-19至图20-2-22所示。

图 20-2-19　横踢变后旋踢

图 20-2-20　前踢变劈腿

图 20-2-21　劈腿变后踢

图 20-2-22　横踢、后踢变后旋踢

二、跆拳道品势

跆拳道的品势有许多种，基本品势有太极、高丽、金刚等。下面重点介绍太极一章。图 20-2-23 为太极一章演武线图。

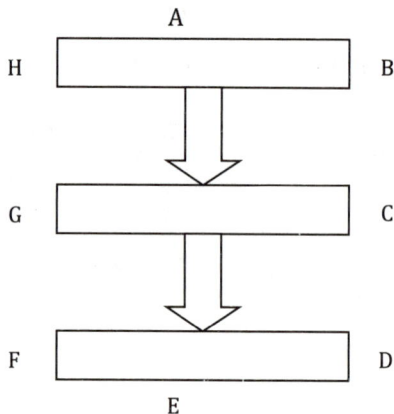

图 20-2-23　太极一章演武线图

（1）准备姿势：站于 A 位置，面向 E 方向，两脚自然开立，与肩同宽，两手握拳屈臂于腹前，眼睛平视前方。（图 20-2-24）

（2）左转身下截：身体左转，左脚向 B 方向（简称"向 B"，下同）迈进一步成左前探步，左臂下截（防左下段），右拳回收至腰侧。（图 20-2-25）

（3）右上步冲拳：右脚向 B 迈进一步成右前探步，右拳前冲拳（攻中段），左拳回收至腰侧。（图 20-2-26）

（4）后转身下截：身体右转 180°，右脚向 H 迈进一步成右前探步，右臂下截（防右下段）。（图 20-2-27）

（5）左上步冲拳：左脚向 H 迈进一步成左前探步，左拳前冲拳（攻中段），右拳回收至腰侧。（图 20-2-28）

图 20-2-24 准备姿势　　图 20-2-25 左转身下截　　图 20-2-26 右上步冲拳

图 20-2-27 后转身下截　　　图 20-2-28 左上步冲拳

（6）左弓步下截一：身体左转90°，左脚向E迈步成左弓步，左臂屈肘下截（防左下段），右拳回收至腰侧。（图20-2-29）

（7）左弓步冲拳：两脚不动，右拳前冲拳（攻中段），左拳回收至腰侧。（图20-2-30）

（8）右转身外格：左脚不动，右脚向G移步成右前探步，身体右转，左臂外格挡，拳心向上，右拳回收至腰侧。（图20-2-31）

（9）前进步冲拳：左脚向G迈进一步成左前探步，右拳前冲拳（攻中段），左拳回收至腰侧。（图20-2-32）

（10）后转身内格：身体向C转180°，左脚向C迈进一步成左前探步，左臂屈肘向里格挡，右拳前冲拳。（图20-2-33）

图 20-2-29 左弓步下截一　　图 20-2-30 左弓步冲拳　　图 20-2-31 右转身外格

图 20-2-32 前进步冲拳　　　图 20-2-33 后转身内格

（11）右弓步冲拳一：右脚向C迈步成右弓步，左拳前冲拳（攻中段），右拳回收至腰侧。（图20-2-34）

（12）右弓步下截：身体右转90°，右脚向E移步成右弓步，右臂屈肘下截，左拳回收至腰侧。（图20-2-35）

（13）右弓步冲拳二：两脚不动，左拳前冲拳（攻中段），右拳回收至腰侧。（图20-2-36）

（14）左转身上架：身体左转90°，左脚向D移步成左前探步，左臂屈肘上架（防左上段），置于额前。（图20-2-37）

图20-2-34　右弓步冲拳一　　　图20-2-35　右弓步下截

图20-2-36　右弓步冲拳二　　　图20-2-37　左转身上架

（15）右前踢冲拳：身体重心上移，左脚脚跟稍提，右腿前踢；右脚下落成右前探步，右拳前冲拳（攻中段），左拳回收至腰侧。（图20-2-38）

（16）后转身上架：身体向后转，右脚向F移步成右前探步，右臂屈肘上架（防右上段），置于额前。（图20-2-39）

（17）左前踢冲拳：身体重心上移，右脚脚跟稍提，左腿前踢；左脚下落成左前探步，左拳前冲拳（攻中段），右拳回收至腰侧。（图20-2-40）

图20-2-38　右前踢冲拳　　　图20-2-39　后转身上架　　　图20-2-40　左前踢冲拳

（18）左弓步下截二：身体右转，左脚向A移步成左弓步，左臂屈肘下截。（图20-2-41）

（19）右弓步冲拳三：右脚向A迈进一步成右弓步，右拳前冲拳（攻中段）并发声，左拳回收至腰侧。（图20-2-42）

图 20-2-41　左弓步下截二　　图 20-2-42　右弓步冲拳三

第三节　跆拳道分级训练

跆拳道分级训练见表20-3-1。

表 20-3-1　跆拳道分级训练

训练项目	初级	中级	高级	注意事项
准备姿势	高、中、低	站位变换、步法转换练习	站位结合步法和灵活运用练习	准备姿势应便于进攻和防守反击，以及步法的移动
腿法	先进行每种腿法技术的分解练习，再进行完整技术练习	腿法的组合技术练习、固定靶的腿法练习、移动靶的腿法练习	指定一方进攻或防守的腿法练习、腿法结合拳法的实战练习	踢击完成马上回到准备姿势，准备下一次的进攻和防守
品势中的步型	单个动作分解练习	每章完整动作练习	品势技术动作的完整、连贯性练习，步法配合拳法、腿法的协调性练习	两脚自然开立，与肩同宽，两手握拳，眼睛平视前方

第四节　跆拳道竞赛规则

一、比赛时间

每场比赛为 3 局，每局比赛 2 分钟，局间休息 1 分钟。如果 3 局过后分数持平，休息 1 分钟后，进行第 4 局时长 1 分钟的黄金加时赛。

二、比赛和赛制的种类

跆拳道比赛分个人赛和团体赛。赛制分单败淘汰制和循环赛制。

三、合法技术与合法区域

跆拳道比赛的合法技术与合法区域见表 20-4-1。

表 20-4-1　跆拳道比赛的合法技术与合法区域

合法技术与合法区域	细则
合法技术	（1）拳的技术：紧握拳头并使用正拳进行正面攻击的技术。 （2）脚的技术：使用踝关节以下脚的部位进行攻击的技术
合法区域	（1）躯干：允许使用拳的技术和脚的技术攻击被护具包裹的躯干部位，但禁止攻击后背脊柱。 （2）头部：指锁骨以上的部位，只允许使用脚的技术进行攻击

四、违规行为及判罚

跆拳道比赛的违规行为及判罚见表 20-4-2。

表 20-4-2　跆拳道比赛的违规行为及判罚

违规行为及判罚	细则
违规行为	以下属于违规行为，将给予扣分判罚。 （1）越出边界线。 （2）倒地。 （3）故意回避或消极比赛。 （4）抓或推对方运动员。 （5）抬腿阻碍，和/或踢对方运动员腿部以阻挡其进行腿部进攻，或抬腿或空踢超过 3 秒以阻碍对方运动员的可能进攻动作，或瞄准对方腰以下部位攻击。 （6）攻击对方运动员腰部以下部位。 （7）在主裁发出"Kal-yeo"（分开）口令后攻击对方运动员。 （8）用手攻击对方运动员头部。 （9）用膝部顶撞或攻击对方运动员。 （10）攻击已倒地的对方运动员。 （11）近身的情况下，如运动员膝关节朝外使用脚侧或脚底踢击 PSS 躯干（猴踢、鱼踢）。 （12）选手或教练的不良行为：①不遵守主裁的指令或判定；②对官员判定的不当抗议行为；③试图扰乱或影响比赛结果的不当行为；④激怒或侮辱对方选手或教练；⑤发现未经认证的医生或其他队伍人员坐在医生席；⑥选手或教练的任何其他严重不当行为或违反体育道德的行为
判罚	（1）如果参赛选手故意一再拒绝遵守本规则或主裁的指令时，主裁可在比赛结束时出示黄牌并宣布对方选手获胜。 （2）如果检查台的主裁或在比赛区域的官员认为，参赛选手或教练试图操纵 PSS 传感器的灵敏度，或用不恰当的行为改造 PSS 以影响其功能，如有必要，他们会与 PSS 的技术人员商榷以做判定。若为事实，该选手将被取消参赛资格。 （3）当参赛选手累计"扣分"次数达 10 次，主裁应通过判罚犯规胜宣布该名选手为败方。 （4）在第（3）条中，应将"扣分"计入三局比赛的总分
判定	（1）主裁终止比赛（RSC）。 （2）最终得分胜（PTF）。 （3）分差胜（PTG）。 （4）黄金得分（GDP）。 （5）比分或优势胜（SUP）。 （6）弃权胜（WDR）。 （7）失格胜（DSQ）。 （8）主裁判罚犯规胜（PUN）。 （9）不道德行为失格胜（DQB）

📖 **体育思政课堂**

　　学生通过学习跆拳道基本技战术和跆拳道礼仪等，可以强身健体，还可以培养尊师爱友、团结互助、吃苦耐劳、百折不屈、顽强拼搏等优良品质。

💡 **思考与探究**

　　1. 简述跆拳道的标准实战姿势。

　　2. 简述跆拳道的基本步法及其技术要领。

　　3. 结合自己的学练经历，谈一谈勇于挑战的意志品质在跆拳道练习中的作用。

第二十一章
冰雪运动

本章导读

　　冰雪运动有着悠久的历史。生活在寒冷地区的人们在冬季进行着丰富多彩的冰雪运动。2022 年北京冬奥会成功举办，使冰雪运动在我国变得更加流行。人们学习冰雪运动的热情高涨，由此形成了一种全民健身热潮。同时，冰雪运动的开展，大大丰富了人们的业余生活。

学习目标

　　1. 了解冰雪运动的相关知识和竞赛规则。

　　2. 掌握冰雪运动的基本技术。

　　3. 重点增强力量素质和速度素质，提高机体对外界环境的适应能力。

　　4. 培养顽强拼搏的体育精神。

第一节　滑冰

一、速度滑冰

（一）速度滑冰概述

　　滑冰运动历史悠久。古代生活在寒冷地带的人们，在冬季冰封的江河湖泊上以滑冰作为交通运输的手段。此后，随着社会的进步，这种交通运输手段逐步发展为滑冰游戏，直到演变为现代的速滑运动。10 世纪，人们发明了用骨制的冰刀滑冰的方法。1250 年左右，荷兰盛行用钉在木板上的铁制冰刀滑冰的运动。人们将这种冰刀绑在鞋上，在冰面上滑行。17世纪，铁制冰刀有了改进，有人发明了管式铁制冰刀，从而使速滑运动有了新的发展。

速度滑冰是一项在400米赛道上比赛滑行速度的冰上体育运动，是冬奥会的比赛项目之一。国际性速度滑冰比赛始于19世纪末。1893年，在荷兰的阿姆斯特丹举行了第1届世界男子速度滑冰锦标赛。中国滑冰协会于1956年加入国际滑冰联盟（以下简称"国际滑联"）。我国选手罗致焕于1963年代表中国参加了第57届世界男子速度滑冰锦标赛，夺得了1500米世界冠军，并打破了男子全能世界纪录，成为我国在世界速度滑冰比赛中的第1位金牌获得者。1992年，我国优秀女子速度滑冰选手叶乔波在阿尔贝维尔冬奥会上获得了500米、1000米两枚银牌，实现了我国冬季项目在奥运会上奖牌零的突破。2014年，我国速度滑冰选手张虹获得了索契冬奥会速度滑冰女子1000米比赛的金牌，这是我国冬奥会历史上的第1枚速度滑冰金牌，是我国速度滑冰史上的又一重大突破。2022年北京奥运会，我国选手高亭宇获得速度滑冰男子500米金牌。

（二）认识装备和场地

速度滑冰场地

滑冰时，手套、护腕、护肘、护膝是必备的安全护具。着装的面料应具有弹性，以便于运动。

速度滑冰场的跑道是由两条直道和两条180°的弧线连接而成，周长为400米，分内、外道，道宽5米。内跑道的内圈半径为25米，外跑道的内圈半径为30米。

（三）速度滑冰基本技术

1. 直道滑跑

（1）滑跑姿势：上体前倾，肩部稍高于臀部；身体既不要前探，也不要后坐。（图21-1-1）

（2）蹬冰动作：包括开始蹬冰、最大用力蹬冰、结束蹬冰3个阶段。随着蹬冰由开始至结束，蹬冰腿与地面的角度也由大到小。（图21-1-2）

图21-1-1 滑跑姿势　　　　图21-1-2 蹬冰角变化

（3）收腿动作：将浮腿从蹬冰结束后的侧位拉到后位，再由后位收回到冰刀着冰时的前位的动作。（图21-1-3）

图 21-1-3　收腿动作

（4）下刀动作：从浮腿收回并靠近支撑腿的内侧开始，至全正刃支撑滑进结束的动作。

（5）惯性滑进动作：用单腿支撑身体并借助惯性向前滑进的动作。

（6）全身配合动作：臀部、上体与两臂的合理、协调配合。（图 21-1-4）

图 21-1-4　全身配合动作

（7）摆臂动作：在滑跑中，两臂的摆动是为了增加蹬冰的力量。（图 21-1-5）

图 21-1-5　摆臂动作

2.弯道滑跑

（1）滑跑姿势：掌握好身体倾斜度与弯道弧度的关系。（图 21-1-6）

（2）蹬冰动作：弯道蹬冰采用交叉步滑跑，右脚用内刃、左脚用外刃，均向右侧蹬冰。（图 21-1-7 和图 21-1-8）

图 21-1-6　滑跑姿势　　　　图 21-1-7　右腿蹬冰动作

图 21-1-8　左腿蹬冰动作

（3）收腿动作：右腿结束蹬冰后，以大腿带动小腿，向左腿（支撑腿）靠近，继续向左侧移动着冰。（图21-1-9和图21-1-10）

（4）下刀动作：注意出刀角度的大小和惯性滑进动作。（图21-1-11和图21-1-12）

图21-1-9　右腿收腿动作　　　　　　图21-1-10　左腿收腿动作

图21-1-11　右腿下刀动作　　　　　　图21-1-12　左腿下刀动作

3. 起跑与终点冲刺技术

（1）起跑技术：运动员在短时间内尽快提高速度、迅速起动，并向途中滑跑过渡。（图21-1-13和图21-1-14）

（2）终点冲刺动作：采用双摆臂动作来加快滑跑频率，收摆的浮腿向支撑腿靠近。（图21-1-15）

图21-1-13　起跑预备姿势　　　图21-1-14　起动动作　　　图21-1-15　终点冲刺动作

二、短道速滑

（一）短道速滑概述

短道速滑是冬奥会项目，是指在长度较短的跑道上进行的一项冰上竞速运动。短道速滑于19世纪80年代起源于加拿大。20世纪初，这项运动逐渐在欧美国家广泛开展。短道速滑是冬奥会比赛项目，有男子500米（1994年列入）、1000米（1992年列入）、1500米（2002年列入）、5000米接力（1992年列入），女子500

米（1992 年列入）、1000 米（1994 年列入）、1500 米（2002 年列入）、3000 米接力（1992 年列入）。

短道速滑于 1981 年被引入中国，并在 1983 年被国家体委（现国家体育总局）列为年度全国比赛和全国冬季运动会正式比赛项目。在 2022 年北京冬奥会上，我国运动员任子威、李文龙分别获得短道速滑男子 1000 米金牌、银牌；范可新、韩雨桐、曲春雨、张楚桐、张雨婷获得短跑速滑女子 3000 米接力铜牌；范可新、曲春雨、张雨婷、任子威、武大靖获得短道速滑混合 2000 米接力金牌。

（二）短道速滑比赛规则简介

短道速滑比赛采用淘汰制，以预赛、复赛、半决赛、决赛的比赛方式进行。4 ～ 8 名运动员在同一起跑线上起跑出发，首轮比赛站位通过抽签决定，其后的各轮次均按照上一轮的比赛成绩分配道次，成绩优者排在内道。比赛途中，在不违反规则的前提下，运动员可以随时超越对手。

三、花样滑冰

（一）花样滑冰概述

花样滑冰起源于 18 世纪的英国，之后在德国、美国、加拿大等欧美国家迅速开展。1863 年，被誉为"现代花样滑冰之父"的美国人杰克逊·海因斯在欧洲巡回表演时将滑冰运动与舞蹈艺术融为一体，丰富了花样滑冰的内容和形式。

1868 年，美国的丹尼尔·梅伊和乔治·梅伊首次表演双人滑，这是世界上有记载的最早的花样滑冰表演。1872 年，奥地利首次举办了花样滑冰比赛。1896 年，首届世界男子单人花样滑冰锦标赛在俄国彼得堡举行；1906 年，首届世界女子单人花样滑冰锦标赛在瑞士达沃斯举行。1952 年，首届世界冰上舞蹈锦标赛在法国巴黎举行。花样滑冰于 1924 年被列为夏蒙尼冬季奥运会的比赛项目，包括男女单人滑（1924 年列入）、双人滑（1924 年列入）、冰上舞蹈（1976 年列入）、团体赛（2014 年列入）5 个比赛项目。

（二）花样滑比赛规程

花样滑冰国际比赛由国际滑联负责组织管理。在花样滑冰的单人滑与双人滑比赛中，选手必须完成两套节目。在短节目中，选手必须完成一系列必选动作，包括跳跃、旋转和步法；在自由滑中，选手在动作选择上有更大的自由度。

（三）冰上舞蹈

冰上舞蹈起源于花样滑冰，始于 20 世纪 30 年代的英国。它偏重于舞步，强调用动作表达音乐。1937 年，英国举办首届冰上舞蹈锦标赛。1949 年，冰上舞蹈被列为单独比赛项目，由 1 男 1 女配对参赛。冰上舞蹈比赛通常包括 3 个阶段：至少 1 套规定舞、1 套每年指定的采用 1 种国际标准舞节奏（如华尔兹、狐步舞、探戈等）的创编舞和 1 套选手自己选择的自由舞。2010 年 6 月，国际滑联大会通过决议，在今后的冰上舞蹈比赛中取消规定舞和创编舞，保留自由舞。

四、滑冰注意事项

（1）滑冰之前先检查场地，看其是否平滑，避开那些凹凸不平处。检查冰刀与鞋连接得是否牢固，鞋带是否结实，冰刀的内刃和外刃是否锋利。

（2）着装要注意保暖，但不宜穿太多，以免影响动作的灵活性。

（3）初学者要注意休息，可以每隔 15 ～ 30 分钟休息一次。

（4）摔倒时，切忌挣扎，要顺应自然，尽可能使一侧臀部着地。

（5）身上不要带硬器，如钥匙、小刀、手机等，以免摔倒时硌伤自己。

（6）站立时，两脚略分开，间距约与肩同宽；两脚脚尖稍向外转，成小八字；两腿稍弯曲，上体稍前倾，目视前方。

（7）滑行时要俯身、弯腿，身体重心向前。这样，即使滑倒了，身体也会往前摔，不会摔伤尾骨。

（8）冲撞不可避免的时候，不要以摔倒来减速和躲避，应使身体侧向倾斜，保护好头部和胸部，也可以伸手以缓冲撞击。

第二节　滑雪

一、滑雪概述

人类的雪上活动已有几千年的历史。国际滑雪联合会成立于 1924 年。北欧滑雪项目于 1924 年被列为夏蒙尼冬奥会比赛项目。滑雪运动（特别是现代竞技滑雪）发展到当今，项目在不断增多，领域在不断扩展。目前，世界性比赛正规的大项目分为高山滑雪、北欧滑雪、自由式滑雪、冬季两项滑雪和雪上滑板滑雪等，每个大项又分众多小项。

雪上运动项目种类多，本节介绍的是雪上运动中的竞技滑雪类项目。这些项目均为当今冬奥会的比赛项目，如自由式滑雪、高山滑雪、越野滑雪、跳台滑雪、北欧两项、单板滑雪等。

二、认识装备

（一）滑雪服

滑雪服一般分为竞技服和旅游服。竞技服是根据比赛项目的特点而设计的，注重运动成绩的提高；旅游服主要追求保暖、美观、舒适、实用。滑雪服的颜色一般都十分鲜艳。

（二）滑雪板

滑雪板一般分为高山板、越野冬季两项板、跳台板、自由式板、单板等。滑雪者在选择滑雪板时，应选择不超过本人手臂上举时手腕的高度、不低于胯部的高度的滑雪板。

（三）滑雪镜

滑雪镜一般分为高山镜、跳台镜、越野镜、自由镜等。阳光在雪地上反射得很厉害，加上滑行中冷风对眼睛的刺激很大，因此滑雪者需要佩戴滑雪镜来保护眼睛。

（四）滑雪杖

滑雪杖是滑雪者在滑雪时用来支撑前进、控制平衡、引导变向和支撑身体的。滑雪杖一般分为高山杖、越野杖和自由滑雪芭蕾杖。

（五）滑雪靴

滑雪靴一般分为高山靴、越野靴、跳台靴、单板靴等。

（六）固定器

固定器又叫上脱离器，是连接滑雪板和滑雪靴的一个重要部件，它对滑雪者的人身安全起着重要的保护作用。

（七）滑雪帽、滑雪手套

滑雪帽应以能保护耳部、轻便、不影响视野为宜，一般由弹性较好的细绒线织成。滑雪手套一般用天然皮革和合成材料制成，应选择不透水的面料。

> 📖 **知识拓展**
>
> **滑雪板使用技巧**
>
> （1）在雪面上放置滑雪板：①与滚落线垂直；②双板保持平行。
>
> （2）穿滑雪板：①先穿山下侧的滑雪板，再穿山上侧的滑雪板；②先卡好前部固定器，再压后部固定器。
>
> （3）检查滑雪靴与滑雪板的连接是否牢固：①引身向上跳动；②使滑雪板离开地面。
>
> （4）脱下滑雪板：①用滑雪杖尖打开后部固定器即可；②将滑雪板向身体侧面抬起，用力向下磕。

三、滑雪项目

（一）自由式滑雪

1. 自由式滑雪概述

自由式滑雪于1960年在美国诞生，其第1次正式比赛于1971年在新罕布什尔州举行。国际滑雪联合会在1979年正式承认自由式滑雪项目，并且在运动员及其跳跃技巧方面制定了规则，以降低此项运动的危险性。自由式滑雪于1992年被列为冬奥会正式比赛项目，包含男女空中技巧、男女雪上技巧和男女雪上芭蕾3个分项。在2022年北京冬奥会上，我国运动员齐广璞获得自由式滑雪男子空中技巧金牌；徐梦桃获得自由式滑雪女子空中技巧金牌；徐梦桃、贾宗洋、齐广璞共同获得自由式滑雪空中技巧混合团体银牌。

2. 自由式滑雪分项

（1）男女空中技巧：空中技巧运动员使用的滑雪板，男子不短于1.90米，女子不短于1.80米。场地由出发区、助滑坡、过渡区一、跳台、过渡区二、着陆坡和终点区组成。

（2）男女雪上技巧：在设置一系列雪包的陡坡线路上进行回旋动作、空中动作及滑降速度的比赛，包括单人雪上技巧和双人雪上技巧。

（3）男女雪上芭蕾：雪上芭蕾场地长 200～240 米，宽 35～45 米，坡度为 12°～15°。滑雪板不得短于运动员个人身高的 81%。

（二）高山滑雪

高山滑雪起源于欧洲的阿尔卑斯山脉地区。高山滑雪可分为实用滑雪、娱乐滑雪、竞技滑雪和探险滑雪 4 类。其中，娱乐滑雪与竞技滑雪的参加人数占高山滑雪参加人数的绝大部分，而娱乐滑雪从参加人数、器材、场地及设施上看都是高山滑雪项目的主体。

冬奥会高山滑雪竞技项目包括回转、大回转和滑降。

1. 回转

回转是高山滑雪比赛项目之一，又称回转滑雪或回转障碍，在 1948 年第 5 届冬奥会上被列为正式比赛项目。回转比赛在覆雪的山坡上进行，其线路上设置多种形式的旗门，组成障碍。运动员从山顶沿线路连续转弯，并穿越旗门障碍下滑。

2. 大回转

大回转是高山滑雪比赛项目之一，在 1952 年第 6 届冬奥会上被列为正式比赛项目。大回转比赛在坡度为 5°～32° 的覆雪山坡上进行。线路长度：男子比赛为 1500～2000 米，女子比赛在 1000 米以上。起点、终点高标差：男子比赛为 250～450 米，女子比赛为 250～400 米。线路上设置多种形式的旗门，组成障碍。运动员从山顶沿线路并通过旗门下滑。

3. 滑降

滑降是指从高处向低处滑下。

回转

大回转

（三）越野滑雪

1. 越野滑雪起源

越野滑雪起源于北欧，故又称北欧滑雪。据记载，1226 年挪威内战期间，两名被称为"桦木腿"的侦察兵怀藏两岁的国王哈康四世，滑雪翻越高山，摆脱了敌人。现挪威每年举办越野马拉松滑雪赛，距离为 35 英里（1 英里 ≈ 1609.344 米），与当年侦察兵所滑路程相同。

2. 冬奥会越野滑雪比赛

1924 年，越野滑雪被列为冬奥会正式比赛项目。目前，越野滑雪设男子双追逐、个人短距离、团体短距离、4×10 公里接力、15 公里、50 公里集体出发，女子双追逐、个人短距离、团体短距离、4×5 公里接力、10 公里、30 公里集体出发 12 个小项。

越野滑雪比赛路线分上坡、下坡和平地，各占全程的 1/3。雪道的最高点不得超过海拔 1800 米。比赛开始前，运动员的雪板由裁判员画上标记，到终点时要求至少有 1 支雪板留有标记。双板都更换者将被判为犯规，成绩无效。女子 10 公里和男子 15 公里比赛出发时，每次 1 人出发，出发间隔 30 秒，出发顺序由抽签决定，以到达终点的时间确定名次。接力项目比赛时，集体出发，道次由抽签决定，以每队队员滑完全程的时间之和计算成绩和名次。

（四）跳台滑雪

1. 跳台滑雪起源

跳台滑雪简称"跳雪"，起源于挪威。1860 年，挪威德拉门地区的两位农民在奥斯陆举行的首届全国滑雪比赛上表演了跳台飞跃动作，后该动作逐渐成为一个独立的项目并得到广泛开展。1879 年，奥斯陆举办了首届跳台滑雪比赛。

2. 冬奥会跳台滑雪比赛

1924 年，在夏蒙尼冬奥会中，跳台滑雪就已被列为比赛项目。在 1964 年以前的 8 届冬奥会中，由于跳台规格不一，只能以主办国的跳台为标准进行比赛。从 1964 年因斯布鲁克冬奥会开始，国际滑雪联合会明确规定了跳台滑雪比赛的统一跳台级别，即跳台分为 70 米台及 90 米台两种。冬奥会的跳台滑雪比赛共设置普通台男子个人标准台、男子个人大跳台、男子团体、女子个人标准台、混合团体 5 项，按两次飞跃距离分和姿势分计算成绩。

（五）北欧两项

北欧两项起源于北欧。北欧斯堪的那维亚半岛地区冬季雪多，适于开展滑雪运动。但是，由于该半岛缺乏阿尔卑斯山脉那样的高山，高山滑雪不够普及和发达，而越野滑雪和跳台滑雪却得到了较好的开展，于是便出现了既要求越野滑得快又要求跳雪跳得远的北欧两项比赛项目。

1883 年，北欧两项被列为霍尔门科伦滑雪大奖赛的比赛项目，20 世纪初开始向世界推广。1924 年，北欧两项被列为夏蒙尼冬季奥运会正式比赛项目，但在 1984 年以前只设个人赛，1988 年增设了团体赛，但仅有男子项目。比赛按跳台滑雪、越野滑雪的顺序进行。跳台滑雪初为 70 米级，1992 年改为 90 米级；越野滑雪原为 18 公里，1956 年改为 15 公里。2014 年索契冬奥会设男子个人标准台 + 10 公里越野滑雪、男子个人大跳台 + 10 公里越野滑雪、男子团体标准台 + 4×5 公里越野滑雪 3 个项目。

北欧两项个人赛和团体赛的规则有很大不同。个人赛第一天进行跳台滑雪，每人跳两次，以姿势分和距离分计算总成绩。第二天进行越野滑雪，跳台成绩最好的运动员第一个出发，其他运动员根据跳台滑雪与第一名的得分差，依次间隔出发，最后以运动员到达终点的顺序排列名次。团体赛跳台滑雪各队 4 名运动员依次出发，得分方法同个人赛。越野滑雪时，跳台滑雪成绩最好的队首先出发，其他队要根据与跳台滑雪成绩最好的队的得分差（算成时间差），依次间隔出发，各队的第二名、第三名、第四名运动员在接力区交换出发，以第四名运动员到达终点的顺序排定名次。

（六）单板滑雪

单板滑雪，又称滑板滑雪，起源于 20 世纪 60 年代中期的美国，其产生与冲浪运动有关。它将冲浪、滑板和滑雪的元素结合在一起，成为一个发展迅速的运动项目。第一次正式的单板滑雪比赛于 1981 年在美国科罗拉多州举行。1998 年长野冬奥会，单板滑雪的 U 型场地和个人大回转项目首次亮相；2002 年盐湖城冬奥会，个人大回转项目被平行大回转替代；2006 年都灵冬奥会，增设了单板滑雪越野赛；2014 年索契冬奥会，又增设了障碍技巧赛。在 2022 年北京冬奥会上，我国运动员苏翊鸣获得单板滑雪大跳台金牌和单板滑雪男子坡面障碍技巧银牌。

平行大回转的比赛场地长 936 米，平均坡度为 18.21°，坡高 290 米。滑板坚硬、狭窄，以利于转向和高速滑行。平行大回转以滑行速度评定名次，主要技术动作有左右回转等。在平行大回转项目中，由两名选手肩并肩进行对抗，其间要穿越一系列的门，速度快者晋级下一轮。闯入决赛的选手总共要进行 9 次较量。

四、滑雪基本技术

（一）平地滑雪技术

平地滑雪技术及其要领见表 21-2-1。

表 21-2-1　平地滑雪技术及其要领

平地滑雪技术	要领
基本站姿	身体姿势是基本放松站立，两脚平行，即双滑雪板平行，两腿微屈压靠滑雪靴，两手位于体侧，将滑雪杖插入雪地，两眼平视前方
雪上行走	上体稍前倾，身体重心适当前移。雪板底不离雪面，边支撑、边滑、边走。用雪杖支撑时，不是用双杖同时推进，而是如同摆臂动作一样用杖支撑推动
推进滑行	① 保持微屈膝，上体前倾，双雪杖同时向前摆动，雪杖尖在体前方着雪；② 膝与上体加大前倾角度，两臂用力向后用雪杖支撑；③ 将雪杖充分后撑，手臂伸直，身体重心下降，保持滑行姿势滑进；④ 收雪杖时，身体重心升起，准备第二次撑杖

续表

平地滑雪技术	要领
蹬冰式滑行	① 上体稍前倾，膝关节微屈，双板平行，间距与肩同宽，两臂自然弯曲，杖尖在身体侧后方；② 左侧板与前进方向成45°角，大腿用力向侧后方蹬出；③ 左脚蹬伸结束后，使雪板抬离雪面，身体重心落在右腿上，向前方滑行，同时左脚收回；④ 右脚蹬伸时，动作与左脚相同

（二）登坡技术

登坡技术及其要领见表21-2-2。

表21-2-2　登坡技术及其要领

登坡技术	要领
双板平行登坡（阶梯式登坡）	① 向上迈出的步幅不要太大；② 迈步时保持双板平行，身体重心随之向上移动，可用雪杖协助支撑；③用山上侧板外刃刻住雪面后将身体重心全部移到山上侧腿上，接着山下侧腿向山上侧腿靠拢，并用内刃刻住雪面；④ 待山下侧板内刃刻住雪面后，再进行第二步的登行
八字形登坡	面对山坡，用两板内刃刻住雪面，身体前倾，向前上方依次迈出雪板。步子不宜过大，防止板尾交叉。以迈出侧雪板的雪杖协助支撑，可用手握住雪杖握把的顶端。手、脚及身体重心配合一致。在向上登坡时，重点是板内刃刻住雪面和身体重心的移动

（三）原地变向技术

原地变向技术及其要领见表21-2-3。

表21-2-3　原地变向技术及其要领

原地变向技术	要领
板尖、板尾展开变向	变向时要注意雪杖的位置。板尖展开变向时，雪杖支撑位置应在体后；而板尾展开变向时，雪杖支撑位置应在体前。雪板展开距离不宜过大，滑雪者随着对雪板的适应逐渐加大雪板展开的距离
180°变向	前转180°变向时，双板平行站立，双杖在体前支撑。右腿支撑，左板向前抬起直立，双杖在体侧支撑。上体左转的同时，直立的左板以板尾为中心向左侧下方转动并着地。在放左板的同时，左雪杖移至右板外侧支撑。身体重心移至左腿上，右板和右雪杖抬起移向与左板平行的方向，随后双杖在体前侧支撑。把前转180°变向动作由结束部分依次向开始部分逆序进行，即为后转180°变向

（四）停止滑行技术

停止滑行技术及其要领见表21-2-4。

表 21-2-4　停止滑行技术及其要领

停止滑行技术	要领
犁式停止法	在滑降中使雪板成犁式，身体重心稍后移。在形成稍后坐姿势的同时，两板尾分开，加大立刃角度，两板内刃逐渐加大刮雪力量，逐渐加大板尾向外侧的立刃角度和蹬出力量，直至停止

（五）摔倒技术

摔倒技术及其要领见表21-2-5。

表 21-2-5　摔倒技术及其要领

摔倒技术	要领
安全摔倒技术	在失去身体重心的情况下，尽量不要挣扎，迅速屈膝以降低身体重心，两臂自然伸展，臀部向山上侧坐。两雪板稍举起，防止滚动状态发生。在完全停止前，勿伸腿，避免雪板任一部分着雪，保持稍团身姿势

📖 **体育思政课堂**

　　7年来，我国广大运动员、教练员牢记党和人民嘱托，争分夺秒、刻苦训练，在冬奥赛场上敢打敢拼、超越自我，胜利完成各项比赛任务。中国体育代表团首次全项参赛，勇夺冬奥会9枚金牌、15枚奖牌和冬残奥会18枚金牌、61枚奖牌，创造了我国参加冬奥会、冬残奥会的历史最好成绩！我国广大运动员、教练员以实际行动落实拿道德金牌、风格金牌、干净金牌的要求，诠释了奥林匹克精神和中华体育精神，实现了运动成绩和精神文明双丰收，为党和人民赢得了荣誉！

——2022年4月8日，习近平在北京冬奥会、
冬残奥会总结表彰大会上的讲话

💡 **思考与探究**

1. 简述速度滑冰的基本技术。
2. 简述平地滑雪的基本技术。
3. 请试着阐述北京冬奥精神。

03

休闲体育健身篇

第二十二章

瑜伽

本章导读

瑜伽是一种古老的锻炼身体的方法，集哲学性、科学性和艺术性于一体。瑜伽练习者运用各种体式，调节呼吸节奏，从而达到改善生理、心理等方面的状态的目的。

学习目标

1. 了解瑜伽的相关知识。
2. 掌握瑜伽动作的基本练习方法。
3. 提高身体柔韧性，改善精神状态。

第一节　了解瑜伽

一、瑜伽概述

瑜伽起源于古印度，运动方式相对温和，能产生较好的健身效果。锻炼者在内心平静的状态下练习瑜伽，有利于排除杂念、放松肌肉、舒展肢体、塑身美体。瑜伽于20世纪80年代在我国迅速发展。目前，在我国流行的瑜伽不仅吸收了古老瑜伽的动作，还融入了传统医学与养生的内容，同时加入了一些健身的新内涵。越来越多的人对瑜伽这一健身方式产生了浓厚的兴趣。

二、瑜伽呼吸法

呼吸法是练习瑜伽的基础。在整个瑜伽练习过程中，练习者都需要配合瑜伽呼吸法进行练习。

（一）腹式呼吸

（1）仰卧或直背坐立，两手叠放于腹部。

（2）吸气时，把空气直接吸向腹部。随着腹部的扩张，横膈膜就会自然下降。

（3）呼气时，腹部向内、向脊柱方向收缩，把所有空气从肺部呼出，横膈膜就会自然升起。

腹式呼吸

（二）胸式呼吸

（1）仰卧或直背坐立，深深吸气，但不要让腹部扩张，把空气直接吸入胸部区域。

（2）胸部区域扩张时，腹部应该保持平坦。

（3）吸气时，肋骨向外和向上扩张；呼气时，肋骨向下并向内收。

（三）完全呼吸

完全呼吸是指将以上两种类型的呼吸法结合起来使用的呼吸方法。

（1）轻轻吸气，将空气吸入腹部，感觉腹部区域已充满气体。

（2）继续吸气，尽量使胸部吸满空气而扩张到最大限度，此时两肩略微升起。

（3）慢慢呼气，依次放松胸部、腹部，用收缩腹部肌肉的方法结束呼气。

第二节　跟我学瑜伽

一、拜日十二式

拜日十二式如图 22-2-1 所示。

图 22-2-1 拜日十二式

（1）两脚并拢，两腿伸直，两手于胸前合十，成祈祷姿势，深呼吸 2 次。[图 22-2-1(a)]

（2）吸气，上身缓缓地向后仰，髋部向前挺，臀部收紧，同时两臂向后伸直。[图 22-2-1(b)]

（3）呼气，身体慢慢前屈，两腿绷直，两手于脚两侧触地，颈部放松，头部下垂，额头尽量贴近腿前侧。[图 22-2-1(c)]

（4）吸气，右腿屈膝，成弓步；左腿向后伸直并小腿触地；头和上体向后仰。[图 22-2-1(d)]

（5）两臂伸直，两手撑地，左腿绷直，右腿向后伸，与左腿并拢，屏住呼吸，腹肌、臀肌收紧，脊背挺直。[图 22-2-1(e)]

（6）呼气，两臂屈肘，两腿膝关节、两前臂同时着地，臀部翘起。[图 22-2-1(f)]

（7）吸气，两臂于胸两侧撑起上半身，头部后仰，胸部挺起，两腿适当打开。[图 22-2-1(g)]

（8）呼气，前脚掌踩地，臀部上抬，把身体带起来。肩、背向下压；脚跟尽量踩地。[图 22-2-1(h)]

（9）吸气，右腿向前屈膝，成弓步；左腿向后伸直，小腿触地；头部和上体后仰。[图 22-2-1(i)]

（10）呼气，两腿伸直立起，上体慢慢前屈，颈部放松，头部下垂，额头尽量贴近两腿前侧。[图 22--2-1(j)]

（11）吸气，上体慢慢抬起，两脚并拢，上体后仰，两臂向后伸直。[图 22-2-1(k)]

（12）呼气，还原为祈祷姿势。深呼吸几次，仔细体会身体的感受。[图 22-2-1(l)]

二、美颈式

（一）猫伸展式

（1）两手、两膝和两小腿着地，成动物爬行姿态。

（2）吸气，抬头向上看，背肌收紧，腰部下沉，臀部翘起，保持 3～5 组自然呼吸。[图 22-2-2(a)]

（3）呼气，颈部放松，垂头、含胸，腹肌收缩，后背拱起，保持 3～5 组自然呼吸。[图 22-2-2(b)]

猫伸展式

(a)　　　　　　　　(b)

图 22-2-2　猫伸展式

（二）眼镜蛇扭动式

（1）俯卧，两手于胸两侧撑地。[图 22-2-3(a)]

（2）吸气，两腿分开，两臂伸直，上身撑起，头向后仰，目视上方。[图 22-2-3(b)]

（3）呼气，头部还原后慢慢转向右侧，两眼尽量看向左脚脚跟的方向，保持 3～5 组自然呼吸。[图 22-2-3(c)]

（4）吸气，头部还原。

（5）呼气，头部再转向左侧，两眼尽量看向右脚脚跟的方向，保持 3～5 次自然呼吸。[图 22-2-3(d)]

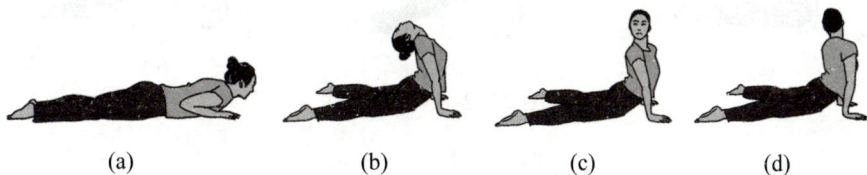

(a)　　　　　　　(b)　　　　　　　(c)　　　　　　　(d)

图 22-2-3　眼镜蛇扭动式

三、细臂式

（一）开肩式

（1）金刚坐坐姿[图22-2-4(a)]，调整呼吸。吸气，两手十指在体后交叉，两臂伸直。

（2）呼气，上身缓缓前倾至头触地[图22-2-4(b)]，两臂尽量带动肩关节向上、向前伸展。

（3）还原后，松手，两臂甩动放松。

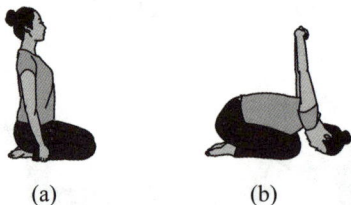

(a)　　　　　　　(b)

图 22-2-4　开肩式

（二）前伸展式

（1）坐正，两腿向前伸直，调整呼吸。[图22-2-5(a)]

（2）两手在体后撑地，吸气。

（3）呼气，腹肌收紧，身体缓缓抬离地面，两臂伸直，全身重量落在手和脚上。[图22-2-5(b)]

（4）吸气，头部后仰，保持5～8组自然呼吸。[图22-2-5(c)]

（5）身体慢慢落地还原。

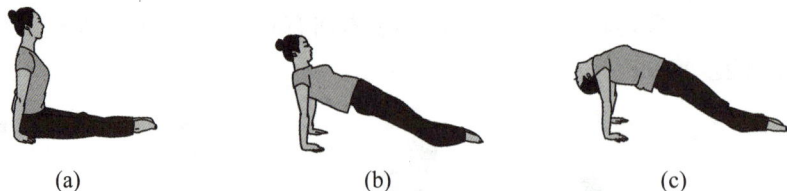

(a)　　　　　　　(b)　　　　　　　(c)

图 22-2-5　前伸展式

四、健胸式

（一）骆驼式

骆驼式

（1）两腿微微分开，跪于地上。[图 22-2-6(a)]

（2）吸气，上体慢慢向后仰。[图 22-2-6(b)]

（3）呼气，两手扶脚跟，颈部放松，头向后仰，髋部向前送，脊柱向前推，大腿尽量保持与地面垂直。保持数秒，自然呼吸。[图 22-2-6(c)]

（4）还原，放松。如此反复，共做 3～5 次。

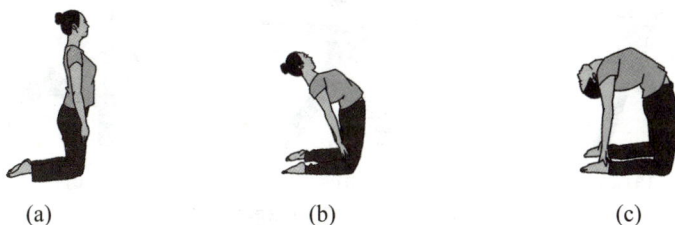

(a)　　　　　　　(b)　　　　　　　(c)

图 22-2-6　骆驼式

（二）树式

（1）站正，调整呼吸。

（2）右腿弯曲，右手抓右脚脚踝，右脚掌贴于左大腿内侧。[图 22-2-7(a)]

（3）站稳后，两手于胸前合十，吸气。[图 22-2-7(b)]

（4）呼气，两臂缓缓向上伸直，肩部放松，脊柱挺直，腹部收紧，眼睛平视前方，均匀、自然地呼吸，保持 30～60 秒。[图 22-2-7(c)]

（5）两手下降至胸前，松腿，还原。换左腿弯曲。

(a)　　　　　　　(b)　　　　　　　(c)

图 22-2-7　树式

五、瘦腰式

三角伸展式

（一）三角伸展式

（1）两脚开立，间距约为两个肩宽。两臂侧平举，吸气。[图 22-2-8(a)]

（2）呼气，上身缓缓向右侧屈。到极限后，右手扶小腿或脚跟，左臂尽量向上伸直。[图 22-2-8(b)和图 22-2-8(c)]

（3）慢慢还原，换另一侧做。左右两侧各做 3～5 次。

(a)　　　　　　　(b)　　　　　　　(c)

图 22-2-8　三角伸展式

（二）鸽子式

（1）右膝弯曲，左腿伸直。坐好后，左小腿抬起，置于左肘内侧。[图 22-2-9(a)]

（2）左手和右手在体前相握。[图 22-2-9(b)]

（3）左脚固定在左肘内侧保持不动，两臂保持环状向头后伸去，吸气。[图 22-2-9(c)]

（4）呼气，头向右侧转，挺胸，侧腰肌收紧，保持 5～8 次自然呼吸。

（5）还原放松，换另一侧做。

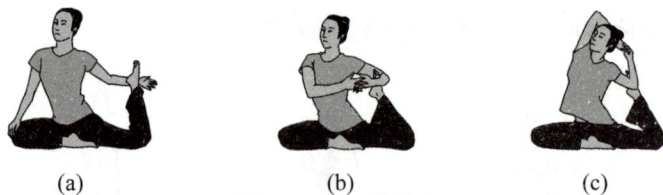

(a)　　　　　　　(b)　　　　　　　(c)

图 22-2-9　鸽子式

六、紧腹式

（一）船式

（1）仰卧，两臂置于体侧，调整呼吸。[图 22-2-10(a)]

（2）吸气，两臂、头、颈、上身和两腿全都抬起来，两臂伸直。[图 22-2-10(b)]

（3）呼气，上身和两腿慢慢着地，还原放松。如此反复，共做 5 ～ 10 次。

(a)　　　　　　　　(b)

图 22-2-10　船式

（二）蹬车式

（1）仰卧，两腿举起，做向前蹬自行车的动作（图 22-2-11），反复做 10 ～ 15 次。

（2）再向回倒蹬 10 ～ 15 次。

（3）两腿并拢，向前蹬 10 ～ 15 次。

（4）再向回倒蹬 10 ～ 15 次。如此反复，共做 3 ～ 5 次。

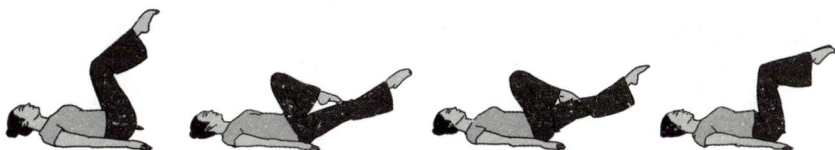

图 22-2-11　蹬车式

七、塑臀式

（一）虎式

（1）跪撑，两手、两膝着地，成动物爬行姿势，调整呼吸。

（2）吸气，头部和右腿缓慢向上抬起。[图 22-2-12(a)]

（3）呼气，松颈垂头，后背拱起，腹部紧缩，右腿落下并向前屈，下颌尽量去触右膝，保持数秒。[图 22-2-12(b)]

（4）如此反复做 5 ～ 10 次后，换左腿做。

虎式

(a)　　　　　　　　(b)

图 22-2-12　虎式

（二）半蝗虫式

（1）俯卧，下颌着地，两手置于体侧，掌心向下。[图 22-2-13(a)]

（2）吸气，臀肌收紧，两腿用力向上抬高，额头贴地，两臂用力压地。[图 22-2-13(b)]

（3）呼气，腿落下还原，下颌着地，深呼吸 1 次。反复做 3 ～ 5 次。

(a)　　　　　　　　　(b)

图 22-2-13　半蝗虫式

八、美腿式

（一）V 字平衡

（1）坐正，两腿向前伸直，调整呼吸。吸气，两腿屈起，两手抱脚。[图 22-2-14(a)]

（2）吸气，两腿慢慢向上伸直，尽量靠近上体，同时脊背挺直，腹部收紧。[图 22-2-14(b)]

（3）还原后，再做 1 遍。

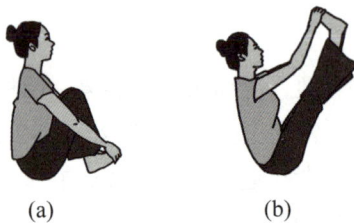

(a)　　　　　　　　(b)

图 22-2-14　V 字平衡

（二）天鹅式

（1）两脚并拢站直后，调整呼吸。左手叉腰，吸气，右腿屈起，右手抓住右脚。[图 22-2-15(a)]

（2）呼气，右臂和右腿向前方伸出，绷直，保持数秒，再吸气。

（3）呼气，右手将右腿拉向身体右侧，腹部收紧，脊背挺直。[图 22-2-15(b)]

（4）将右腿慢慢向右上方伸展、抬高，同时左臂向左侧伸出，保持 8 ～ 10 次自然呼吸。[图 22-2-15(c)]

（5）还原成起始直立姿势。换另一侧做。左右各做 3 ~ 5 次。

(a)　　　　　　(b)　　　　　　(c)

图 22-2-15　天鹅式

📖 **体育思政课堂**

　　瑜伽练习中的每个动作都需要练习者感知肌肉的拉伸和收缩。大学生可以通过不断练习瑜伽体式，一次次突破自己的身体极限，培养勇于挑战、不畏困难、积极进取、精益求精的意志品质。另外，大学生在练习瑜伽的过程中，可以接受瑜伽的文化美、艺术美、音乐美的熏陶。久而久之，大学生的文化艺术修养、审美能力等将得到提高。

💡 **思考与探究**

　　1. 瑜伽有哪些锻炼价值？

　　2. 简述瑜伽的三种呼吸法。

第二十三章

轮滑

本章导读

轮滑属于低冲击、全身性的有氧运动。经常练习轮滑可以促进大、小肌肉群的协调性，增强平衡感，提高专注力，有利于身体健康。另外，经常练习轮滑，能有效控制体重，起到辅助减重的作用。

学习目标

1. 了解轮滑的相关知识。
2. 掌握基础滑行技术。
3. 重点增强力量、灵敏性、协调性、平衡感等。

第一节　了解轮滑

一、轮滑概述

真正的轮滑鞋是由美国的詹姆斯·普利姆普顿于 1863 年发明的。他创新地用金属轮子代替木质轮子，使轮滑鞋滑行起来具有更多的优越性，深受大家的欢迎。他的发明推动了各国轮滑运动的发展。1866 年，詹姆斯在纽约投资开办了第一座室内轮滑场，并组织成立了纽约轮滑运动协会。之后，轮滑运动迅速传到欧洲各国。1892 年，国际轮滑联盟在瑞士成立，使轮滑运动向正规化、国际化发展。1924 年，国际滚轮溜冰联合会（今国际轮滑联合会）成立。经过不断发展，轮滑运动逐渐演化出花样轮滑、速度轮滑、轮滑球等多种不同形式的运动项目。

轮滑运动于 19 世纪末传入我国，并在 20 世纪 80 年代初开始作为体育项目得到发展。1980年，我国正式加入国际轮滑联合会。1983年，第1届全国轮滑锦标赛在北京举行。近年来，我国的轮滑运动技术水平不断提高，已在亚洲居于领先地位。

二、认识轮滑装备

（一）轮滑鞋

轮滑鞋主要有单排轮滑鞋和双排轮滑鞋（图23-1-1至图23-1-3）两种，目前比较流行的是单排轮滑鞋。

图23-1-1 单排花样鞋　　　图23-1-2 单排速滑鞋　　　图23-1-3 双排轮滑鞋

（二）护腕

护腕又叫护手或护掌，是轮滑运动中最常用的护具之一。

（三）护肘

护肘是保护肘部的护具。当突然摔倒时，练习者可能来不及用手掌支撑，此时用肘部护住身体并率先着地非常重要，这样能保护躯干不受伤害。

（四）护膝

护膝可以保护膝盖不受损伤。护膝应以塑料护板厚而硬为宜，内层海绵应较软、较厚、透气性较好，戴上后应很舒服。

（五）头盔

头盔主要用来保护头部不受撞击，应质地坚硬、抗摔性好。

三、轮滑的相关术语

（1）前滑：面向滑行方向，向前滑行。
（2）后滑：背对滑行方向，向后滑行。

（3）滑足：在地面上滑行的脚，又被称为支撑脚。

（4）浮足：在滑行过程中离开地面的脚。

（5）刃：轮滑鞋底的轮子支撑身体重心或用力的部位。

（6）平刃：当人体直立时，体重会被均匀分配到每个轮子上，我们把支撑身体重心或用力的轮子正底部称为平刃。

（7）内刃：当人体向内倾斜时，身体重心会偏向轮子的内侧部分，我们把支撑身体重心或用力的轮子内侧部分称为内刃。

（8）外刃：当人体向外倾斜时，身体重心会偏向轮子的外侧部分，我们把支撑身体重心或用力的轮子外侧部分称为外刃。

第二节　跟我学轮滑

一、基本站立姿势

（一）八字形站立法

两脚脚跟靠拢，脚尖打开60°～90°，两膝自然弯曲，收腹。（图23-2-1）

（二）丁字形站立法

两脚打开约成90°角，前脚脚跟靠在后脚脚弓处，上体稍前倾，两膝自然弯曲。（图23-2-2）

八字形站立法

丁字形站立法

图 23-2-1　八字形站立法　　　图 23-2-2　丁字形站立法

二、平衡练习

（1）单脚支撑平衡练习：手扶着栏杆或同伴，将身体重心移到一条腿上，另一条腿向上抬起。

（2）八字行走练习：两脚成外八字站立，保持站立姿势，身体重心移至一只脚上，另一只脚向前迈一小步，重复练习。（图23-2-3）

（3）交叉步练习：两脚打开，间距与肩同宽，先将身体重心移至一条腿上，另一条腿向支撑腿前外侧迈步，成两腿交叉姿势，重复练习。（图23-2-4）

图 23-2-3　八字行走练习　　　　　图 23-2-4　交叉步练习

三、基础滑行技术

（一）双脚向前滑行

以基本站立姿势准备，一脚在后方以"平推"的方式蹬地后，迅速提膝抬脚，然后收至另一脚旁。（图23-2-5）

图 23-2-5　双脚向前滑行

（二）平行转弯

向哪一侧转弯，身体重心就放到哪条腿上，同时身体前倾，膝关节弯曲。（图23-2-6）

图 23-2-6　平行转弯

（三）脚跟制动法

慢速平行滑行时，将有刹车片的脚前伸，抬起脚尖，使脚跟上的刹车片着地，同时适当用力压地，使刹车片与地面产生摩擦，逐渐停止。（图23-2-7）

（四）内八字停止法

两脚平行分开站立，脚尖稍内扣，轮内刃压紧地面，两膝弯曲，上体前倾，臀部下蹲。两臂可前伸，以维持身体平衡。（图23-2-8）

内八字停止法

（五）T字形停止法

获得一定速度后，上体抬起并微向前倾，脚内刃横向与地面产生摩擦，两腿弯曲，身体重心下降，减速至停止。（图23-2-9）

T字形停止法

图23-2-7　脚跟制动法　　　　图23-2-8　内八字停止法　　　　图23-2-9　T字形停止法

📖 **体育思政课堂**

大学生经常参加轮滑运动，能逐渐形成一种不断进取、勇于拼搏、积极向上的精神，从而以更加积极的心态去迎接各种挑战，培养终身体育观念，助力全民健身。

思考与探究

1. 列举轮滑装备。
2. 列举轮滑的几种制动法。
3. 结合自己的学练经历，谈一谈进取精神在轮滑练习中的作用。

第二十四章

定向运动

本章导读

　　定向运动是一项需要体力和智力的运动。人们通过参加定向运动，可以很好地与大自然接触，放松身心，享受生活。定向运动不仅能强健体魄，还能培养独立思考、独自解决问题的能力，以及在遇到突发状况时做出迅速反应、果断决定的能力。

学习目标

　　1. 了解定向运动的相关知识。

　　2. 掌握读图、选择路线的技能和定位技术。

　　3. 增强各项身体素质，提高解决问题的能力。

第一节　了解定向运动

一、定向运动概述

　　定向运动起源于瑞典，最初只是一项军事体育活动。1961 年，国际定向运动联合会（简称"国际定联"）在丹麦首都哥本哈根成立。1992 年，我国以中国定向运动委员会的名义加入该组织，成为正式会员。1995 年，中国定向运动委员会正式更名为中国定向运动协会。2018 年，中国定向运动协会与中国无线电运动协会合并，成立中国无线电和定向运动协会。中国无线电和定向运动协会积极推动定向运动在国内的发展，每年在全国范围内组织全国定向锦标赛和全国旅游城市定向系列赛。目前，定向运动在我国初具规模，并且呈现出强劲的发展势头。

二、认识器材及装备

定向运动的器材和地图

（一）定向地图

定向地图是定向运动中最重要的工具之一，其质量直接影响到运动员的比赛成绩，关系到比赛的公正性。

（二）号码布

运动员在比赛中所使用的号码布的尺寸为 25 厘米 × 25 厘米，号码布上的数字高度不小于 10 厘米，且字迹清晰、字体端正。正式的比赛要求运动员的号码布必须佩戴于前胸和后背两处。

（三）点标旗

点标旗由三面标志旗组成。每面标志旗的尺寸是 30 厘米 × 30 厘米，以对角线为界，左上为白色，右下为橙色。点标旗通常要编上代码（国际上曾使用数字作为代码，现已规定用英文字母作为代码）。

（四）打卡器

运动员必须在到达每一个检查点时，使用打卡器在检查卡片上打卡或使用电子打卡系统打卡，以证实自己到达此检查点。常用的人工打卡器为钳式打卡器，也可使用印章或色笔。

（五）指北针

辨别方向最有用的工具是指北针。它是定向运动中可以使用的合法工具。

（六）检查卡片

检查卡片通常用厚纸片制成，分为主卡和副卡两部分。主卡由运动员在比赛中携带，并按顺序把途经的每个检查点打卡图案打印在卡片的空格中，回终点时交裁判员验证；副卡则由运动员在出发前交工作人员留底，并在公布比赛成绩时使用。

（七）运动服装

定向运动通常对运动员的服装没有特别要求，只要求运动服装轻便、舒适即可。

第二节　定向运动基本技能

一、指北针的使用技能及其要领

指北针的使用技能及其要领见表24-2-1。

定向运动常用技术

表24-2-1　指北针的使用技能及其要领

指北针的使用技能	要领
利用指北针标定地图	将地图和指北针置于水平状态，转动地图，直到地图上的磁北线与指北针上的红色指针平行，且红色一端与地图北端相对应，地图即被标定
利用指北针确定行进方向	（1）把指北针套在左手拇指上并将其水平放在地图上，将指北针上右侧的蓝色箭头从自己所在的位置（站立点）指向要到达的位置（目标点）。 （2）水平转动指北针和地图，直至地图上的磁北线与指北针上的指针平行，且红色一端与地图北端相对应，此时蓝色箭头所指的方向就是前进的正确方向

二、读图技能及其要领

（一）读图的动作技能及其要领

读图的动作技能及其要领见表24-2-2。

表24-2-2　读图的动作技能及其要领

读图的动作技能	要领
折叠地图	（1）沿磁北线方向平行折叠地图。 （2）折叠后的地图大小要合适
标定地图	（1）利用指北针标定地图。 （2）利用实地标定地图：转动身体标定地图、转动地图、标定地图
确定前进方向	（1）利用指北针确定前进方向。 （2）利用明显特征地物确定前进方向
拇指辅行	将拇指型指北针的前端右侧顶角放在地图上自己能够完全确定的站立点位置后面，随着身体在实地中的移动同时在地图上移动拇指，将新的站立点与已知站立点联系起来

（二）读图的认知技能及其要领

读图的认知技能及其要领见表24-2-3。

表24-2-3　读图的认知技能及其要领

读图的认知技能	要领
简化地图	忽略地图上小的或次要的特征，只选择大的或对导航和捕捉检查点有实际意义的特征
超前读图	预先通过地图明确什么特征地物将会出现在自己的面前
概略读图	在快速行进中忽略细小的特征地物，只核对地图上大的、高的特征地物与实地的一致性
精确读图	借助拇指辅行技术，核对地图上大多数特征地物与实地的一致性

三、距离判断技能及其要领

距离判断技能及其要领见表24-2-4。

表24-2-4　距离判断技能及其要领

距离判断技能	要领
基本步测技能	在平坦的地形中通过步测来估计实际距离

续表

距离判断技能	要领
奔跑时的步测技能	在快速奔跑时，敏锐地观察到定点或地标物，并迅速目测距离，果断做出判断
利用指北针的步测技能	利用指北针测出目标点的磁方位角，计算出距离，换算成复步数反复练习，可培养比较精确的距离感。当运用精确定向穿越特征地物少的地域时，通常需要将指北针精确导航与步测技能综合起来使用

四、路线选择技能及其要领

路线选择技能及其要领见表 24-2-5。

表 24-2-5　路线选择技能及其要领

路线选择技能	要领
路线选择的原则	（1）充分利用道路，坚持"有路不越野"的原则。 （2）地势起伏不大、树林稀疏可跑时，坚持"选近不选远"的原则。 （3）地势起伏较大、树木密集、障碍大时，坚持"统观全局提前绕"的原则
路线选择的要点	（1）路线选择需要考虑的因素：节时省力、简单易控制。 （2）路线选择的方法：偏向瞄准、扩大视野、利用线形地貌
按图行进的方法	（1）记忆法：一般要按行进的顺序，分段记住路线的方向、距离、经过的特征地物、两侧的参照物等。 （2）拇指辅行法：在快速奔跑中，要根据自己所到达的位置不断移动拇指，转动地图。 （3）借线法：当检查点位于线状地形或其附近时，常用此法。 （4）借点法：当检查点附近有高大、明显的地物时，常用此法。 （5）分段行进法：当两个检查点之间距离较远且途中地形又很复杂时，通常采用此法

五、检查点捕捉技能及其要领

检查点捕捉技能及其要领见表 24-2-6。

表 24-2-6　检查点捕捉技能及其要领

检查点捕捉技能	要领
定点攻击法	选择最佳运动路线时，以明显地物、地貌点作为攻击点
偏向瞄准法	当检查点设在线状地物的一侧时，可先有意向左（或向右）偏离检查点，待运动到该线状地物时，再向右（或向左）沿线状地物寻找检查点
地貌分析法	根据地图上检查点与地貌的位置关系分析出实地两者相对应的位置关系，并依据这种位置关系来寻找检查点
距离定点法	在地图上测出站立点到检查点的磁方位角，换算成复步数，标定地图，确定实际运动方向，选好辅助目标；当运动到辅助目标后仍需继续向前运动时，可按同样方法继续选择辅助目标运动至检查点

📖 **体育思政课堂**

　　大学生参与定向运动时需要克服在大自然中遇到的各种困难，从而磨炼意志，提升抗挫折能力，培养不怕困难、团结合作、勇于开拓、顽强拼搏的精神，使自身综合素质获得全面提升。

💡 **思考与探究**

　　1. 列举定向运动的器材和装备。
　　2. 如何利用地图和指北针进行定向？
　　3. 简述定向运动中路线选择的原则。
　　4. 结合自己的学练经历，谈一谈顽强的意志力在定向比赛中的作用。

第二十五章
拓展训练

本章导读

拓展训练通常利用自然环境或模拟自然环境，精心设计体验式活动，达到磨炼意志、陶冶情操、完善人格、熔炼团队的训练目的。

学习目标

1. 了解拓展训练的相关知识。
2. 能够组织常见的拓展训练项目。
3. 乐于分享拓展训练的体会。

第一节　了解拓展训练

一、拓展训练概述

拓展训练起源于第二次世界大战期间的英国。

我国的拓展训练借鉴了欧美的拓展训练。在课程模式上，我国的拓展训练参照了欧美拓展训练体验式培训模式。另外，我国在模拟自然环境的情况下，降低活动风险，使参加者体验经过设计的户外活动项目，最终形成了具有中国特色的体验式培训体系。

由于拓展训练在培训领域所带来的潜在价值和震撼性效果得到了广泛认可，在20多年的发展历程中，拓展训练正如它的名字一样在不断拓展。现如今，拓展训练已由课程产品发展为一种教育理念和学习模式，同时得到了教育系统的认可，并被应用到许多相关领域，成为中国户外体验式教育的主打项目。

二、认识拓展训练的器材

（一）头盔

在拓展训练中，队员戴上头盔，能够降低受伤的风险。在拓展训练中，学员应选择质量较好、功能简单的头盔。这类头盔的特点是款式经典、质量轻、舒适性和透气性好。

（二）安全带

安全带是人与装备的连接枢纽。常用的安全带主要分为全身式安全带、胸式安全带和坐式安全带。安全带是在攀岩与登山中必备的装备之一。攀岩安全带与登山安全带有所不同，攀岩安全带一般不用于登山，但登山安全带可用于攀岩。在拓展训练中，这两种安全带都会用到。

（三）拓展训练用绳

在拓展训练中，绳索的作用是非常重要的。常用的绳索有以下类型：全程保护学员的上升、跳跃、通过和下降的动力绳；固定在场地器械上，用于连接上升器并保护学员攀爬的静力绳；用于两手抓握且粗细不同的麻绳；用于结网或活动道具的普通粗尼龙绳；各种细绳。

（四）锁具

锁具中的铁锁是拓展训练中用途最广，同时又是最不可缺少和替代的器材。在活动中，铁锁的主要用途是连接保护绳与保护点。铁锁可以替代许多复杂而烦琐的绳结。铁锁一般分为O形铁锁、D形铁锁和改良的D形铁锁。

（五）制动装置

制动装置是保护器材中非常重要的一个器械，其作用是增大主绳的摩擦力，确保同伴和自己下降时的安全。8字环是最常用的制动装置，它经常被用于拓展训练的高空项目中。通过主绳的连接，学员在上升、跳跃、通过和下降时，能够感受到来自地面的保护。

（六）辅助装备

在拓展训练中，还会用到诸如背摔绳、眼罩等辅助装备。这些装备没有统一的规格，有些在市场上可以买到，有些需要自己动手制作。

第二节　拓展训练项目实践

一、高空断桥

高空断桥项目内容见表 25-2-1。

表 25-2-1　高空断桥项目内容

项目目的	① 培养队员认识自我、超越自我、勇敢面对困难、敢于挑战、敢于突破心理舒适区的精神。② 体验领导者在团队中的作用。③ 体会团队鼓励和榜样示范的力量，从中认识勇气的重要作用。④ 了解和体验在超压力情况下的心理反应，学会缓解心理压力，以平常心面对严峻挑战
项目时间与人数	布置时间为 10 分钟，操作时间为 30 ~ 60 分钟。参与人数为 10 人以上，20 人以内
场地器材	① 专用拓展训练架，高 7 ~ 10 米。② 动力绳 2 根，主要用于保护，有 6% ~ 8% 的延展性。一根绳的直径为 8 毫米，承重 1400 千克；另一根绳的直径为 10 ~ 10.5 毫米，承重 2400 ~ 2600 千克。③ 钢索。④ 安全带 3 条（半身或全身均可），头盔 3 个。⑤ D形锁或O形锁 4 把，主锁 4 ~ 6 把，8 字环 1 个。⑥ 扁带 3 根。所有装备都须有相关的质量认证
主要规则	① 队员必须穿戴安全装备，做到无遗漏。② 在攀爬过程中要保持节奏，禁止速度过快或停留。③ 上桥后禁止用手拉扯保护绳。④ 禁止在断桥上助跑跳跃。⑤ 禁止双脚跳，要单脚起跳、单脚落地
项目操作	① 介绍项目名称和性质。② 介绍安全装备的穿戴和注意事项（边示范边讲解），即安全带的腰带扣在胯以上，反扣（如有）；将头盔的头圈调好，带子系紧，长发盘入头盔内。③ 讲解在断桥上的动作要领。④ 把上升器放在绳子上，讲解上升器的使用方法，即丝扣锁上后回半圈，沿绳子的方向向上推及向下放，随时高于腰部，下桥时只需按银色凹槽，黑色开关不可动。让每名队员都试一下上升器。⑤ 指派一名除队长外的安全员，强调他和队长的职责，再让他们重述安全要点。⑥ 做健康调查，有重大疾病或不适合本活动的队员可以作为观察员。⑦ 交代每名队员上桥前都应得到大家的鼓励。⑧ 培训师上断桥，指导队员逐个完成任务
分享、回顾与总结	① 对全体队员的表现予以肯定和鼓励。② 让队员发表感言，记录他们的发言，着重于认识自我、挑战自我、不断进取的团队意识，使队员认识到自我激励与激励他人的重要性。③ 问："同样的距离，大家在地面上跳非常容易，为什么到了高空就感觉困难了？是能力降低了吗？"待队员回答后进行总结

二、七巧板

七巧板

七巧板项目内容见表25-2-2。

表 25-2-2　七巧板项目内容

项目目的	① 培养队员的沟通意识，提高沟通技巧，了解和区分有效沟通与无效沟通。② 自我控制、自我暗示和激励能力的挖掘。③ 体验个体与集体、整体与局部的关系。④ 了解竞争与合作的价值和意义。⑤ 培养团队成员系统整合的能力
项目时间与人数	布置时间为10分钟，操作时间为50分钟。参与人数以10人以上，30人以下为宜
场地器材	平整空旷的场地。红、黄、蓝、绿、橙色的5套拓展训练专用七巧板，图纸7张，任务书7份，计分板1块
主要规则	① 在活动过程中不允许移动位置，不得离开固定区域。② 在传递七巧板和图纸时必须手递手传递，不允许抛接。③ 如果需要传递任务书和图纸，必须通过第七组传递
项目操作	① 将队员分成7个小组，令其按照场地要求坐在固定的位置上，间隔距离在1.5米左右。② 首先把混在一起的35块七巧板随机发给7个组，每组5块；其次将图纸按顺序发给7个组；最后将任务书按顺序发给7个组。③ 队员要在40分钟内完成任务书上规定的内容。④ 宣布主要规则。⑤ 队员在按照任务书完成任务后要及时通知培训师进行检查，确认完成后可以获得相应的分数。全队在规定的40分钟内，其总分达到1000分才算获胜
分享、回顾与总结	① 回顾在这个过程中大家在干什么，各组得到了多少分数。② 每个组轮流大声读一下自己的任务书。第一组、第三组、第五组的任务书完全相同，第二组、第四组、第六组的任务书完全相同，而且这六组的第三个任务完全相同。第七组的任务如下：领导小组在规定的时间内完成任务，达到1000分的目标；指挥其他各组成员用35块七巧板组成5个正方形；帮助其他各组成员在规定的时间内得到更多的分数，传递信息，实现信息共享，节约沟通成本。③ 第七组的任务带有明显的领导性质。第七组对做成正方形做出了极大努力，但是对于完成1000分的任务却没有引起足够重视，这也是团队没有凝聚力的原因。④ 活动经常存在局部的小交易，但是队员最终发现其往往不能达到期望。资源和信息有时候不是通过局部的小交易就可以获取的。如果没有大的团队目标指引和规定，小团体就会为了获取自身利益的最大化而不顾大局，导致整个团队任务的失败和系统的崩溃。⑤ 活动中会出现在交换过程中的信任问题。承诺的兑现或违约都可以给我们带来很多的思考

三、信任背摔

信任背摔

信任背摔项目内容见表25-2-3。

表 25-2-3 信任背摔项目内容

项目目的	① 体验队员间的信任，使队员认识到信任的重要性。② 挑战心理舒适区，增强挑战自我的勇气。③ 培养队员团结互助的精神。④ 提高自信心，勇于尝试和突破本能。⑤ 深刻理解制度的作用，体会对自我的约束可能是对自我的保护。⑥ 促使队员更好地理解换位思考
项目时间与人数	布置时间为10分钟，操作时间为60分钟，分享总结时间为40分钟。参加人数为10~20人，男生应至少有4人
场地器材	平整空旷的场地。高1.4~1.6米的拓展训练专用背摔台，有扶梯和半角围栏。背摔绳1根，应柔软、结实、摩擦力大
主要规则	① 背摔队员站到背摔台上后，背对保护队员站好，保持身体平衡。② 背摔队员准备好后要向培训师示意。③ 当培训师喊"预备"的时候，下面接的队员要按学到的动作准备好，注意力要集中，目视背摔队员。④ 背摔队员准备向后倒时要问大家是否准备好，得到肯定回答后再向后倒。⑤ 其他队员接住背摔队员后，要先放脚再放头，保证背摔队员的安全。⑥ 整个过程中禁止嬉闹
项目操作	① 每一名队员轮流上台，按照要求后倒，其他队员共同将其接住。② 在项目开始前，队员须取下身上所有的硬物，放到一个指定的位置（应确保物品存放的安全）。这些硬物包括手机、钥匙串、手表、各种卡类、钱包、手镯、戒指、耳环、发卡及服饰上的尖锐物品等。衣服口袋内不要放任何东西，队员站上背摔台后须摘下眼镜。③ 项目中共有3种角色：第一种角色是个人挑战者，也就是背摔队员；第二种角色是接人者，也就是接住背摔队员的队员；第三种角色是监督者，或者叫保护者，是配合培训师对接人队员进行监督和安全协助的队员。④ 背摔队员高喊自己的名字。其他队员高喊"加油"，并拍拍背摔队员的肩膀。背摔队员获得鼓励和支持后，登上背摔台。培训师捆绑其手腕。这时，背摔队员应大声问队友："我是××（代号），你们准备好了吗？"其他队员准备好后要齐声回答："××（代号），我们准备好了，请相信我们，我们保护你，我们爱你！"背摔队员要在其他队员的鼓励和支持下背摔下去。所有队员按照顺序依次挑战
分享、回顾与总结	① 组织大家围成一个圈，回顾刚才的挑战。② 鼓励每一名队员都讲一讲自己的感受并给予肯定。如果有观察员，就请观察员也谈一下自己的感受。③ 通过项目谈谈自信和互信的问题。④ 挑战自我，突破本能，把学习与工作联系起来。⑤ 从保护者的角度谈谈监督制度。⑥ 摔下去前和摔下去后分别是什么感受？躺在他人手臂上是什么感觉？⑦ 分享榜样和激励的作用。⑧ 谈谈背摔绳的作用，对自我的约束有时恰恰是对自我的保护，制度和规则的意义。⑨ 为什么你敢于背摔？谈谈关于信任的问题。你接人的时候是怎样想的？背摔的时候又是怎样想的？⑩ 谈谈换位思考的问题

四、驿站传书

驿站传书项目内容见表 25-2-4。

驿站传书

表 25-2-4　驿站传书项目内容

项目目的	① 培养队员信息传递能力。② 培养队员的学习能力及坚定的执行力。③ 减少管理或合作环节，体会扁平化管理的优劣。④ 培养创新能力和思维突破能力
项目时间与人数	布置时间为10分钟，操作时间为40分钟。参加人数为12人以上，有2个以上团队进行更佳
场地器材	平整空旷的场地。计分板1个，纸、笔若干，秒表1个
主要规则	① 在传递过程中，所有队员不允许说话。② 后面队员的身体不能超过前面队员的身体背部横截面。③ 前面队员不能回头看。④ 规则会随着项目的进行而不断增加。⑤ 评比标准：数字信息正确的按速度排序，数字信息错误的为无效成绩；也可以采用计分法计分。⑥ 项目共进行5轮，每轮间有2分钟讨论时间
项目操作	① 将队伍分成若干小队，各队队员排成一路纵队，队伍间保持适当距离。② 宣布任务。最后一名队员将信息完整、准确、迅速地传递至倒数第二名的队员。以此类推，直至将信息传递给第一名队员。③ 宣布主要规则。④ 给每队的第一名队员发放笔和纸，用于记录传递的信息。⑤ 将数字信息交给最后一名队员，宣布开始传递
分享、回顾与总结	① 第一次最好给出一个比较简单但容易误传的数字。检验团队对首次传递的重视程度和严谨性。② 可以在最后给出一个非常简单的数字，使队员出乎意料，如是不断检验和反馈，以此来检验他们的应变能力。③ 体会创新思维与压力、动力的转换，不断突破思维惯性

📖 体育思政课堂

　　拓展训练可以提升参与者的心理素质，进而提高参与者的综合素养。大学生在参与拓展训练的过程中可以提高人际关系处理能力。参与拓展训练对于休闲文化的传播、终身体育观念的培养、全民健身计划的实施都具有重要意义。

💡 思考与探究

　　1. 与同伴分享突破自我的心路历程。

　　2. 谈一谈团队合作意识和集体主义精神在拓展训练中的作用。

附录

运动项目扩展

运动项目扩展一 橄榄球

运动项目扩展二 攀岩

运动项目扩展三 匹克球

运动项目扩展四 气排球

运动项目扩展五 太极扇

TAIJISHAN

运动项目扩展六 舞龙舞狮

WULONG WUSHI

运动项目扩展七 易筋经

YIJINJING

运动项目扩展八 散打

SANDA

运动项目扩展九 极限飞盘

JIXIANFEIPAN

运动项目扩展十 飞镖

FEIBIAO

参考文献

[1] 王瑞元，苏全生.运动生理学[M].北京：人民体育出版社，2011.

[2] 马立臣.大学体育[M].北京：北京邮电大学出版社，2019.

[3] 杨文轩，陈琦.体育概论[M].3版.北京：高等教育出版社，2020.

[4] 《新视野大学体育》编写组.新视野大学体育[M].北京：北京体育大学出版社，2022.

[5] 中国营养学会.中国居民膳食指南（2022）[M].北京：人民卫生出版社，2022.

[6] 洪浩，苏长来，康戈武.中国武术导论[M].北京：高等教育出版社，2022.

[7] 中国田径协会.田径竞赛规则（2018—2019）[M].北京：人民体育出版社，2018.

[8] 中国足球协会.足球竞赛规则2022/2023[M].北京：人民体育出版社，2022.

[9] 中国篮球协会.篮球规则2022[M].北京：北京体育大学出版社，2022.

[10] 中国排球协会.排球竞赛规则2021—2024[M].北京：人民体育出版社，2023.

[11] 中国网球协会.网球竞赛规则（2023）[M].北京：人民体育出版社，2023

[12] 中国乒乓球协会.乒乓球竞赛规则（2022）[M].北京：北京体育大学出版社，2022.

[13] 中国羽毛球协会.羽毛球竞赛规则（2023）[M].北京：人民体育出版社，2023.

[14] 世界跆拳道联合会.世界跆拳道联合会竞技跆拳道竞赛规则及解释[R].首尔：世界跆拳道联合会，2018.

[15] 中华人民共和国教育部.国家学生体质健康标准（2014年修订）[R].北京：中华人民共和国教育部，2014.